Floating Population

人口流动与社会融合
理论、指标与方法

主　编／肖子华　　副主编／徐水源

社会科学文献出版社
SOCIAL SCIENCES ACADEMIC PRESS (CHINA)

编委会成员名单

前 言

　　社会融合的概念最早来自欧美发达国家，主要针对外来移民在本地工作和生活的适应问题，后来逐渐演变为外来移民与本地居民相互影响、同化的过程。目前，社会融合已经成为西方发达国家社会政策领域的重要内容。20世纪80年代以来，随着我国大量人口从农村进入城市，人口流动和迁移带来的社会融合问题开始凸显，而且叠加城乡二元户籍制度带来的负面影响，使中国流动人口社会融合问题愈加突出。自90年代初期开始，流动人口的社会融合问题逐步受到学术界与政府的关注，有关流动人口社会融合的研究逐渐盛行：研究对象从农民工到流动人口；研究内容从概念辨析、社会适应，扩展到概念与指标体系的构建、理论框架的完善、社会融合的原因、过程及结果等；研究方法从定性分析，扩展到定量研究。这些成果不但丰富了流动人口社会融合研究的理论体系，而且对中国的实践工作具有借鉴意义。流动人口社会融合在中国还是一个比较新的概念，与国外相比，中国的研究仅仅处于起步阶段。从理论研究的角度来看，中国的研究大多借鉴了西方发达国家的概念和理论体系，而中国的流动人口与西方国家的移民具有本质的区别，中国流动人口社会融合需要解决的问题与西方国家也存在很大差异。因此，在借鉴和吸收西方研究成果基础上，构建适合中国国情的、本土化的流动人口社会融合理论体系尤其重要。

　　21世纪以来，随着中国新型城镇化战略目标的提出，促进有能力在城镇稳定就业和生活的流动人口有序实现市民化，成为新型城镇化战略的核心任务。党的十八大以来，党中央、国务院将流动人口社会融合问题提升到关系社会和谐发展大局的历史性和战略性高度，从不同领域出台一系列相关政策文件，消除各种制度性障碍，促进流动人口更好地融入城市社会。一些地方政府也在积极展开促进流动人口社会融合的工作。这些工作都迫切需要在理论、方法上得到支撑。对已有国内外有关流动人口社会融合的既有成果进行系统地归纳和总结，从纷繁复杂的研究成果中总结出一般性规律，寻找可供借鉴的经验，发现研究中存在的不足，在此基础上开展有针对性地研究，成为学术界的一项重要任务。从 2014 年开始，国家卫生计生委流动人口服务中心组织国内研究机构和学者，开展城市流动人口社会融合评估工作。为使评估工作建立在扎实的理论基础之上，我们组织中心研究人员对国内外相关研究成果进行了系统地收集与整理，在此基础上对资料进行了归纳与总结，最终形成《人口流动与社会融合：理论、指标与方法》。

本书按照流动人口社会融合研究层次分为三部分八章。第一部分为基础篇，包括第一章和第二章，主要讨论基本概念和基本理论，后者从宏观、中观和微观三个层次总结了西方国家社会融合的主要理论。第二部分为维度与指标体系篇，包括第三章至第六章，共四章，其中第三章总结了国外移民社会融合的维度构建，第四章总结了国外移民社会融合的指标体系，第五章总结了国内社会融合研究中的维度，第六章从实践角度总结国内实践过程中的主要指标体系。第三部分为研究篇，其中第七章主要总结国内有关流动人口研究中的相关调查与分析方法，第八章从原因与结果两个方面总结国内社会融合的主要研究成果。

本书主要为从事人口学、社会学、经济学、管理学、心理学等领域的专家、学者在研究中使用，为从事相关工作的政府部门管理人员、企业、社会组织的相关服务人员提供基础理论知识，也可以作为教材供从事相关工作的人员培训时使用。流动人口社会融合研究是一项复杂的工作，涉及内容广泛，不同国家和地区由于实践基础不同，对社会融合的理解存在较大差异。

同时，政策和实践的不断进步也促使研究内容不断更新。在收集资料的过程中，部分内容肯定存在遗漏或缺失，在体系完备性上也存在不足之处。恳请专家、学者批评指正！

对本书的有关意见和建议请寄：北京市海淀区知春路 14 号国家卫生计生委流动人口服务中心调查评估处。联系人：徐乐。电子邮箱：dcpgc2015 @ 163. com。

国家卫生计生委流动人口服务中心编委会

2017 年 12 月

目 录
Contents

第一部分　基础篇

第二部分　维度与指标体系篇

第三部分　研究篇

第一部分 ｜ 基础篇

第一章

基本概念

一 流动人口概念的界定

流动人口是具有中国特色的一个人口学概念，国际上一般统称为"迁移人口"。在我国，由于户籍制度的存在并由此造成的迁移人口内部个体与社会特征的差异，一般把国际学术界普遍认同的"迁移人口"，根据户籍登记地是否变化区分为流动人口和迁移人口两类群体，其中户籍登记地发生变动的被称为迁移人口，户籍登记地没有发生变化的被称为流动人口。迁移人口的界定比较容易，根据上述定义，一个人从一个乡镇街道空间上迁移到另一个乡镇街道且办理了户口迁移手续，即被视为迁移人口。但是流动人口的界定由于没有明显的识别标志（户口变更），而且受到时间和空间因素的双重影响，所以这一概念的界定有很大弹性，不同时间和空间都将导致流动人口界定在规模、结构、特征等各个方面存在较为明显的差异。以上这一点不仅可以在学者对流动人口的不同界定中看到（张庆五，1988），也可以在我国历次人口普查、1%人口抽样调查对流动人口的不同统计口径中体现出来（孙玉晶、段成荣，2006）。

（一）人口学词典中迁移人口概念的界定

在国内外众多人口学词典中并无流动人口这一概念的明确界定，只有迁移人口的概念。在西方，人口学界对迁移人口的概念认识明确且一致。根据联合国国际人口学会主持编写的《人口学词典》，人口迁移就是在一个地区单位同另一个地区单位之间进行的地区移动或者空间移动的一种形式，其特征是常住地址的改变和跨行政边界的移动（联合国国际人口学学会，1982）。另一部流传甚广的人口学小册子——《人口手册》也表达基本一致的意见。该书认为迁移就是指人们为了永久或半永久定居的目的，越过一定边界的地理移动。与生育、死亡一样，迁移也是人口变动的一个重要组成部分。"国际迁入"与"国际迁出"指跨越国界的人口移动，与此对应的两个词，"国内迁入"与"国内迁出"，指一国内部不同地区间的人口移动（阿瑟·哈波特，2001）。

我国人口学者编纂的人口学词典基本沿用了西方词典中关于迁移人口的定义。在刘铮主编的《人口学辞典》中，人口迁移被看作人口的机械变动，是指人口在空间上的一切移动，包括改变定居地点的永久性移动和暂时性移动。人口迁移使人口的地区分布发生变化。人口迁移可分为国内迁移和国际迁移。国内迁移指人口在本国境内从一个地区向另一个地区的移动，国际迁移指人口从一个国家向另一个国家的移动（刘铮，1986）。虽然我国早期的人口学词典中并没有流动人口这一概念的明确界定，但是我国人口学者已经敏锐地意识到人口流动和人口迁移的区别，这在定义中也可以看出。他们认为人口迁移有狭义和广义之分，从狭义上讲，人口迁移只包括常住地点的人口移动；从广义上讲，人口迁移既包括改变常住地点的人口移动，也包括改变不常住地点的临时性移动（陈凤智、曹云明，1984）。这为后来发展出明确的流动人口概念做铺垫。

（二）人口学界有关流动人口概念的界定

人口大规模流动起始于 20 世纪 80 年代，学术界对流动人口的大量关注也由此开始。杨秀石（1985）认为，城市流动人口是指"那些因各种原因进入城市居住而不改变其户口常住地，和那些虽不在城市居住但经常往返于城市与其居住地的人"。张庆五（1988）则认为，流动人口应当是指"临时离开户籍所在地，跨越一定的辖区范围，前往他地不时回返的人口"。有学者以流动人口的经济活动为核心，认为流动人口是指人们在没有改变原居住地户口的情况下，到户口所在地以外的地方务工、经商、进行社会服务等的人口，但排除了旅游、上学、访友、探亲、从军等情形（叶凤莲、高文书，2004）。这些研究对流动人口的定义比较宽泛，对流动人口的流动时间界定不明确，对流动人口流动性质的定义也与今天不同，甚至只要是发生空间上的流动就被称为流动人口。总的来说，这些研究将流动人口概括为以下几类：定期性往返人口、非定期性往返人口、季节性流动人口、目标性流动人口、旅游性流动人口等（秦品瑞，1986；辜胜阻，1989；吴瑞君，1990；李荣时，1996）[①]。随着人口普查和抽样调查的开展，以及大规模统计方法的使用，对流动人口的界定也不断完善和统一起来。

（三）人口普查和抽样调查中流动人口概念的界定

在 1982 年和 1990 年全国人口普查中，流动人口被定义为"已在本县、市常住一年以上，常住户口在外地和在本县、市居住不满一年，但已离开常住户口登记地一年以上的人口"（国家统计局，1982，1990）。1995 年全国 1% 人口抽样调查，将界定流动人口的时间标准确定为半年，将空间标准确定为乡镇之间，2000 年全国人口普查则进一步区分市县区

---

① 几位学者对流动人口的分类采取了不同的称谓，但内容和涵盖范围基本相似，本文采用辜胜阻的分类方式。

内的人户分离状况（孙玉晶、段成荣，2006），2010 年第六次全国人口普查和 2015 年全国 1% 人口抽样调查，对流动人口的界定采取了统一的标准，即居住地与户口登记地所在的乡镇街道不一致且离开户口登记地半年以上人口，并在此基础上区分市辖区内人户分离人口和非市辖区内人户分离人口（国家统计局，2011，2016）。可以看出，人口调查中关于流动人口的定义是从居住地、户口、流动时间三个维度进行界定的，与早期对流动人口定义的界定相比，目前的定义将短期流动人口、旅游性流动人口、目标性流动人口、一部分定期性流动人口和季节性流动人口基本排除在外，从而显得更加精确。随着全国普查和抽样调查的开展和数据在学术界的使用，许多学术研究对流动人口的界定基本上采用的是人口普查和抽样调查中对流动人口的定义。

从概念统一角度看，迄今为止，我国学术界对流动人口的概念尚无统一表述，与流动人口有关的研究也按照自身需要将流动人口分为以下 10 多种：流动人口、农民工、流动儿童、外来人口、城市新移民、外来务工人员、准市民、自发迁移人口、流入人口、自流人口、暂住人口、暂时性迁移人口、短期迁移人口、人户分离人口、流迁人口、盲流、两栖人口等。从概念界定的角度看，我国学术界大体上是按照户籍、居住地、流动时间、经济活动、劳动就业、社会管理等角度对流动人口的内涵和外延进行界定的。吴瑞君（1990）最早对流动人口的定义进行了总结，在《关于流动人口涵义的探索》一文中从人口经济学、人口学、人口迁移、行政管理四个角度对国内有关流动人口的定义作了总结，杜丽红（2011）在此基础上补充了从发展经济学角度对流动人口的定义。她们两位从以下几个角度对各学科关于流动人口的定义进行了总结：①从人口学的角度，以常住地（户口所在地）是否改变为唯一标志，将流动人口定义为不改变常住地的各种类型的"移动"人口；②从人口经济学出发，以流动人口产生的根本原因为依据，认为流动人口是在不改变常住地的情况下，进入另一地区从事社会经济活动的人口；③从人口地理学的角度，认为流动人口是人口空间迁移的一种特殊形式，是指在一定地理区域内发生短暂流动行为的居民；④从行政管理学的角度出发，以是否具有某地的常住户口为依据，认为流动人口是在某地生活但无常住户口的人口；⑤从发展经济学的角度，以产业结构为依据，将产业结构转变中从第一产业中游离出来的未能进入城市正规部门的劳动力视为流动人口。

可见学术界对流动人口的定义是多元的。结合本研究需要，本书对流动人口的定义是：居住地与户口登记地所在的乡镇街道不一致且离开户口登记地半年以上的非市辖区内人户分离人口①。

二　社会融合的相关概念

（一）社会融合概念

在关注移民群体与迁入地社会的关系时，社会融合是一个普遍适用的概念。英文文献中，与社会融合对应的提法很多，包括 Social Solidarity、Social Inclusion、Social Acculturation、Social Integration、Social Fusion、Social Assimilation、Social Adaption、Social Accommodation 等。国内研究中，根据研究对象和层次的不同，社会融合包括社会融入、农民工市民化等概念范畴。目前，社会融合并没有一个统一的界定，根据一些机构或者学者对社会融合所做的分类和定义，本书做了如下梳理。

1. 社会融合的文化视角

在社会融合研究过程中，产生了众多理论流派，其中以社会同化理论、文化多元主义、区隔融合理论影响最大。帕克是同化论的早期代表

---

① 市辖区内人户分离人口是指一个直辖市或地级市所辖的区内和区与区之间，居住地和户口登记地不在同一乡镇街道的人口。非市辖区内人户分离人口是指居住地和户口登记地不在一个直辖市或地级市的人口。

人物，他将融合定义为"个体或群体相互渗透，相互融合的过程，在这个过程中，通过共享历史和经验，相互获得对方的记忆、情感、态度，最终整合于一个共同的文化生活之中"，融合过程和内容又可区分为四种主要的形态：经济竞争、政治冲突、社会调节、文化融合。因此，移民的社会融合可以被定义为个体或群体被包容进主流社会或各种社会领域的状态与过程（胡锦山，2008）。在继戈登等人将"同化论"发扬光大后，融合理论遭到抨击，美国作为文化"大熔炉"的理念也受到挑战。非线性融合理论和区隔融合理论被相继提出，这些理论在全球化的新历史环境及非欧裔移民替代欧裔移民的情势下，强调移民融合模式的多样化，强调融合的非线性特点和代际序次，补充并发展了古典社会融合理论。代表人物阿尔巴和尼（Alba & Nee）认为融合是界限的跨越、模糊和重构，是族裔差别的消减以及族裔差别的消减带来的文化和社会的差异（王玉君，2017）。融合也是移民自身的传统不断弱化的过程，是长期的、累积的、世代的，是不同层面多个因素共同作用的产物（杨菊华，2009）。

社会融合是一种相互同化和文化认同的过程。美国芝加哥学派的帕克等提出同化是移民和当地居民之间相互渗透、交往，相互分享各自的文化记忆，并和所在的城市相互适应，汇入一种共同的文化生活的过程（任远、乔楠，2010）。任远、邬民乐（2006）认为，社会融合是个体和个体之间、不同群体之间、不同文化之间互相配合、互相适应的过程，并以构筑良性和谐的社会为目标。杨聪敏（2010）认为，社会融合是指移民的原文化与流入地文化融合到一起，互相渗透，形成一种在某种程度上具有新意的社会文化体系。周皓（2012）认为，社会融合是迁入人口在迁入地逐步接受与适应迁入地的社会文化，并以此构建良性的互动交往，最终形成相互认可，相互渗透、交融、互惠、互补的状态。

表1-1　社会融合的文化视角

视角	学者（年份）	核心要义
文化视角	帕克（1930）	共享历史和经验，相互获得对方的记忆、情感、态度，最终整合于一个共同的文化生活之中
	阿尔巴、尼（2003）	族裔差别的消减以及族裔差别的消减带来的文化和社会的差异
	杨菊华（2009）	移民自身的传统不断弱化的过程
	任远、邬民乐（2006）	不同文化之间互相配合、互相适应的过程
	杨聪敏（2010）	移民的原文化与流入地文化融合到一起，互相渗透，形成一种在某种程度上具有新意的社会文化体系
	周皓（2012）	迁入人口接受与适应迁入地的社会文化，最终形成相互认可、相互渗透、交融、互惠、互补的状态

2. 社会融合的互动视角

社会融合是一个双向甚至多向的互动过程，行为主体也不是单一的，在研究社会融合问题的过程中不能仅仅从流动人口本身开展问题的研究和分析，而是要针对不同的主体，多角度地剖析问题的产生和发展规律。不同学者研究社会融合的角度不同，有些学者认为社会融合是双向的概念，即融入者和被融入者通过相互作用，达到融合，而另外一些学者则强调融入者主动地适应被融入环境。王桂新、张得志（2006）提出"社会融合度"的概念，认为"社会融合度"是指外来人口在城市生活各个方面融入城市居民社会的程度。黄匡时（2008）则对社会融合的心理建构进行了研究，他认为心理建构一方面涉及个体对群体或社会的认同，另一方面涉及群体或社会对个体的接纳。任远、乔楠（2010）在研究中也认为流动人口的社会融合是一个逐步同化和减少排斥的过程，是城市未来的主观期望和城市的客观接纳相统一的过程，是本地人口和外来移民相互作用和构建相互关系的过程。任远、乔楠（2010）提出社会融合概念包含了作为进入者的差异性群体，以及该群体对地方社会的相互适应、相互作用和最终融合的过程，并且在这个过程中往往存在不同差异群体之间、移民群体和地方社会之间的排斥、阻碍和相互冲突。张广济（2010）提出社会融合是指特殊情境下的社会群体融入主流社会关系网当中，能够获取正常的经济、政治、公共服务等资源的动态过程或状态。崔岩（2012）提出社会融和概念的核心是指社会中某一特定人群，融入社会主流群体，与社会主流群体同等地获取经济社会资源，并在社会认知上去差异化的动态过程。

表 1-2　社会融合的互动视角

视角	学者(年份)	核心要义
互动视角	王桂新(2006)	外来人口在城市生活各个方面融入城市居民社会的程度
	黄匡时(2008)	个体对群体或社会的认同,群体或社会对个体的接纳
	任远、乔楠(2010)	逐步同化和减少排斥的过程,是本地人口和外来移民相互作用和构建相互关系的过程
	任远、乔楠(2010)	进入者群体对地方社会的相互适应、相互作用和最终融合的过程
	张广济(2010)	特殊情境下的社会群体融入主流社会关系网当中,能够获取正常的经济、政治、公共服务等资源的动态过程或状态
	崔岩(2012)	融入社会主流群体,与社会主流群体同等地获取经济社会资源,并在社会认知上去差异化的动态过程

3. 社会融合的公平视角

2003 年，欧盟在关于社会融合的联合报告中对社会融合做出如下定义：社会融合是指这样的一个过程，它确保感受到社会风险和被社会排斥的群体能够获得必要的机会和资源，通过这些资源和机会，他们能够全面参与经济、社会和文化生活，享受正常的生活，享受正常的福利。社会融合要"确保他们有更大的参与关于他们生活和基本权利的获得方面的决策"（黄匡时、嘎日达，2008）。加拿大莱德劳基金会（2002）认为社会融合是一个符合社会规范的概念或者说具有价值取向的概念，是理解我们想在哪里以及怎样到达那里的一种方式，社会融合反映了一个积极的人类社会福利发展的方式，它不仅仅需要消除壁垒或风险，还需要对产生融合的环境进行投资和行动。社会融合具有五个维度：受到重视的认同、人类发展、参与和介入、亲近、物质丰足。阿玛蒂亚·森（Amartya Sen，2000）认为，共融社会或融合社会是指这样一个社会：社会成员积极而充满意义地参与，享受平等，共享社会经验并获得基本的社会福利。他认为融合社会的基本特征是：广泛共享社会经验和积极参与，人人享有广泛的平等，全部公民都享有基本的社会福利。社会融合概念强调需要社会政策来改善能力，保护合法人权，确保所有人的机会和能力被融合，避免将焦点放在生活在贫困中或需要社会救助的个人身上，因此避免了对受难者的谴责。卡梅伦·克劳福德（Cameron Crawford，2003）认为，社会融合至少包含两层意思：一是在社区中能在社会、政治、经济、文化生活层面上平等地受到重视和关怀；二是在家庭、朋友和社区拥有互相信任、欣赏和尊敬的人际关系。杰克森和斯科特（Jackson & Scott，2002）认为，社会融合视角明确要求社会有义务确保让每一个公民意识到他们自己的潜能。对所有公民来说，一个真正的共融社会应该在物质环境和发展结果上有更高的平等地位。

表 1-3　社会融合的公平视角

视角	学者/机构（年份）	核心要义
公平视角	欧盟（2003）	全面参与经济、社会和文化生活，享受正常的生活，享受正常的福利
	加拿大莱德劳基金会（2002）	一个积极的人类社会福利发展的方式，它不仅仅需要消除壁垒或风险，还需要对产生融合的环境进行投资和行动
	阿玛蒂亚·森（2000）	广泛共享社会经验和积极参与，人人享有广泛的平等，全部公民都享有基本的社会福利
	卡梅伦·克劳福德（2003）	一是在社区中能在社会、政治、经济、文化生活层面上平等地受到重视和关怀；二是在家庭、朋友和社区拥有互相信任、欣赏和尊敬的人际关系
	杰克森、斯科特（2002）	社会有义务确保让每一个公民意识到他们自己的潜能。对所有公民来说，一个真正的共融社会应该在物质环境和发展结果上有更高的平等地位

4. 社会融合的综合视角

20 世纪 90 年代初，社会融合开始成为社会政策专家们对他们论述的一种表达，被联合国相关职能部门、亚太经社会（ESCAP）、加拿大和欧洲等国际组织、国家或地区广泛采用。20 世纪 90 年代以来，"社会融合"概念逐渐取代"平等"概念成为社会政策和研究中的核心概念之一。在中国背景下，由于流动人口绝大多数为从农村流动到城市，因此许多研究都将城市社会或城市市民作为流动人口社会融合状态分析的参照标准。王春光（2006）认为当前城乡流动人口的社会融合状态是一种"半城市化"的状态。童星、马西恒（2008）针对移居城市、已获得工作和住所并有长期定居意愿的新移民明确提出，社会融合是指新移民在居住、行业、价值观念和生活方式等各个方面融入城市，向城市居民转变的过程，这个过程的进展程度可以用移民与城市居民的同质化水平来衡量。他们在这个定义当中明确提出从居住、就业、价值观念等城市生活方面考察新移民城市融入，并强调新移民也可能与城市居民一样成为塑造未来社会的主体，并在共变中达成与城市居民的社会融合。李树茁、悦中山（2012）将城乡流动人口的社会融合定义为流动人口与城市市民之间在文化、社会经济地位和心理等方面的差异的消减。农民工社会融合本质上是关于农民工和城市社会的关系的研究，他们认为，中国农民工的社会融合至少可以分为三个重要维度：文化融合、社会经济融合和居住融合。李树茁、悦中山（2012）提出社会融合具有多个维度：文化融合、结构融合、婚姻融合、认同性融合、态度接受融合、行为接受融合、公共事务融合、社会经济融合和居住融合。韩俊强、孟颖颖（2013）认为用"城市融合"来描述中国农民工从农村向城市迁移，并融入城市生活的这一过程更为贴切、合理、有针对性。他们认为保留自身一些良好的传统秉性，同时也积极适应新的城市文化，应该是中国农民工城市融合的合理道路。农民工的城市融合，就是农民工在享有平等权的基础上与城市居民、城市文化相互适应的过程。杨菊华、王毅杰、王刘飞等（2014）认为，流动人口社会融合是指流动人口在流入地获得均等的生存和发展机会，公平公正地享受公共资源和社会福利，全面参与政治、经济、社会和文化生活，最终实现经济立足、社会接纳、身份认同和文化交融的过程。杨菊华（2015）随后进一步阐释"流动人口的社会融入"应该包含经济整合、社会适应、文化交融和心理认同四个部分，同时她认为，融入是多种因素综合作用的结果，无论是制度、社区、家庭、个体等要素都与户籍制度有直接或间接的关联。

表 1-4　社会融合的综合视角

视角	学者（年份）	核心要义
综合视角	童星、马西恒（2008）	新移民在居住、行业、价值观念和生活方式等各个方面融入城市，向城市居民转变
	李树苗、悦中山（2012）	流动人口与城市市民之间在文化、社会经济地位和心理等方面的差异的消减
	李树苗、悦中山（2012）	社会融合具有多个维度：文化融合、结构融合、婚姻融合、认同性融合、态度接受融合、行为接受融合、公共事务融合、社会经济融合和居住融合
	韩俊强、孟颖颖（2013）	城市融合
	杨菊华、王毅杰、王刘飞等（2014）	在流入地获得均等的生存和发展机会，公平公正地享受公共资源和社会福利，全面参与政治、经济、社会和文化生活，最终实现经济立足、社会接纳、身份认同和文化交融的过程
	杨菊华（2015）	"流动人口的社会融入"应该包含经济整合、社会适应、文化交融和心理认同四个部分

（二）农民工市民化概念

国外移民"社会融合"的内涵与中国本土的实践存在深刻的差异，在研究国内移民、流动人口时，必须参照中国特殊国情，将理论研究结合中国实际。在我国，国内学者大多认为，中国流动人口的社会融合主要是城乡流动人口社会融合，它的主要任务是农村转移人口进入并融入城市社会，进而在经济、社会、心理和文化等层面实现"市民化"。李树苗、王维博、悦中山（2014）认为，市民化是对中国流动人口社会融合的一种本土化称谓，某种程度上抓住了城乡流动人口社会融合的本质内涵。

关于农民工市民化的内涵，从个体层面来看，一般意义上对农民工市民化的概念界定，主要以人口迁移、职业转换、身份转变和人力资本提升等为切入点。姜作培（2003）认为，农民工市民化是指借助于工业化的推动，让世代生活在农村的广大农民，离开土地和农业生产，进入城市非农产业，其身份、地位、价值观念以及工作方式、生活方式等向城市市民转化的经济社会过程。黄泰岩、张培丽（2004）认为，农民工市民化是指农民身份向市民身份的转变，这种转变不仅体现在身份形式上，而且更重要的是农民生产方式、生活方式和思维方式的本质性变化。袁小燕（2005）认为，农民工市民化泛指农民向市民的转化过程，它不仅是指农民由居住在农村变为居住在城市，由农村户口转变为城市户口，由从事农业生产转变为从事非农业生产，而且更重要的是其思想观念、生活方式、行为方式、社会组织形态等由农村范式向城市范式转变，最终成为一个符合城市文明要求、具有现代市民素质的真正意义上的城市居民。概括起来，一般意义上的农民工市民化至少包含两层含义：一是内在素质的市民化；二是外在资格的市民化。许峰（2004）认为，内在素质市民化是指有关市民化生活意识、权利意识的发展以及生活行为方式的变化等，是农民工市民化的转化过程，而外在资格市民化更多的是指职业和身份的非农化，包括户口及其附带的福利保障等，是农民工市民化的结果。但也有学者质疑，当内在素质市民化与外在资格市民化二者不能并驾齐驱时，究竟是先有内在素质市民化再有外在资格市民化，抑或相反？郑杭生（2005）指出，"农民工市民化"体现为农民在转变身份和职业过程中，逐渐拓展出潜在能力，适应城市生活并融入其中，具备市民素质的过程。刘传江、徐建玲（2007）进一步分析认为，农民工市民化是指离家务工经商的农民克服各种障碍最终逐渐转变为市民的过程和现象。它包括四个层面的含义：一是职业由次属的、非正规劳动力市场上的农民工转变成首属的、正规的劳动力市场上的非农产业工人；二是社会身份由农民转变成市民；三是农民工自身素质的进一步提高和市民化；四是农民工意识形态、生活方式和行为方式的城市化。

还有一部分学者主张从广义和狭义两个角度来认识和梳理农民工市民化的概念和内涵。从政策层面来看，"市民化"的概念逐渐被应用到相关政策阐述中最早是由王桂新、沈建法和刘传江等在 2008 年提出的。他们认为，狭义的"市民化"是指农民、外来移民等获得作为城市居民的身份和权利，即取得市民权（Citizenship）的过程，使农民工获得与城市居民相同的合法身份和社会权利，如居留权、选举权、受教育权、劳动和社会保障权等，进而实现价值观以及生活方式等各方面向城市市民转化的过程（文军，2004）。近年来，学者还提出了更多狭义的解释。石智雷、朱明宝（2015）认为，农业转移人口市民化的本质是基本公共服务的均等化，要想加快农业转移人口市民化的进程，就必须做好基本公共服务的供给。

广义的"市民化"还应包含市民意识的普及以及居民成为城市权利主体的过程。因此，广义的农民工市民化是指，借助工业化和城市化的推动，使传统农民在身份、地位、价值观念、社会权利以及生产生活方式等各个方面向城市市民全面转化，以实现城市文明的社会变迁过程。它包括农民工生产方式和职业身份的转变（非农化），居住生活空间的转移（城镇化），文化素质、生活方式、行为方式等社会文化属性的变化（市民化），各种社会关系的重构（结构化），以及城市社会生活再适应的过程（再社会化）（李建兴，2006）。

表 1-5 农民工市民化概念

视角	学者（年份）	核心要义
狭义视角	文军（2004）	农民工获得与城市居民相同的合法身份和社会权利,进而实现价值观以及生活方式等各方面向城市市民转化的过程
	石智雷、朱明宝（2015）	农业转移人口市民化的本质是基本公共服务的均等化
广义视角	李建兴（2006）	农民工生产方式和职业身份的转变（非农化）,居住生活空间的转移（城镇化）,文化素质、生活方式、行为方式等社会文化属性的变化（市民化）,各种社会关系的重构（结构化）,以及城市社会生活再适应的过程（再社会化）

续表

视角	学者（年份）	核心要义
个体层面视角	姜作培（2003）	让农民离开土地和农业生产，进入城市非农产业，其身份、地位、价值观念以及工作方式、生活方式等向城市市民转化
	黄泰岩、张培丽（2004）	农民身份向市民身份的转变，这种转变不仅体现在身份形式上，而且更重要的是农民生产方式、生活方式和思维方式的本质性变化
	袁小燕（2005）	其思想观念、生活方式、行为方式、社会组织形态等由农村范式向城市范式转变
	许峰（2004）	一是内在素质的市民化；二是外在资格的市民化
	郑杭生（2005）	农民在转变身份和职业过程中，逐渐拓展出潜在能力，适应城市生活并融入其中，具备市民素质的过程
	刘传江（2007）	一是职业由次属的、非正规劳动力市场上的农民工转变成首属的、正规的劳动力市场上的非农产业工人；二是社会身份由农民转变成市民；三是农民工自身素质的进一步提高和市民化；四是农民工意识形态、生活方式和行为方式的城市化

第二章

基本理论

对于社会融合，西方社会学者已经做过大量的研究并形成了相关理论，国内的学者对此进行了梳理。杨菊华（2009），张文宏、雷开春（2008）等人认为融合论、多元文化论、区域融合理论是其中最为重要的理论。黄匡时和嘎日达（2010）将社会融合理论分为三个层次，即社会融合理论的宏观、中观和微观理论，宏观层次是指社会融合的宏大叙事，中观层次是指社会融合的族群模式，微观层次是指社会融合的心理建构。周皓（2012）从社会分层和流动的角度上，将社会融合理论分为两大类：一是传统的社会融合理论；二是非传统的社会融合理论。陆自荣（2014）对以上几位学者的理论重新进行了总结，从个人、群体、阶层三大层次提出了一个完整的社会融合解释框架。我们可以按照黄匡时和嘎日达所提出的宏观、中观、微观三个层面对社会融合相关研究进行系统梳理。

一 社会融合的宏观理论（社会层面）

社会融合理论可以追溯到社会学创始人那里，马克思、滕尼斯、涂尔干等人以及后来的社会学家都为这一议题贡献了自己的思想。社会融合的宏观理论很重要，它从制度、阶层、社会形态、社会系统等方面为我们提供了社会融合问题产生根源的解释，为我们提供了在宏观社会背景之下理解社会融合及其产生、发展过程的基本视角和思路。社会融合的宏观理论有社会分层理论、社会团结理论、社会整合理论、社会距离理论、社会排斥理论、社会支持理论、社会资本（社会网络）理论、社会政策与社会公平理论。

（一）社会分层理论

在社会学中，社会分层这一概念用来描述不同的经济、社会、文化、政治资源在不同群体之间不一致的分配状况，解释在此基础之上人与人之间的不平等的社会关系，并进而理解社会结构的形成和社会事件的发生、结果。社会分层的本质在于形成人与人之间的差异（资源占有差异和阶层意识差异），而这种差异将影响人与人之间的社会互动与社会群体的划分，并进而可能导致社会群体之间的分裂与排斥。在社会融合领域，社会分层成为影响不同群体之间社会融合状况的首要因素。社会分层理论体系庞大，按照基本的理论取向，可以分为批判主义、人文主义、功能主义三种理论[①]；按照社会分层理论的发展时期可分为古典时期社会分层理论、现代社会分层理论和当代社会分层理论。

1. 批判主义社会分层理论

马克思是社会分层理论批判主义研究范式的开创者，这一范式为理解社会融合提供了这样一个角度：从资源（物质的和文化的）占有状况所产生的社会阶级划分出发，去理解实现社会融合的必要条件。马克思以自己对早期资本主义社会的观察，提出了著名的阶级社会理论，这一

---

① 克波认为当代社会分层理论家所采用的理论范式主要有：（1）批判性—冲突性的范式：统治阶级理论（马克思）；（2）非批判性的—有秩序的范式：功能理论（涂尔干）；（3）非批判性—冲突性的范式：权利冲突论（韦伯）（Harold R. Kerb, 2003；李春玲、吕鹏，2008）。

理论以生产力和生产关系的划分为核心，并通过区分对生产资料的占有情况，将人类划分为无产阶级和资产阶级两大群体。占有生产资料的资产阶级是这个社会的统治阶级，而只能以出卖自身劳动力为生的无产阶级则是被统治阶级。资产阶级和无产阶级这两大群体之间的矛盾是不可调和的，只有通过阶级斗争把资产阶级消灭，人类社会才会进入没有阶级差别的共产主义社会，社会群体之间才能实现真正的融合。

二战结束以后，随着社会结构调整和新的社会阶层的兴起，马克思主义的社会分层理论出现了新的现实转变，这一时期的批判主义社会分层理论集中在对中产阶级、知识分子阶层和精英阶层的研究，社会分层内容关注点由经济向知识、技术和权力转变，这一时期的主要理论有：新马克思主义阶级理论、后工业主义的社会分层理论以及精英理论。新马克思主义阶级理论对马克思主义阶级理论修正的核心在于将中产阶级引入资产阶级 - 工人阶级的二重阶级结构中来。后工业主义社会分层理论则重视技术变迁对社会、政治生活的影响，强调专家、知识分子等将作为新兴的文化统治阶级占据社会的主导地位，而传统工人阶级的重要性逐渐衰退。精英理论主要研究精英与权力分层的关系问题，理论取向有马克思主义、多元主义、阶级支配论和精英理论（李春玲、吕鹏，2008），它意在回答"统治阶级是谁，统治阶级的统治基础是什么"等问题。

当代批判主义社会分层理论主要侧重文化分层、性别分层和后共产主义国家转型之中的社会分层，代表性理论有：布迪厄的阶级和分层理论、女权主义理论和社会主义国家市场转型理论。布迪厄从社会互构论的角度出发，提出阶级是物质资源和符号资源双向动员而建构出来的，与马克思相比，布迪厄特别注重从文化、教育、符号等方面探求阶级的划分和再生产。女权主义理论更多的是关注现实生活中的一系列的性别不平等的问题，涉及男女之间诸如工资收入、家务劳动、社会流动、职业晋升、教育等不平等问题的讨论。后共产主义社会分层的研究涉及社会主义国家在市场转型中特殊的意识形态、制度结构、社会环境、权力关系对社会分层的影响，其基本的研究问题是探求市场转型过程中国家、社会和市场的关系，侧重点在于探求政治权力在市场转型中发挥的作用以及精英阶层在市场转型中的阶层再生产状况。

2. 人文主义社会分层理论

与批判主义理论流派认为的生产领域中某一基本关系是划分阶级的标准不同，人文主义理论流派更侧重从现实的社会领域寻求划分阶级的标准。韦伯是社会分层理论人文主义范式的开创者，他在社会分层理论领域的贡献主要有三：一是在强调经济因素是阶级划分的基础之上，韦伯补充了身份和权力地位作为划分阶层的重要标准（格伦斯基，2001）；二是在探讨社会关系和经济关系时，韦伯提出了"社会封闭"①的概念，成为理解社会分层形成和维持过程的重要机制，也为理解社会整合和社会融合提供了一个基本的视角；三是韦伯构建的科层制的框架成为理解社会分层的重要社会背景。此外，韦伯还强调技能、教育、职业对阶层划分的影响，为以后学术研究开拓了新的领地。

韦伯的多元社会分层理论在 20 世纪 60 年代以后被发展为新韦伯主义阶级理论，这一理论认为应该重新从韦伯的思想中去挖掘阶级之间的社会关系而不仅仅是停留在社会分层等级体系的研究之中。帕金（1979）在韦伯的"社会封闭"思想基础上，提出了社会封闭理论。这一理论的要点是：社会封闭的基本特征是排斥和内固，排斥是指社会群体为了维持和增强自身的特权而企图垄断某一利益并制造一个在他之下的群体，内固是指受排挤阶层加强内部的联系和团结。在资本主义社会中，资产阶级保持和建构自身阶级地位的社会排斥工具是财产制度和专业资格证书或文凭，当今的社会排斥由集体主义类型的社会排斥转向个人主义的社会排斥。吉登斯（1973）在韦伯阶级概念基础之上，提出了阶级结构化的理论，这一理论认为，阶级是享有

---

① 社会封闭指的是某些社会集体可以通过只局限于让一小部分有资格的圈内人来分享获取资源和机遇的渠道这样的机制，从而达到报酬的最大化（格伦斯基，2005）。

共同的经济机会——吉登斯称之为"市场能力的人"组成的群体，市场能力包括三方面因素：生产资料的占有状况、教育和技能资格的拥有状况和体力劳动能力。市场能力的大小不一定能够导致阶级的形成，还有一些中介因素在发挥作用，即吉登斯称之为"阶级关系"的结构化过程，这一过程分为两个部分，其一是阶级关系的中介结构化，其二是阶级关系的临近结构化。中介结构化是基于市场能力导致阶级结构的形成的过程，这一过程主要由流动机会的分布来控制；临近结构化主要是指在基本阶级结构的基础之上进一步强化各阶级的特征和阶级之间关系的过程。洛克伍德（1958）继承韦伯根据市场状态划分阶级的思路提出了测量阶级归属的操作化指标，他在《黑套工人》一书中提出有三个因素决定了个人的阶级位置：第一个因素是市场状态，它取决于个人的收入、就业和职业上升机会；第二个因素是工作状态，它取决于个人在劳动分工中的位置；第三个因素是身份状态，它指个人在社会声望等级中的位置。戈德索普以职业的市场状态和工作状态为阶级划分的标准，以体力劳动者和非体力劳动者为最基本的阶级分割，直接描绘出了当代英国社会阶级分类图。

总之，人文主义社会分层理论强调社会分层的多元性，主张从职业、身份、收入、权力等多维度来确认社会分层划分的标准。人文主义社会分层理论对社会融合领域的启发就在于提醒我们要从多角度看待流动人口的阶层归属问题，并寻找、比较这些不同的社会阶层划分标准给流动人口社会融合带来的难度与差异。

3. 功能主义社会分层理论

功能主义社会分层理论与批判主义和人文主义社会分层理论的不同在于，功能主义视角不太关注阶级区分、阶级冲突等问题，反而更强调社会结构、社会系统之间的协调与配合，因此社会分层只是这一理论流派在更为宏大的关注点——社会整合——之下有关社会分层与社会整合之间关系的认识。功能主义社会分层理论的基本观点是：社会不平等和社会分化是合理的，在实现社会功能、社会整合上也是必要的。涂尔干是功能主义分层理论的开创者，他的社会分层思想主要体现在强调职业在社会分层和阶级区分中的作用上，在其代表作《社会分工论》一书中，涂尔干提出了两个不平等的概念，一个是外在不平等，另一个是内在不平等。外在不平等是由于人的出身背景不同而导致的不平等，内在不平等是由于人的才能差异导致的不平等。涂尔干认为工业社会需要的是内在不平等，需要把有才能的人放在能够发挥他们才能的较高位置上，而外在不平等将威胁到工业社会的社会秩序和劳动分工的功能作用。

帕森斯的功能主义分层理论主要集中在对声望分层的研究上，他认为社会声望是社会分层的主要维度，阶级的划分也是按照声望的高低来划分的。所谓的阶级就是有着相互关系的联合体中享有同等价值评价的一群人（Parsons，1954），因此，享有同等声望或者相似社会地位的人就可以被认为是一个阶级。帕森斯的社会分层理论有以下四个核心论点：个人在声望等级系统中的位置取决于其他社会成员对他的道德评价；这种道德评价是由共同的价值体系来决定的；共同的价值体系是由这个社会最基础的组织来确定的；最好的遵从和体现这些价值的人就可以获得较高的声望地位和财富（李春玲、吕鹏，2008）。此外，帕森斯还认为，美国社会经济组织最为重要，因此整个社会的价值体系就侧重于职业结构中各类职业的功效作用，所以在职业结构中居于重要地位的人就能够获得高的声望地位和收入，帕森斯的这一论断开启了海特、布劳、邓肯等人的职业声望分层研究。海特（1950），诺卡、特尔斯（1994），崔曼（1977）等人通过对职业声望等级的研究证明，不同职业的声望得分在不同的社会阶层、不同的年代、不同的国别和民族中都有高度的统一性。邓肯（1961）和布劳（1967）则将职业声望得分与相应的职业收入和教育水平相统合，建立了社会经济地位指数（SEI）测量方法，并采用路径分析对个人社会经济地位获得过程进行分析，给社会分层领域带来了结构性的变革。

在后现代主义思潮影响之下，帕库尔斯基和沃特（1996）、贝克（2004）等人提出的阶级消亡抑或个体化不平等将代替阶级分析的观点，对社会分层研究形成了极大的冲击，格伦斯基和索内森等人从涂尔干《社会分工论》中吸取思想，提出了后涂尔干主义的分层理论。他们认为应该用小群体（各类职业联系体）的阶级概念来取代以往的阶级概念。首先，这是因为这些职业群体是拥有共同利益的社会群体，其原因在于：①职业的自我选择过程使有着类似心态的就业者进入了相同的职业群体；②同业者之间的互动趋向于强化和细化共享价值；③除了非正式的同业者互动有同质化效应以外，学徒、资格审核和专业学校等明确的训练和社会化方式，也具有同质化的作用；④同业者相同的职业义务使他们具有了共同的利益并且共同去追求这些利益（李春玲、吕鹏，2008）。其次，典型的集体行动也发生在职业联合体之间而不是聚集在阶级之间，这是因为在现实生活中地方性的联合体追求的是较小的、同业性的利益，而不是追求马克思所说的阶级利益。

功能主义社会分层理论为我们研究社会融合提供的一个最重要的切入点就是对职业声望的研究，在此理论看来，职业声望体系已经成为划分当代阶级地位的根本指标，处于同一职业等级的群体的人不仅具有相似的社会地位，而且分享着相同的价值体系。从我国流动人口就业现状上看，大部分流动人口的就业主要集中在城市次级劳动力市场，职业收入和声望都难免与城市本地人口存在一定的差距，流动人口与本地人口在就业上已经形成具有异质性的两类群体，并进而在生活方式和价值观念方面具有较大差异，已经形成流动人口社会融合程度较差的常态。

表 2-1 社会分层理论

理论	理论层次	关键词
社会分层理论	批判主义社会分层理论	经济、阶级、文化、性别、技术、精英、后共产主义、女权主义、教育、符号、意识形态、制度结构
	人文主义社会分层理论	经济、身份、权力地位、社会封闭、技能、职业、阶级结构化、市场
	功能主义社会分层理论	社会结构、系统、职业群体、职业声望、职业收入、社会经济地位指数、社会声望

（二）社会团结理论

社会融合理论的源头是社会团结理论，可以追溯到古典社会学有关"农业社会与工业社会"不同整合逻辑的区分，对此进行过重要论述的主要有滕尼斯和涂尔干。滕尼斯将人类生活的形式分为共同体和社会两种基本形态，他认为在共同体那里，人们的关系是以血缘、亲情和伦理团结为基础的，因而人与人的关系是亲密的、和睦的、单纯的；而社会则是基于政策和特殊利益而形成的，是公众性的、理性的、计算的。在共同体当中，人们按照本质意志生活，人们的目标和手段完全合二为一，自然地结合在一起；而在社会当中，人们按照选择意志生活，人们会反复地权衡利弊，采取某种行动取决于是否有助于个人利益（贾春增，2008）。共同体和社会的基本差异见表 2-2。

表 2-2　共同体与社会

共同生活的特征＼共同生活的类型	共同体	社会
意志类型	本质意志 - 情感动机型	选择意志 - 目的动机型
意志取向	整体意志	个人意志
行动方式	传统行动	合理行动
生活范围与维护手段	家庭（和睦）、村庄（习俗）、城市（宗教）	大城市（惯例）、民族（政治）、世界（舆论）
生活方式	家族经济（中意）、农业耕作（习惯）、艺术（记忆）	商业（深思熟虑）、工业（决定）、科学（概念）
结合性质	有机性质	机械性质

资料来源：贾春增：《外国社会学史》，中国人民大学出版社，1989，第62页；〔德〕斐迪南·滕尼斯：《共同体与社会》，林荣远译，商务印书馆，1999，第339~341页。

滕尼斯（1991）认为，整个社会的发展方向是共同体一步一步地迈进社会，"整个运动可以理解为这样一种倾向：从原始的（简单的、家庭的）共产主义和从中产生的、建立在此基础之上的（村庄的、城市的）个人主义，走向独立的（大城市的、普遍的）个人主义和由此确立的（国家的、国际的）社会主义"。但另一方面共同体的力量仍然保留着，而且依然是社会生活的现实力量和社会基础，这样共同体与社会的发展便产生一种内在的张力，而这种张力的外在体现——城市和农村的对立运动——构成了社会经济历史的全部内容。滕尼斯给我们的启示在于他明确指出了以共同体为基本生活形式的乡村和以社会为基本形式的城市在价值观、人际关系、处事方式、生活习惯等各方面所天然存在的差异，为我们提供了理解流动人口尤其是农村进城务工人员社会融合所面临的社会与文化处境的一些基本观点和看法。

涂尔干的社会团结概念是在第二次工业革命迅速在各个资本主义国家推进，原有的封闭式的传统农业社会在工业化和城市化的浪潮中迅速瓦解，整个社会结构处于大变迁，社会面临大分裂的情况下提出的。这一概念指的是一种把社会结合在一起的社会纽带，是一种建立在共同情感、道德、信仰或者价值观基础之上的以结合和吸引为特征的社会联系状态（贾春增，2008）。涂尔干在著作《社会分工论》中，根据工业社会和传统社会形态的对立，将社会团结划分为有机团结和机械团结两种基本形态，他认为传统社会的人们是通过一种强烈的集体意识将同质性的个体结合在一起（机械团结），传统社会"在某种程度上是由所有的群体成员的共同感情和共同信仰组成的"，而现代社会则建立在社会成员的异质性和相互依赖的社会链接纽带（有机团结）之上，是由"一些特别而又不同的职能通过相互间的确定关系结合而成的系统"。集体意识的强弱是区分这两种社会团结类型的主要标志，而社会分工是这两种团结类型产生和转换的原因。社会分工的发展产生了两方面的效果，促成了机械团结向有机团结的转化。一是劳动分工及专业化的发展，影响到人的生活方式，减弱了人与人之间的同质性，为人的意识和个性的发展提供了空隙，削弱了集体意识；二是造成了社会各个部分之间的相互依赖，从事不同职业的个人和群体为了个人的生存必须要同其他群体发生联系、相互帮助，这种客观的需要反映到人们的意识中就形成了相互依赖感、联系感和团结感，随着分工的发展，这种由分工带来的普遍的相互依赖感也就取代了集体意识在维持社会整合中所起的作用，为社会整合提供了新的基础。既然分工已经成为社会整合的基础，那么反常的分工将带来社会团结的破坏，反常的分工形式有三种：其一是分工增长引起社会结构剧烈变化，而与此同时社会道德规范又没能跟上，致使社会调节发生故障，无法维持人与人之间关系的社会"失范"状态；其二是建立在社会不平等基础上的强制性分工以及强制性规范，这种分工由于不是出自当事人的意愿，因而不仅不能有效维持社会团结，反而会引起阶级斗争，破坏社会结构；其三是纯粹出于经济和技术上考虑而缺少道德基础的分工也无法起到社会团结的作用。除此之外，涂尔干还强调了极端的个人主义对现代社会有机团结的破坏。对于以上社会团结可能出现的破坏情况，涂尔干开出的药方是，全面加强社会道德规范建设，建立与社会分工结构相适应的多层次的社会道德和信仰价值体系，培养有机社会的共同集体意识，同时涂尔干还特别重视共同情感的纽带作用，他认为，如果不能定期维护和重申那些可以形成社会统一和人格的集体情感，社会就将不复存在。因而，必须借助宗教或政治的庆祝仪式、聚会、集会和会议、教育等形式，重塑人们的共同情感，将人们紧密地围拢在一起（吴晓林，2013）。涂尔干的社会团结理论开创了研究社会团结、社会整合领域的先河，与滕尼斯的理论相比，涂尔干强调了社会分工以及随之产生的职业团体对社会形态转变的影响，为理解社会融合所产生的社会背景——传统社会向工业社会转变及由此带来的人的转变——提供了思路。

表 2 - 3　社会团结理论

理论	代表人物	关键词
社会团结理论	滕尼斯	共同体与社会、个人主义与集体主义、城乡对立
	涂尔干	机械团结、有机团结、社会分工、集体意识与个人意识、失范、职业团体、集体情感

（三）社会整合理论

1. 帕森斯的社会整合论

社会整合理论继承涂尔干的社会团结理论，并由帕森斯、洛克伍德、卢曼、哈贝马斯等人发展，形成了庞大的社会理论体系。帕森斯的社会整合理论是嵌入于其庞大的社会系统理论之中的，帕森斯认为，整个社会（结构）趋向于分化为四个子系统。经济系统是专门从事社会适应功能关系的主要子系统，它的目标是生产一般便利条件，以作为制造一切可能用品的手段。目标实现子系统注重于一个社会的（广义）政治功能，它的目标是最大限度地发挥社会能力以完成系统目标。社会统一子系统使更大的社会系统免受不适当的内部冲击，并把价值方式与行为者的动机结构相联系，这个过程保持了价值方式的制度化。社会统一子系统的作用有二，一是通过价值方式的制度化实现社会的控制，其重要作用机制是社会统一子系统通过"对人格系统的整合也就是通过社会化和社会控制的方式来实现个人或组织对社会价值观的内化，并通过制度化、人际约束、仪式活动等确认行动者的角色，并以此来消除紧张和越轨行为"（张翼，1994）；二是生产一种"团结"的一般化能力，这种能力根据系统的统一需要，使系统单位的行为"保持一致"，并抑制或者扭转偏差行为的干扰倾向，促进形成和谐合作的条件。模式维持和紧张处理子系统注重制度化的文化，制度化的文化主要体现在价值定向的模式上，它具有维持社会文化价值的功能（帕森斯，1989）。在帕森斯眼里，社会整合功能的主要承担者是社会统一子系统，而社会整合这一功能得以实现的条件则是模式维持和紧张处理子系统（帕森斯，1989），两者的共同作用保证了社会某种程度上的"团结状态"的实现。

2. 洛克伍德的系统整合论

洛克伍德继承功能主义的社会整合理论和马克思的社会变迁思想提出了系统整合理论，这一理论的理论目标主要是在批判、综合规范功能主义和冲突论的基础之上提出以系统整合为核心的社会变迁观。与帕森斯社会整合理论的核心关注点——对社会秩序的维持不同，洛克伍德的系统整合理论更加关注的是系统之间的矛盾与冲突对社会变迁的决定性影响。在回顾了马克思阶级冲突理论并受到其"系统冲突的社会变迁观"的影响之后，洛克伍德（1964）提出了自己的系统整合理论，这一理论的要点有：①系统整合与社会整合的不同在于，社会整合把注意力放在行动者之间有序的或冲突的关系上，而系统整合关注的则是一个社会系统的各个组成部分之间有序的或冲突的关系；②结构性的矛盾也就是系统之间的冲突才是社会变迁的源泉；③系统的核心在于制度，对于一个社会系统的张力与可能的变迁而言，源泉之一是该系统的核心制度秩序与其物质基础之间的不能良好匹配；④在这种情况下，物质基础有助于某些社会关系的发展，而这些社会关系一旦得以实现，将直接威胁到既有制度秩序的继续生存；⑤由系统的制度秩序与其物质基础之间的功能失调而产生的某种典型的"压力"，将成为该系统的标志特征；⑥系统的潜在社会关系是否能够最终得以实现，将取决于制度秩序的维续方面，拥有既得利益的群体是否能够成功地处理系统面临的特定危急事态，以及表现出来的态度与能力；⑦如果这些危急事态导致了系统功能失调的进一步激化，如果既得利益群体所采取的补救措施（无意之间）导致了系统的潜在社会关系的进一步实现，那就会产生社会瓦解与制度秩序变迁的恶性循环，相反，如果补救措施颇见成效，制度秩序将维持原状。

3. 卢曼的系统整合论

卢曼的系统整合理论与经典理论家们不同，卢曼认为，当代社会已经是一个高度分化并且多面化的社会，其基本特征是功能上的急剧分化，即现代社会的结构和制度变得越来越专门化、技术化、独立化，因此现在的社会理论家再也找不到具有统一性的整体价值结构、共同情感来充当实现社会整合的工具，因此只有借助于由功能决定结构的新型功能结构论（高宣扬，2005）。面对现代社会的"复杂性"状态，卢曼指出，只有系统才是简化世界复杂性、实现社会整合的唯一有效工具，"系统就是记录、重构和简化世界的复杂性，通过这种简化过程，行动者使世界变得更加适应人类需要的一种最低程度的秩序"（高宣扬，2005），因此卢曼对整合的定义就是"系统限制彼此的自由度"（Luhmann & Niklas，1997）。那么系统又是如何维持社会之间的联系促进社会的整合的呢？卢曼认为，系统有两大基本属性，一是系统的自我再制功能，二是通过系统之间的沟通促使社会各部分发生"结构性的联系"。系统的自我再制，是指"系统被设计成经由他自己臣属于自我再生产的选择性，再生产他自己的"，而这一过程并不是简单的复制和再生产系统本身，而是"这些要素必须与以前的要素有所不同"（卢曼，2008），因此系统可以通过自我再制来面对不断分化的社会环境。系统的结构性联系，是指社会系统作为一种沟通的系统，要通过沟通的循环操作来制造并维持它的"统一"，通过沟通社会的各部分得以实现协调与整合。系统的这两大基本属性成为系统实现社会整合的条件。

4. 哈贝马斯的沟通整合论

哈贝马斯继承经典社会理论家们如马克思、韦伯、卢卡奇等人对工具理性、科技理性批判的传统，并融合涂尔干、帕森斯等人的相关理论提出了沟通行动理论，并在此基础上构建了自己的社会整合观。为了更好地理解科技理性对人们生活世界的入侵过程，哈贝马斯在帕森斯 AGIL 模型基础之上，提出了理解社会的"系统 – 生活世界"二分法。这里的系统指的是社会的制度、组织，也可理解为研究社会世界的一种分析架构，对应着帕森斯 AGIL 模型中的经济系统（A）和目标实现子系统（G）；生活世界是指人类得以生活于其中的一些背景资料与知识，这是生活在一起的社群与团体所共享和共有的，其主要作用是促使人类之间相互沟通，对应着帕森斯 AGIL 模型中的社会统一子系统（I）和模式维持与紧张处理子系统（L）。哈贝马斯认为，现代西方社会是一个理性化不断发展的社会，这种发展所产生的一个重要问题就在于原本是经济系统和目标实现子系统的运作逻辑侵入了社会统一子系统和模式维持与紧张处理子系统之中，系统逐渐控制了生活世界。其主要表现有两方面，一方面越来越多的社会生活领域被人们从传统环境中分离出来，使其转而隶属于理性审查和思辨的统治（威廉·乌思怀特，2009）；另一方面原本属于私人领域和公共空间的非市场和非商品化的活动，被市场机制和科层化的权力所侵蚀了，也就是导致了"生活世界的殖民化"（阮新邦、尹德成，2006）。而生活世界的殖民化的恶果就是人与人之间、人与外在世界之间的关系逐渐变为一种纯粹的工具性关系，人人从个人利益出发，自行其是，沟通和了解逐渐难以达到，而规范又不能制约和协调个人的行为，社会的团结与整合出现了危机。那么如何挽救这一社会整合危机呢？哈贝马斯认为解决的办法就是人与人之间要相互沟通、理解，从而使社会能够重新建立共识，协调人际交往，要达到这个目的，就要通过沟通行动（阮新邦、尹德成，2006）。在哈贝马斯眼里，承担现代社会整合功能的沟通工具是法律。法律具有两方面的特性：强制性和认受性。这两方面的特征弥补了传统行为规范有效性的不足，因而可以被认为是社会整合的一个基础。

表 2 - 4 社会整合理论

理论	代表人物	关键词
社会整合理论	帕森斯	社会整合、AGIL 模型、社会系统
	洛克伍德	系统整合、冲突、制度、物质基础、危机事件
	卢曼	系统整合、系统自我再制、系统沟通
	哈贝马斯	沟通整合、系统、生活世界、沟通、规范、法律

（四）社会距离理论

法国社会学家加布里埃尔·塔尔德在《模仿律》中首次使用了"社会距离"这一概念来表示不同阶级之间的差异，他认为社会距离存在于社会的不同阶级之间，是不同的阶级之间亲密程度的反应。阶级差别就是阶级距离，阶级距离可以通过阶级之间的相互模仿来弥补阶级之间的差异。德国社会学家齐美尔从主观意义上对社会距离这一概念进行了界定，并将距离感引入个人在现代化大都市中日常生活的分析。齐美尔认为，随着货币经济的发展和现代性的增长，工具理性逐渐成为社会思维的主导模式，人们在享受物质财富、科学技术带来的巨大便利的同时，人的精神生活却缺少了一种意义感和对他人的亲近感，人在都市中也仿佛成为一个熟悉的"陌生人"。城市人为了抵御以上的要素对自身心理的影响，就必须具备五种文化特征：理智至上、计算的性格、傲慢冷漠、矜持保留、自我表现，因此社会距离的亲近与疏远构成了自我与外在客体内容间的一种具有内在倾向性的精神联系和多样性的张力存在，成为人与人之间"内在的屏障"（周晓虹，2007）。

真正将社会距离理论应用到群体研究的是美国芝加哥学派的帕克，他继承齐美尔的思想，将社会距离理论应用到美国移民和种族关系的理解中，"使得我们开始自觉不自觉地意识到自身与我们所不能完全理解的种族和阶级之间的区别和隔离"（Park，1950）。帕克认为，社会距离描述的是一种主观思想状态，是人们与他人亲密关系的尺度。社会距离可分为空间距离和心理距离，也可分为水平距离和垂直距离。其中水平距离指的是一种距离扩张和缩小的态势，垂直距离是具有地位差别的优越和自卑。帕克认为，社会地位是决定社会距离的根本因素。"在美国，特别是种族关系是一种固定的和习俗的社会距离，它确保黑人在他自己地位上安分守己。只要他安分地待在他的位置，保持他的距离，就可能创造一种上层与下层之间的脉脉温情"（科瑟，1990）。而文化差异则成为影响种族群体融合的重要因素。"一个种族和群体与其他种族和群体之间的文化现象与融合和混合现象具有密切关系。文化的残留意味着彼此适应和融合的不成功。一个文化群体持有这种残留的文化，继续保留以往的语言和风俗习惯，继续拥有他们的种族认同等"（卢国显，2005）。

如果说前面几位社会学家对社会距离的探讨仅仅停留在理论层面，那么博格达斯则是第一个将社会距离进行实证测量的。1925年，美国社会学家博格达斯在其《社会距离及其测量》一文中，提出了"社会距离测量法"。博格达斯将社会距离定义为"能够表现一般的前社会关系和社会关系特征的理解和亲密的等级与程度"。为了测量这些等级和程度，他选取个人（美国人）对其他民族、宗教、种族群体的态度为测量对象，设计了一种社会距离测量表，这一测量表有如下指标：①愿意与其通婚；②愿意让其参加本社团的活动；③愿意与其作邻居；④愿意与其作同事；⑤愿意让其成为美国公民；⑥只愿他作为美国公民；⑦不愿他与美国发生任何接触。博格达斯利用量表的技术将主观态度数量化、客观化，实现了社会心理学实证化研究，自此之后许多人便采用此种方法研究群际关系，如劳曼（1965）对职业主观社会距离与一个人的职业和阶级位置进行了研究，拉豪恩和卢米斯（1966）则采用五类样本对美国和墨西哥两个具有不同文化传统的国家的少数民族、宗教和其他群体之间社会距离状况进行了比较研究，帕格尼尼和摩根（1990）利用美国 1910 年统计资料和 1908 年到 1918 年的婚姻等级资料对美国社会中新老移民的种族通婚的状况进行了研究等。

社会距离概念体现了人与人、群体与群体之间关系亲近或疏远的等级与程度，在流动人口社会融合这一领域，对社会距离的研究既可以反映出流动人口与城市本地居民社会差距的客观动态变化，也可以反映出流动人口与本地居民在心理和文化层面的主观亲近感。作为理解群体融合和隔离的重要指标，社会距离是衡量阶层与阶层、群体与群体之间客观差距的重要切入点，为我们了解社会阶层、群体之间的关系和矛盾提供了切实可行的思路，因此社会距离的研究对促进群际关系的发展和社会秩序的良好运行有着重要的积极影响。

表 2 – 5　社会距离理论

理论	代表人物	关键词
社会距离理论	加布里埃尔·塔尔德	阶级距离
	齐美尔	精神距离、陌生人理论
	帕克	空间距离、心理距离、水平距离、垂直距离、种族、文化
	博格达斯	社会距离测量表
	劳曼	职业主观社会距离
	拉豪恩、卢米斯	少数民族、宗教、群体
	帕格尼尼、摩根	种族通婚

（五）社会排斥理论

社会排斥是指一定的社会成员或社会群体在一定程度上被排斥在社会主流文化和关系网络之外，不能获得正当的政治、经济、公共服务等资源的过程或状态。早在 1974 年，法国学者勒内·勒努瓦在其《被排斥群体：法国的十分之一人口》一文中首次提出了"社会排斥"概念（阿玛蒂亚·森，2005），用来指称那些受到排斥的社会群体，这一群体包括"精神或身体有残障者、自杀者、老年病患、受虐儿童、药物滥用者、过失者、单亲父母、多问题家庭、边缘群体、叛逆者及其他一些不适应社会环境的人"。此后有关社会排斥问题、理论、政策的探讨便如雨后春笋般涌现出来，社会排斥的研究范围也不断扩大，如布查德特等（1999）就认为，社会排斥指的是社会成员在消费、生产、政治、社会互动等方面参与性的不足，而这一定义实质上将社会排斥的研究推向了政治、社会、经济、文化等诸领域。吉登斯（2001）则认为应该从过程理论的视角开展社会排斥的研究，应该研究社会排斥的机制，即社会成员如何在社会过程中被排斥在参与社会生活之外，使得社会排斥的研究具备了动态性和历史性。西尔弗和德汉将社会排斥划分为三种不同范式："团结型社会排斥"、"特殊型社会排斥"和"垄断型社会排斥"。"团结型"范式认为，社会排斥是指个人与社会之间各种关系纽带的削弱与断裂过程。"特殊型"则深受自由主义传统的影响，它认为社会排斥是一种歧视性的表现，是群体性差异的体现，这种差异否定了个人充分进入并参与社会交换或社会互动的权利。"垄断型"认为群体差异和不平等是重叠的，它将社会排斥定义为集团垄断所形成的后果，其突出表现是权力集团通过"社会封闭"来限制外来者的进入（孙炳耀，2000）。

进入 20 世纪 80 年代以来，欧洲面临普遍的福利国家危机，需要通过改变社会政策来重新调整福利资源的分配，在此情况下，社会排斥理论就担负着重新诠释社会福利伦理和原则的重任，因此引起了一些政府和国际组织的关注（彭华民，2005）。1988 年，在第二次欧洲反贫困运动中，欧共体委员会在它的文件中首次使用了"社会排斥"这一概念。1989 年，欧共体将这一概念写进了《欧洲社会宪章》的序言中，并认为社会排斥不能简单地归为资源不足，反社会排斥是保障个人和家庭能够有体面的生活条件，能够融合于劳动力市场和社会的过程。在反排斥的过程中，欧共体制定的使社会成员融入社会的标准是：教育，能熟练地掌握基本技能，培训，工作，住房，社区服务，医疗照顾（彭华民，2005）。对社会排斥关注较早的是英国，20世纪 90 年代以来，英国政府专门成立了社会排斥局来研究和处理社会排斥问题。英国政府将社会排斥定义为，人民或者是地区遭受到失业、低技能、低收入、简陋的住房、高犯罪率、不健康和家庭破裂等问题的综合影响，不能有效地参与社会生活（Unit & Britain，2001）。在法国，社会排斥问题也得到政府部门的重视。1998 年法国政府通过《反排斥法》，这一法律规定了关于"工作和培训权利、居住权利、反对驱逐房客和居住隔离、存款法和担保规则、处理过度负债、获得文化和教育、扫盲"等方面的措施（熊光清，2008）。1999 年，法国成立贫穷和社会排斥监测部，其职责主要是：收集贫穷、风险和社会排斥形势的信息，开发相关知识和信息系统，研究、调查和评估相关措施的进展情况（熊光清，2008）。

作为一种社会现象的结果状态，许多研究者对社会排斥的形成原因也做了理论探讨。如欧洲委员会认为存在许多社会排斥的制度性或结构性因素。这些因素包括：①因全球化、技术变化、产业调整而引发的劳动市场变迁，使最不适应就业环境变化的个体被边缘化；②知识型社会、信息社会的发展使得低技术和缺乏新知识和技能的人被边缘化；③社会人口变化，如人口老龄化、出生率的下降、家庭结构的变化等，使得一部分群体被排斥；④一些区域，比如旧的城市工业区缺乏资本投入，基础设施落后，使得该区域人群处于贫穷和社会排斥之中（丁开杰，2009）。英国社会排斥局对社会排斥形成原因的总结与欧共体类似，只是在其基础上区分了社会排斥过去和现在的不同形态和产生原因，它认为过去引发社会排斥的要素包括：①老龄化、社会抚养负担加重、家庭变迁，尤其是单亲家庭的增加等人口学因素；②失业、劳动力市场灵活性增加等劳动力市场因素；③税收体制落后、社会补贴减少、社会保障不到位等政策性因素。现在引发社会排斥的因素则包括低收入、失业、教育、身体状况、交通、住房、社会资本、犯罪等要素。其中，低收入是当前引起社会排斥现象的关键要素（Bradshaw, Kemp & Baldwin, et al., 2004）。西班牙学者琼·苏比拉茨认为，社会排斥现象本质上是在现代社会向后工业社会转型的过程中所产生的一种不断变化的关系性现象。社会排斥的产生因素有三，第一是社会多层面的裂化。其包括：①国际移民的大量流动带来种族多样化，在法律、经济、文化、家庭等方面产生了多重不稳定性；②人口老龄化加速，人口社会抚养率提高；③婚姻的新形态显现，同居、单亲、未婚先孕等现象频现。第二是后工业经济对就业产生的影响。传统工业经济向以信息经济为基础的后福特生产体制转变，对劳动力市场、就业和劳动关系产生了重要影响：①结构性的、成年人的、长期的失业，产生了新的社会失败者；②大量低质量的、不需要技能的工作；③不受集体谈判协议保护的低工资。第三是福利国家的融合性不足。一方面，一些制度设计不具有融合性；另一方面，与社会福利相关的一些市场已经对弱势群体形成更强的歧视（如土地市场和不动产市场）。

　　20世纪末至21世纪初，无论是政府机构还是社会政策研究者都热衷于使用社会融合这一概念，因为他们逐渐意识到，反社会排斥就是要确保任何人都能享受到居住在组织良好的现代社会之中，也就是要建立一个人人共建、人人共享的强大而又有凝聚力的社区，这也就是社会融合的概念，因此社会融合逐渐成为西方社会政策研究和社会政策实践的核心概念。在流动人口社会融合研究过程中，社会排斥作为社会融合的反面可以为我们揭示社会融合在经济、政治、社会、文化、心理五方面面临的现实处境问题，揭示新的社会、经济转型背景之下流动人口社会融合面临的压力。

表 2-6　社会排斥理论

理论	代表人物/国家/机构	关键词
社会排斥理论	勒内·勒努瓦	被排斥群体
	布查德特	消费、生产、政治、社会互动
	吉登斯	社会排斥过程
	西尔弗、德汉	团结型社会排斥、特殊型社会排斥、垄断型社会排斥
	欧共体委员会	反排斥、教育、技能、培训、工作、住房、社区服务、医疗照顾
	英国	社会排斥局、失业、低技能、低收入、简陋的住房、高犯罪率、不健康和家庭破裂
	法国	《反排斥法》、贫穷和社会排斥检测部、工作和培训权利、居住权利、反对驱逐房客和居住隔离、存款法和担保规则、处理过度负债、获得文化和教育、扫盲
	欧洲委员会	全球化、知识型社会、信息社会、人口变化等对社会排斥的影响

（六）社会支持理论

社会支持这一概念起源于 20 世纪 70 年代有关社会支持与身心健康的研究，研究发现良好的社会支持有利于身心健康，一方面社会支持能对处于压力状态下的个体提供保护，另一方面社会支持对维持一般的良好情绪体验也具有重要意义（Cohen & Wills, 1985）。此后便有众多的国内外学者对这一概念进行了阐释，有索茨、马特、范德索尔、维尔曼、林南、库恩、卡特那、罗素、巴勒内尔等外国学者，也有李强、郑杭生、张文宏、蔡禾、陈成文等中国学者（周林刚、冯建华，2005）。总的来说，以上学者认为社会支持这一概念主要包括以下几个方面：物质性支持、情感性支持、行为性支持、社会网络支持。实施社会支持的主体对象是家庭、亲友、邻居、社区、企业和国家，接受社会支持的客体对象应是处于社会弱势地位的群体。

目前，社会支持理论的核心关注点在社会支持与个人心理的关系和社会支持网络这两点上，并围绕此形成了若干的理论及相关模型。在个人身心健康与社会支持的关系上主要形成了主效应模型和缓冲器模型。其中主效应模型认为社会支持对个人的身心健康具有普遍的帮助作用，社会支持在平时能够维持个体良好的情绪体验和身心状况，从而有益于心理健康（李强，1998）。缓冲器模型是针对个体面对社会压力时，社会支持对个体的帮扶作用，这一模型认为社会支持一方面可以在个体面临社会压力条件下提高个体对外界支持的感知能力，从而降低对社会压力事件严重性的评估；另一方面，社会支持也可以提供解决问题的策略，从而帮助个体减轻压力（倪赤丹，2013）。

对社会支持网络的研究，主要集中在对社会支持中的关系特质以及社会支持的网络特征上。对社会支持中的关系特质的研究集中在关系强度、亲属和朋友关系、空间接近与交往关系、相似性等方面。对关系强度研究比较早的是格兰诺维特（1973）、林南（1982）、边燕杰（1997）等，核心争论是强关系还是弱关系对社会支持的作用强度大；亲属和朋友关系的研究大多集中在亲属和朋友在社会支持网络中发挥的作用、强度、差异（Crohan & Antonucci，1989；Wellman & Wortley，1989）；空间接近与交往关系的研究则意在证明亲属、朋友空间距离远近对交流和支持性关系的影响（Wellman & Wortley，1990；Campbell & Lee，1992；Carrington & Hall，1997）；相似性的研究则突出体现在个体之间的相似性、异质性影响社会支持的意向、支持强度等（Marsden，1988；Wellman & Wortley，1990）。对社会支持网络特征的研究集中在网络规模、网络紧密度、网络中心度上。网络规模研究是指社会支持网络规模给人带来的社会支持力度的大小（Stokes，1983；Riley & Eckenrode，1996）；网络紧密度研究意在证明社会支持网络成员之间联系的紧密程度给社会支持带来的影响（Burt，1987；Pescosolido & Sharon，1989）；网络中心度研究集中在个人在社会网络中的重要程度和中心程度及其受到社会支持效能的影响（Burt，1992；Wellman，1997；Carrington & Hall，1997）。

在社会心理学中，社会支持指人、行为、关系或社会系统的某种抽象性，是个人被他人支持的体验或感受，而社会支持网络指通过个人之间的接触，个人得以维持社会身份并且获得情绪支持、物质援助、服务、信息，一个人拥有的社会支持网络越强大、社会资源越丰富，就能够越好地应对各种环境的挑战。在流动人口中，由家庭、亲属、朋友、同事等构成的社会支持网络对于一个人在城市生存和发展，并最终能够顺利地融入城市生活中来显得格外重要，这些社会支持网络不仅提供了必要的物质性支持，也提供了不可替代的情感性支持与帮助，是流动人口在城市站稳脚跟、心理感受到关怀的必备条件，因此从社会支持的角度出发看待流动人口的社会融合显得格外必要。

表 2-7　社会支持理论

理论	代表人物	关键词
社会支持理论	索茨、马特、范德索尔、林南、李强、郑杭生、张文宏、蔡禾等	物质性支持、情感性支持、行为性支持、社会网络支持、家庭、亲友、邻居、社区、企业和国家、弱势地位的群体
	李强、倪志丹	主效应模型和缓冲器模型
	格兰诺维特、林南、边燕杰	关系强度、强关系、弱关系
	Crohan、Antonucci、Wellman、Wortley、Campbell、Lee、Carrington、Hall	亲属、朋友关系的强度、作用和差异，亲属、朋友空间距离
	Marsden、Wellman、Wortley	社会支持关系相似性
	Stokes、Riley、Eckenrode、Burt、Pescosolido、Sharon	社会支持网络规模、密度与中心度

（七）社会资本（社会网络）理论

社会资本这一概念的提出者是社区改革倡导者莱达·贾德森·哈尼凡，他在 1916 年发表了题为《乡村学校社区中心》的文章，首次用"社会资本"这一概念来分析社区参与和社会纽带的重要性，在这篇文章中他把社会资本看作是有利于个人、家庭、社会团结发展的重要资源（Hanifan，1916）。如果说哈尼凡的贡献在于提出了社会资本的概念，那么由格兰诺维特、林南、博特发展起来的社会网络理论则奠定了社会资本理论的研究基础。20 世纪 70 年代，格兰诺维特在研究个人求职时发现，对于个人求职来说，能够给他提供有效就业信息的是他的关系一般的亲友而不是和他关系紧密的亲友，借此他提出了"弱连带优势理论"（Granovettor，1973），这一理论将社会关系分为强连带关系和弱连带关系，强连带关系虽然关系较为亲密，但是强连带往往是因为个体的同质性较强而形成的关系，因此强连带关系往往不能提供异质性的有效信息，相反在弱连带关系之中，由于别人和自己处于较为陌生的关系，拥有不同的社会经验和不同的社会信息渠道，所以别人也就更可能掌握自己无法得到的并对自己有用的求职信息。在此基础之上，林南（1982）提出了"社会资源"理论。社会资源指的是那些嵌入于个人社会网络之中的资源，这种资源不能被个人直接占有，而是从个人的直接或间接的社会关系中取得。决定个体所拥有社会资源的数量和质量的有以下三个因素：一是个体社会网络的异质性，二是社会网络中成员的社会地位，三是个体与其他社会网络成员的关系强度。具体说来，就是一个人的社会网络的异质性越大，社会网络成员的地位越高，个体与其他社会网络成员的关系越弱，则其拥有的社会资源就越丰富。如果说格兰诺维特和林南的研究集中在社会网络的关系上，Burt 和 Ronald S.（1992）的结构洞理论则集中在分析个人在网络结构的位置上。这一理论认为，位于两个社会团体之间起到沟通两个社会团体作用的特殊社会网络结构——桥——可以带来两个好处：讯息利益和控制利益。其中讯息利益是以"通道"、"时机"和"推荐"三种形式呈现的。"通道"使个体能够知道有价值的信息，并知道有谁可以使用它；"时机"则是一种重要的信息形态，除了确定你会被告知某项信息外，私人的接触也可以使你成为及早知道又适时知道的人；"推荐"是获取未来机会的正面能量，在适当的时机有适当的人推荐，使获得资源的机会大增。控制利益则可以诠释为在"鹬蚌相争"下，中介者可以操控两端从中获取利益，因此，处于"桥"位置的人可以发现甲地之有，乙地之无，居中操控，搬运有无（罗家德，2008）。

在社会学领域第一个对社会资本概念进行现代意义上系统阐释的是法国

社会学家布迪厄，他从社会网络的意义上来理解社会资本，认为社会资本就是"社会联系、社会荣誉和社会尊敬的资本"（Bourdieu，1984），并把社会资本与经济资本、文化资本放在一起，认为是社会资本的三种主要形式。在其《布迪厄访谈录——文化资本与社会炼金术》一书中，布迪厄详细阐明了社会资本的功用："所谓社会资本，是指实际的或潜在的资源集合体，那些资源是同对某种持久的网络的占有密不可分的；这一网络是大家共同熟悉的，得到公认的，而且是一种制度化的关系网络；换句话说，这一网络是同某团体的会员制度相联系的，它从集体性拥有资本的角度为每个成员提供支持，提供为他们赢得声望的'凭证'，……这些资本也许会通过运用一个共同的名字（如家族的、部落的、学校的、党派的名字等）而在社会中得以制度化并得到保障，这些资本也可以通过一整套的制度化行为得到保障。"（布迪厄，1997）可见，在布迪厄眼里，社会资本是一种通过制度化的网络体系而赋予个人所有的一种社会资源，它存在于亲属关系、社区关系、职业关系、组织关系等内部（吴军、夏建中，2012）。科尔曼在格兰诺维特、林南、布迪厄的基础之上，进一步对社会资本的表现形式和特征进行了界定，科尔曼（1999）认为，社会资本"表现为人与人之间的关系，通过社会关系的投资可以积累和增加社会资本"，社会资本的表现形式有以下几种。①义务与期望。当某个人为别人提供一定的帮助时，并确信他人会为此对自己承担起特定的义务时，他就拥有了社会资本。②存在于社会关系中的信息网络。个体可以从他的社会关系网络中获取对自己行动有用的信息，这种社会关系就构成了社会资本。③规范与有效惩罚。社区内部的规范和惩罚，可以通过引导或制约人们的行动，使人放弃对自我利益的绝对追求而按照集体利益形式行为，从而维护了集体的内部团结，成为对个人行动有影响的社会资本。④权威关系。以控制权为特征的权威关系，为人们解决实际问题提供帮助。⑤多功能社会组织和有意创建的社会组织等。为某一目的而建立的社会组织往往在其发展过程中具备更多的其他功能，不仅使创建者收益也使其他人得到好处。科尔曼还指出了社会资本的特征，有以下三点：

①社会资本具有不可转让性，因为它是一种社会关系而不是一种私有财产；②社会资本具有公共物品性质，如信任、规范、信息网络等；③社会资本与其他形式的资本（如货币资本和人力资本等）地位同等重要，都具有资本的共同属性——资本的生产性。从以上的论述可以看出，科尔曼的社会资本分析已经从以个人为中心转移到以社会为中心上来，这为后来普特南对社会资本理论现代意义的扩展奠定了理论基础（吴军、夏建中，2012）。

与前人相比，普特南对社会资本的分析有两个新的发展：首先，他在前人有关社会关系网络的静态定义基础上，加入了"公民参与合作"的动态维度；其次，他继承科尔曼把社会资本看作公共产品这一角度，从关注社会资本个体意义，上升到关注社会资本这一公共物品如何使用以避免"搭便车"问题，从而更加有效提高社会效率上来。他认为，社会资本指的是社会组织的特征，例如信任、规范和网络，它们能够通过推动协调和行动来提高社会效率（张文宏，2003）。公民之间密集的社会互动网络有利于一般性交流准则和自愿性约束性机制的产生，有利于促进交流和培养社会信任，有利于产生公共舆论和有助于培养声誉，可以减少机会主义和"搭便车"现象。同时，公民过去参与的社会互动及培养起来的社会信任，还会为以后的交往、合作充当良好的模板。福山从以社会为中心的角度来看待社会资本，他更加强调社会规范和社会信任作为社会资本的中心内涵，并用社会的普遍信任程度来分析一个社会或国家的经济繁荣程度。他认为社会资本是"一种有助于两个或多个体之间相互合作的非正式规范"（福山，2003），它存在于人们的社会交往之中，社会资本也是一种普遍信任的力量，能够促进集体的团结与合作，这种促进群体合作的规范往往与传统美德紧密相连，如诚实守信、及时履行义务以及互惠互助等。

社会资本理论近年来已经成为一个研究热点，在劳动就业和移民、教育和家庭、社会分层和社会转型、经济和社会发展、社会参与和民主政治、科学发展和技术创新等方面都有所运用（赵延东，2003）。在流动人口社会融合领域，社会资本可以作为一个重要变量来研究流动人口社会流动的原因，也可以作为研究流动人口在迁入地社会融合程度的因变量（如职业、社会交往、经济地位获得），还可以从更细微的角度研究流动人口的家庭、教育状况等，总之社会资本理论为我们提供了这样一个视角：从流动人口的社会网络及嵌入在网络中的资源研究对流动人口社会融合程度的影响。

表 2-8　社会资本（社会网络）理论

理论	代表人物	关键词
社会资本理论	哈尼凡	个人、家庭与社会团结的资源
	格兰诺维特	弱连带优势
	林南	社会资源、社会网络、社会网络异质性、社会网络成员社会地位、个体与其他社会网络成员的关系
	博特	结构洞、通道、时机、推荐
	布迪厄	社会网络、亲属关系、社会关系、职业关系、组织关系
	科尔曼	义务与期望、信息网络、规范与有效惩罚、权威关系、社会组织
	普特南	公民参与合作、社会资本、公共产品
	福山	社会规范、社会信任

二　社会融合的中观理论（群体层面）

社会融合的中观理论直接来源于对西方国家尤其是美国的现实民族融合经验的研究，关注点是外国移民的社会融合问题。社会融合的中观理论主要关注移民与本地居民（群体层面）现实的互动经验，并探讨对移民社会融合的影响因素。根据移民的融合结果可以将社会融合的中观理论分为两种模式：同化模式和多元化模式。其中前者认为，移民在迁入地将以主流社会价值体系为目标而融入迁入地社会中去，而后者则强调各种族群体或移民群体可以保持自身的文化特征，因而不必以主流社会为最终融合结果。其中代表性的理论有：美国早期民族理论、社会同化理论、文化多元主义、文化生成理论、弱势群体理论、移民融合的权力与冲突理论、直线融合与曲线融合理论、区隔融合理论与融合异质性理论和族群分层理论。

（一）美国早期民族理论

众所周知，美国是一个移民国家，汹涌澎湃的移民大潮构成了世界历史上无与伦比的移民融合与实践，也形成了对移民融合的多种认识。美国早期民族理论离不开丰厚的历史土壤，在早期的移民过程中主要形成了盎格鲁一致性理论和熔炉理论，这两种理论的共同点就是强调美国的移民融合实践将最终统一于美利坚民族，不同点在于盎格鲁一致性理论认为美国社会将来的主导范式是英国文化、英国体制，而熔炉理论则倾向于认为美国移民将融合成为一个独特、全新的民族，美国将拥有与众不同的民族文化和世界文化。熔炉理论和盎格鲁一致性理论对于理解我国流动人口社会融合很重要，这不仅在于其现实的民族融合经验对研究流动人口社会融合有直接的指导性意义，而且为我们确立社会融合的价值观以及最终融合取向奠定了基础。

1. 盎格鲁一致性理论

戈登认为，盎格鲁一致性是一个广泛的概念，它涵盖了迁移和同化的各种观点，这些观点假定有必要保留（经美国革命修正过的）英国的体制、英语以及英国取向的文化模式，并使之在美国生活中占主导地位并成为规范。该理论认为在美国人口中占主导地位的盎格鲁民族是最优秀的民族，其文化为社会的主流文化，而美国中的移民及移民母国的文化则为次等民族和次要文化。这种理论强调移民在与美国主流文化的相互作用中将全盘接受美国的社会价值观和生活方式，因为盎格鲁－撒克逊民族是最优秀的种族群体（钱皓，2003）。不言而喻，盎格鲁一致性理论是早期美国尤其是独立战争前后，盎格鲁民族成为人口众多又在美国政治、经济、文化等领域占据统治性地位的民族的意识形态的现实反映，是特定时代的产物。随着美国西部开发和大量东南欧、亚洲移民迁入美国，美国社会民族组成结构发生了巨大的变化，这一理论便不再受到追捧，熔炉理论随之兴起。

2. 熔炉理论

熔炉理论的核心是认为美国是一个社会大熔炉，来自不同种族的人群将在美国这片独特的土地上融合成一个新人种，各民族的文化也会被融合成美国文化。对熔炉理论思想最早进行描述的是法裔美国学者克莱维科，他在《一位美国农民的来信》中写道："他或是一位欧洲人……他将祖先的偏见与习惯抛之脑后，而在他所奉行的新的生活方式中重新接受新的观念和规范……通过在雄壮的国歌气氛中他被接受成为一个美国人。这里，来自所有民族的个体都被融进了一个新的人种。"（马戎，1997）克莱维科等早期学者虽然提出要实现民族的融合，但其针对的民族还主要是欧洲民族。美国著名的思想家爱默生则在克莱维科的思想基础上有了很大突破，他所谈的熔炉更具有包容性，不但包括所有白人，也包括了黑人和波利尼西亚人（伍斌，2013）。对熔炉理论较早进行学术研究和阐发的是美国学者特纳，在其著名的论文《美国历史上边区的意义》一文中，他系统地阐释了"边疆熔炉理论"。这一文章的主要观点是："塑造美国体制和美国民主的占支配地位的影响不是来自这个国家任何一种形式的欧洲传统，也不是来自东海岸城市的约束力，而是来自于边界不断变动而且五彩斑斓的西部地区所产生的经验。"（马戎，1997）简言之，美国西部的移民融合塑造了美国的文化，特纳认为美国西部移民的融合过程经历了相遇、冲突、竞争、妥协、一体化五个阶段，在竞争过程中所产生的民主意识和合作精神最终融入各个民族的思想之中，促使美国社会一起走向一个新的共同体。将熔炉思想大众化、普及化的是剧作家以色列·张维尔，其戏剧《熔炉》以熔炉思想为原型在美国上映，并获得巨大成功，大熔炉思想在美国成为家喻户晓的时髦名词。

表 2-9 美国早期民族理论

理论	理论层次	关键词
美国早期民族理论	盎格鲁一致性理论	英国文化、英国体制、主流文化
	熔炉理论	大熔炉、新文化、新民族、新共同体

（二）社会同化理论

社会同化理论是美国早期民族理论的发展和延续，其代表性人物是帕克和戈登。帕克在其著作《社会科学百科全书》中指出，所谓社会同化指的是"民族背景和文化传统不同的民族，占据共同的地域，获得一种文化一致性，这种文化一致性至少足以维持一个国家的存在。这个或这些过程即称之为同化"（马戎，1997）。帕克借鉴人文生态学的观点认为，跨境移民在接受国一般要经过相遇、竞争、适应和同化四个阶段。相遇是不同族群最初阶段的接触，这一阶段的接触之后便进入竞争期，它是一个伴随着个人在新环境中安身而出现的过程，在此期间，少数族群人口与本地居民在诸如职业、居住空间和政治代理人等资源方面展开竞争。随后进入不稳定的适应阶段，适应是一种社会现象，在此阶段移民被迫改变和适应新的环境。虽然各群体之间仍旧存在竞争性关系，但各群体可以接受彼此的差异，社会关系开始组织起来，最后移民和本地居民之间的关系有了某种程度的稳定性，同化开始出现（胡锦山，2008）。除此以外，帕克还特别强调了移民社区和报刊对促进移民社会同化的影响，移民社区为新来者提供了衣食住行等基本必需，提供了就业机会，提供了教堂、互助会、银行和报纸等生活辅助设施，这些机制有助于稳定移民的生活，培养移民的身份，从而构建了移民连接过去经历和现在新环境之间的一个良好的过渡性平台。报刊则通过宣传美国主流价值观念、生活方式、风俗习惯等为移民了解美国生活，尽快融入社会提供了有效的帮助。

对社会同化理论进行系统总结的是戈登，他在总结前人研究社会同化概念的种种角度之后，在《同化的性质》一文中提出了衡量美国族群同化关系的 7 个变量（马戎，1997）：文化或行为同化（把文化模式变为主社会的文化模式）、社会结构同化即实质性的社会结构的相互渗入（在基层群体层次上，大规模进入东道主社会的小群体、俱乐部、机构）、婚姻同化（大规模的族际通婚）、身份认同的同化（发展完全基于东道主社会的民族意识）、态度接受同化（族群之间消除偏见）、行为接受同化（族群间歧视行为的消除）和世俗生活的同化（族群之间消除价值冲突和权力冲突）。这是在社会学领域中第一次比较系统地提出的衡量民族关系的指标体系，对于研究美国的族群融合问题，理解和描述个体与族群融入美国主流社会过程提供了较好的途径。戈登继续对这些变量之间的关系进行论证，提出了以下三个假设（马戎，1997）：①在主要民族和少数民族的接触过程中，将首先发生文化适应和文化同化；②文化同化可能在其他类型的同化尚未发生的情况下出现，但这一过程可能是无限期的；③如果结构同化发生，那么所有其他类型的同化将接踵而至。

相比于早期熔炉理论，社会同化理论的发展在于细致地揭示了移民融合的模式、过程、因素、阶段，并第一次正式提出了移民融合的指标体系，考察了移民融合各维度的先后顺序，这对于开展社会融合的定量研究至关重要。对我国流动人口的社会融合研究来说，这一理论对于考察其社会融合过程的要素和社会融合指标体系的构建也具有深刻的启发意义。但是，无论是熔炉理论还是同化理论，这两种理论的根本价值取向都在于把同化过程看作是美国化的过程，"同化的过程就是少数族群放弃自己的文化和价值观，从而接受主流的文化和价值观的过程"（马雪峰，2007）。同化论学者们深信，随着全球化经济的发展、族群互动交往频率的加快、文化传媒的普及，族群融合不可避免。从现实中看，各个族群之间在文化上确实发生了某种程度的同化现象，不同族群之间的生活方式也开始趋同，但是，族群之间的边界依然存在，族群差异依然存在。二战结束以后直到现在，各个国家族群之间冲突不断，因此而产生的社会骚乱频起，在这种背景下，同化理论对现实解释乏力，在对同化理论的批评中，文化多元主义兴起。

表 2－10　社会同化理论

理论	代表人物	关键词
社会同化理论	帕克	文化一致性、相遇、竞争、适应、同化、移民社区、报刊
	戈登	文化或行为同化、社会结构同化、婚姻同化、身份认同的同化、态度接受同化、行为接受同化和世俗生活的同化、同化顺序

（三）文化多元主义

文化多元主义的基本观点认为，在时间长河之中各种文化之间相互影响，虽然时间不断向前推移，但是不同的文化可以保持自身独特的文化特征，因此该理论强调，在社会中不同文化群体都始终保持着对本群体、本民族文化的认同，与此同时社会也为各种文化的和睦共处提供了条件。文化多元主义起源于移民对新国家、新社会、新环境的基本要求，在这个社会中他们能用熟悉的口语进行交流，维持熟悉的组织机构。这样的发展，也符合团结在一起互相帮助、互相保护以共同面对陌生而且常常充满敌意的环境的不确定性这样一种必要的需求。因此，文化多元主义一开始就和移民的社会现实处境紧紧相关联（马戎，1997）。1915 年，犹太裔美国学者哈里斯·卡伦在《国家》杂志《民主和熔炉》一栏发表了对美国移民融合的不同看法，在文章中卡伦反对熔炉理论、盎格鲁一致性理论在美国社会生活中的现实性和作为理想理论模型的有用性，他发现：事实上每一个群体都有保留他们自己语言、宗教、公共制度和祖先文化的倾向。美国不同的民族群体在特定的地域内建立在不同文化基础之上的相互协调一致的生活，给他留下了深刻的印象，因此他认为美利坚合众国应该是多样性文化之间合作的联邦，是各民族文化的联盟。后来，卡伦发表了一系列的文章，并集成一册书，在书的序言里，他正式提出了文化多元主义这一概念。卡伦的"文化多元主义"思想后来被另一位移民作家路易斯·亚当麦克继续加以阐发。他借用美国诗人惠特曼的"一个多民族的国家"的诗句来强调"文化多元主义"理论的意义。他的目的是唤醒美国人的意识，要让他们意识到美国人今天所拥有的成就应该归功于生活在美国的每一个民族，而不仅仅只是一个盎格鲁－撒克逊民族。他认为移民的后代应该以本民族的文化传统而骄傲（钱皓，2003）。

1981 年戈登在"文化多元主义"的基础上，进一步提出了"自由主义的多元主义"和"集体的多元主义"这两个概念。这两个概念是在他对美国现实的新认识基础上提出的，他认为，美国社会今天已经面临着"新的困境"，美国人在价值观念上的冲突来自两个方面，两方面都声称从标准道德和宗教体系中获得了好的信条，其中一方强调的是待遇平等和个人精英教育的原则，另一方则强调群体应当对过去时代的不公正做出集体性的补偿。自由主义的多元主义强调个人权利的追求不应受到族群身份以任何形式施加的影响，它并不促进族群隔离，但也不去推动族群融合；集体主义的多元主义正式承认了种族与族群身份的意义（马戎，2004），"政治权力和经济收益按照某种公式进行分配，以族群权利为出发点，并把族群成员身份视作决定个人所获成果的重要因素"（Gordon，1981）。他认为如果没有"集体的多元主义"，所谓的"自由主义的多元主义"就是虚假的，并会使每个人目前的社会地位固定化。针对这一观点，Yinger 和 Milton J.（1986）提出了不同于戈登的第三种多元主义，即"补救的多元主义"理论，这一理论的主要观点是：通过对少数族群的长期优惠政策，使少数群体成员逐步提高竞争能力，从而能够最终实施"自由主义的多元主义"，这样就可以把美国社会的两个原则（自由与平等）结合起来了（马戎，2004）。

与熔炉理论和同化理论相比，文化多元主义开辟了探讨移民群体融合目标和融合方向的另一条途径。这一理论认为不同民族的文化可以在与其他民族文化的互动中保持下来，并能够维持自身的稳定性和独特性；同时这一理论也强调不同民族文化对整个社会发展不可替代的价值与贡献，反对任何轻视某一文化的做法与态度；最后，这一理论还强调对民族文化本身的传承和发展。文化多元主义对于思考我国流动人口社会融合的目标和融合方向启发很大，这一理论提醒我们在制定流动人口社会融合政策时是要以本地居民为融合的最终目标，还是要保持流动人口自身的生活方式、文化习惯和价值信仰，要如何看待流动人口群体自身及其文化对城市社会发展所起到的作用，又要如何去引导流动人口融入于城市文化的整个过程？总之，文化多元主义实际上开辟了研究流动人口社会融合的另一个框架和研究思路。

表 2-11 文化多元主义

理论	代表人物	关键词
文化多元主义	卡伦、亚当麦克	多样性文化共存、文化多元主义、美利坚民族
	戈登	自由主义的多元主义、集体的多元主义、个人权利追求、种族身份
	Yinger、Milton J.	补救的多元主义、少数族群优惠政策

(四) 文化生成理论

1963 年，美国民族问题理论家格雷泽和莫伊尼汉发表了《熔炉之外》一书，在本书中他们使用"文化生成"来解释移民的文化以及美国文化的生成状况与过程。格雷泽和莫伊尼汉在糅合"熔炉理论"和"文化多元主义"的基础上，提出三点看法：一是"熔炉"过程并没有发生；二是美国各移民集团的同化也不是一个单向性的过程；三是美国的民族性目前依然处在形成阶段（Glazer & Moynihan，1963）。在论述美国各移民集团的同化不是一个单向的过程时，他们认为美国文化和移民文化是在相互影响和作用中共同发展的，移民在美国的文化适应历程中发生了变化，但美国社会和文化在与移民文化的"碰撞"中也发生了变化。移民的变化使之更适应美国社会的环境，而美国社会的变化又为移民提供了良好的外部环境。文化生成理论还强调了美国的民族性和文化依然在形成的事实，他们认为美国的文化在不断地流动、演进和生成，这一过程是一个循环不止的过程。格雷泽和莫伊尼汉还探讨了"族裔认同"对美国移民社会融入过程的作用。他们发现，随着移民在居住国停留时间越来越久，在认同母国文化传统的同时，这些移民逐渐难以隔离同居住国的联系，因此对居住国文化的认同也成为他们生活的一种重要方式，因此单向认同变成了双向认同，对自己民族的认同变成了对整个美利坚民族的认同，一种共同的民族性开始出现。钱皓（2003）认为，文化生成理论相对于前三种民族理论而言，它没有盎格鲁一致理论的"文化宗主"理念，摈弃了熔炉理论、同化理论的"唯美国主义"的单向性同化模式，避开了文化多元主义的"文化和平分居"的非理性观念。其理论的最大突破点在于：①认识到"民族性"在各族裔集团中的核心作用，以及"共同民族性"之下的"族裔认同"；②强调文化生成过程中的"延续性变化"，这种变化包括价值观的改变、社会标准化的改动和生活方式的改换；③承认文化的互动性和生成性，以其中立、客观、科学的态度解释了美国新时期的文化态势和社会架构，回答了盎格鲁一致理论、熔炉理论和文化多元主义所不能回答的美国新时期的移民同化和认同问题。

文化生成理论对思考流动人口社会融合状况的启发在于其提供了一种互动性的视角：从流动人口文化和本地居民文化之间的互动过程中来考虑整个城市文化的发展和变化，从流动人口与本地居民之间现实的社会互动考虑其社会关系。同时文化生成理论考虑到移民的双重社会认同问题，这也为我们了解流动人口尤其是新生代流动人口的文化心理认同及其社会融合的影响提供了思路。

表 2-12　文化生成理论

理论	代表人物	关键词
文化生成理论	格雷泽、莫伊尼汉	同化的多向性、族裔认同、共同的民族性
	钱皓	文化生成的延续性变化、文化互动性和生成性

（五）弱势群体理论

社会学家路易斯·沃斯认为，弱势群体指的是那些受到不公正待遇，把自己视为整个社会歧视对象的人群。生理上（种族上）或文化上（民族上）的差别都可能引发不公正待遇。沃斯认为，在美国"弱势群体受到完整美国公民权利的剥夺、法律的不公正待遇、不公正和待遇较差的社会服务、受限的经济机会、军队中不公正的对待、种族聚居地的限制以及其他各式各样的权利、特权、机会的剥夺"（Wirth，1945）。很多社会学家认为是社会歧视阻碍了弱势群体充分参与社会的各种活动，那些歧视他人的人群一般为优势群体，一个享有更多权力、特权和社会地位的群体。优势群体掌握政治权力，具有共同的生理和文化特性，这是一群利用自己的地位来歧视那些特性不同或是在他们眼中低下的人群。在优势群体看来，是他们自己的优越性造就了他们的特权地位（詹姆斯·汉斯林，2007）。人类学家查尔斯·韦格利和马文·哈里斯发现，无论居住在世界上哪个地区，弱势群体都具备下列五个特征：①弱势群体的成员身份是一种先赋地位，而非自愿获得的，也就是说生而有之的；②弱势群体特有的生理和文化特征是为优势群体所轻视的、不屑一顾的；③弱势群体受到优势群体的不公平待遇；④弱势群体倾向于本群体内部通婚；⑤弱势群体容易感受到强烈的内部团结（一种自己人的体会），这些情况使得弱势群体易于产生共同的身份认同感，甚至是命运相连的感觉——特别是当他们受到集体性地歧视时更是如此（詹姆斯·汉斯林，2007）。

表 2 - 13　弱势群体理论

理论	代表人物	关键词
弱势群体理论	路易斯·沃斯	公民权利、法律的不公正待遇、不公正和待遇较差的社会服务、受限的经济机会、军队中不公正的对待、种族聚居地的限制以及其他各式各样的权利、特权、机会的剥夺
	查尔斯·韦格利、马文·哈里斯	弱势群体特征、成员身份、不公正待遇、弱势群体的内部团结、群体内通婚

（六）移民融合的权力与冲突理论

无论是熔炉理论、同化理论还是文化多元主义，还只是停留在一个对移民融合目标、过程的抽象探讨中，缺乏对具体融合过程之中的现实处境和具体权力关系的深入研究，因此这种探讨只是初步的。事实上，早在20世纪30年代，美国学者沃纳等人就已经开始关注美国黑人与白人之间的现实不平等状况。1936年沃纳在《美国社会学杂志》上发表《美国的种姓和阶级》一文。沃纳（Warner，1936）认为，美国南部地区存在着两种分层体系，即种姓制和阶级结构。种姓制度存在于白人与黑人之间，白人处于种姓等级制度的上层，黑人处于下层，处于上层的白人在机会、资源等各方面都优于处于下层的黑人，两个种姓之间不存在相互的流动。阶级结构存在于两个种姓内部，在这种阶级结构内部是可以垂直流动的，地位低的白人可能变成地位高的白人，地位低的黑人也可以变成地位高的黑人（马雪峰，2007）。20世纪六七十年代，美国少数民族运动尤其是黑人解放运动风起云涌，使得大批学者开始真正关注少数族裔群体在现实融合过程之中受到的歧视、压迫状况，由此权力与冲突理论开始真正兴起，其中内部殖民主义理论最引人注目。

内部殖民主义的整体框架是由赫克特在1975年《内部殖民主义》一书中所提出的。与那种认为随着核心、边缘地区之间的接触会造成社会结构趋同化的观点不同，内部殖民主义模式认为在这些地区之间存在一种截然不同的关系：核心地区在政治上统治边缘地区，在物质上剥削边缘地区。总而言之，内部殖民主义不认为工业化将带来民族的共同发展。内部殖民主义认为，全国领土内的现代化发展在空间上的不平衡，造就了相对先进及相对落后的群体。作为最初相当偶然的优劣格局的结果，权力及资源在两大群体上做了不平等的配置。先进群体或者说核心地区试图通过一些政策使既有分层体系制度化从而稳定并垄断自己的优势地位，它试图规定社会角色的分配，将那些社会地位高的社会角色留给自己的成员，相反，将较落后群体的成员排斥在这类角色之外。在这种情况之下，文化同化及国家的发展会由于边缘群体为摆脱他们自己人的受剥削状态和争取独立的努力而受挫（赫克特，1997）。布劳纳和赫克特等人将内部殖民主义应用到现实的分析中，1969年罗伯特·布劳纳在其《内部殖民主义和少数民族聚居区的反抗》一文中就使用内部殖民主义来分析美国黑人和白人的关系，他认为这种关系类似于一种殖民和被殖民的关系，在这种关系结构之中，少数民族的政治、经济、社会文化和社会组织受制于外部作为一种社会、经济和政治体系的殖民主义（Robert，1969）。赫克特则对英国凯尔特人与英国人的长期历史关系做了分析，他认为长期以来处于核心地区的英格兰在工业化、城市化得到有力的发展，但这并没有扩散到作为边缘地区的凯尔特人地区，反而这些凯尔特人地区却宣称有自己独特的文化，要求国家下放权力实现地区自治，赫克特（1997）认为这是内部殖民主义的后果。

移民融合的权力与冲突理论为我们揭示了在社会融合过程中现实存在的不同群体之间内在的权力和等级关系，而这一点正是形成族群、群体社会分层的重要依据，也是制约不同族群和社会群体之间达成社会融合的至关重要的现实因素，这也就启发我们在研究流动人口社会融合乃至制定流动人口社会融合社会政策的时候，要从改善流动人口与本地居民现实权力不平等的角度入手，亦从此处看流动人口整个群体社会融合的无奈与落寞。

表 2 - 14　移民融合的权力与冲突理论

理论	代表人物	关键词
移民融合的权力与冲突理论	沃纳	种姓制、阶级结构、种姓隔离、阶级流动
	赫克特、布劳纳	内部殖民主义、核心区、边缘区、工业化不平衡、权力和资源的不平衡配置

（七）直线融合与曲线融合理论

移民的融合不仅要考虑到第一代移民，还要动态的考察移民的后代社会融合的状况，直线融合理论和曲线融合理论便是对上述问题的回答。20 世纪 70 年代，甘斯和桑德伯格等学者在戈登的静态社会融合理论基础上增加了动态的因素，将代际变迁视为作用于移民社会融合过程中的一个重要的变量（Sandberg，1974）。这一关于移民社会融合理论的变体，被称之为直线融合理论。直线融合理论认为，移民的社会融合状况将随着移民代次的增加而逐步的提高，移民群体的每一代后裔在社会融合的过程中，会越来越背离其迁出国的文化印记，而逐渐地融入迁入地的主流文化当中，从而逐步地与迁入地的社会群体趋同。因此，移民的代次被看作是衡量移民社会融合程度的一个重要的指标。但是随着经济社会的不断发展，移民融合的社会事实却表明，移民后代的社会融合轨迹并非与直线融合理论的假设相一致。许多研究发现，即使经过数代以后，移民与迁入地原住民之间的族群差异依然存在，甚至居住时间越长，社会融合效果越差（Kao & Tidenda，1995）。移民与原住民的差异表现在移民后代的职业表现、学业发展、行为举止和生活理想等方面（Hirsechman & Fclcon，1985），甚至有些移民的后代群体还与高失业率、吸毒、酗酒、犯罪等不良社会行为紧密联系在一起（Gans，1992）。也有的研究发现，在1880年到1925年到达美国的欧洲裔移民、非洲裔移民，可以说是在完成对美国的文化适应和被美国主流同化的过程，但1965年之后的美国移民的后代却并没有像直线融合理论所描述的那样融入美国的主流社会。他们依然像父辈一样从事高强度劳动、领低廉的薪水（Gans，1992）。直线融合理论与现实已然脱节。因此，格拉泽尔、杨希、格里利、康泽恩等学者在直线融合理论基础上发展出了曲线融合理论（刘程，2015）。这一理论假设移民融合的方向可能是曲线式的而非直线式的。他们认为直线融合理论夸大了主流文化的同化效应。在现实生活中，移民群体的融合是在移民社会生活实践中与主流文化展开有效互动中而发展成为一种独具自身特色的融合活动，移民的社会融合不仅使自己变为美国的一分子，同时也影响着美国文化的形成和发展。许多研究表明，美国少数族裔群体的融入史并不仅仅是被动的"生存史"，也是一部"创造史"——每个族裔群体都塑造了独特的历史、文化以及美国经验（刘程，2015）。事实上，少数移民族群对美国主流文化的影响从未间断，许多少数民族的文化印记今天已经成为美国主流文化的重要组成部分。

直线融合理论的一个重要贡献就在于提供了从代次变迁视角理解移民后代社会融合的状况，这为全面了解移民群体在跨时间的状况之下的社会融合开辟了思路。曲线融合理论则强调了移民后代群体在社会融合过程中对主流文化发展的影响，并进而塑造自身独特的社会融合路程和轨迹。同样，这两点也可用于思考我国流动人口及其后代的社会融合过程之上。

表 2 - 15 直线融合与曲线融合理论

理论	代表人物	关键词
直线融合与 曲线融合理论	甘斯、桑德伯格	直线融合、移民代次
	格拉泽尔、杨希、格里 利、康泽恩	曲线融合、特色融合、少数民族本文化保留、对主流文化的 影响

（八）区隔融合理论与融合异质性理论

理论的发展总是要应对新发现的社会事实对既有理论的挑战。讨论至此，可以看出前面的理论对于理解移民的社会适应与融合已经做了有效探讨，但是这些理论对于理解移民的不同的社会融合命运却不够。20 世纪 60 年代以来，学术界在大量的经验研究中发现，"不同移民群体的融合状态与融合水平并不是一致的，而是存在差异的；而且，根据移民的不同族群和阶级地位，社会融合过程是有区隔的"（Portes & Zhou，1993）。在这种背景下，区隔融合理论被提出来以弥补前面诸种理论的不足，为我们深入研究当代社会移民社会融合的复杂过程提供了一个全新的理论框架。

区隔融合理论从文化融合和经济融合两个层面的分析开始，认为美国外来移民的融合结果有三种可能。第一种是向上流动模式，这种模式意味着移民在经济和文化方面都会朝着美国中产阶级方向融合。第二种是与第一种完全相反的向下流动模式，这个模式意味着移民在经济和文化方面都会陷入底层阶级。第三种是移民在经济上是向上流动模式，融入美国中产阶级，而在文化上仍旧保持其自身的价值观和特色，其中区隔融合理论特别关注移民的向下流动模式（Portes & Zhou，1993）。区隔融合理论认为影响移民社会融合的因素是多方面的，包括个人层面的因素和社会层面的因素。个人层面的因素包括教育和其他一些与置身于美国社会联系在一起的因素，例如抱负、英语熟练程度、移居年龄、居住在美国的时间长度。社会层面的因素包括种族地位、家庭的社会经济背景、出生地等（谢胜华，2013）。

如果说区隔融合理论是在理论框架的层面为我们理解移民群体的不同社

会融合状态和融合水平提供了借鉴，那么阿尔巴和倪志伟所提出的融合异质性理论则对移民的不同融合状态和融合水平做了因果解释。阿尔巴和倪志伟（2005）在此提出了影响移民融合异质性结果的因果机制：理性行动机制、社会网络机制、资本占有机制和社会制度机制。理性行动机制指的是移民为实现特定目标而采取的策略性行动，而这一策略性行动的逻辑则深深地扎根于移民族群的传统文化与制度背景中，因此同一族裔的移民经历有许多的相似之处，并呈现出受到传统文化影响的相似的融合状态。社会网络机制是一个强化群体内规范和谋求内部成员福利最大化的社会过程，由于移民族群内的利益诉求与身份认同相似，所以能够通过成员合作致力于共同目标的实现。资本占有机制强调的是对人力资本、金融资本、社会资本、文化资本等资本的拥有及其使用情况。这些资本形式的占有，不仅直接影响到移民在劳动力市场的竞争能力，而且其本身也具有移民融合的象征意义。社会制度机制强调移民融合过程嵌入于特定的制度与环境背景中。而且，这种制度背景对于不同移民群体所提供的发展机会存在差异（刘程，2015）。这样，通过对以上四个不同层次机制的描述和分析，阿尔巴与倪志伟就建构起一个连接微观与宏观层次的"行动者－社会"模型来解释移民融合的异质性问题。这一模型既充分考虑了个体层次的因素，又融入了制度与环境的宏观因素。并且这一模型还动态地针对不同群体的特点、针对不同因素对不同移民群体的意义来分析。比如，对于犹太、日本、古巴和韩国裔的移民的分析，会更依赖于结构性的因果机制；而对于德国、意大利裔移民而言，则会更依赖于个体性的因果机制（刘程，2015）。因而使得这一个模型在充分尊重移民融合异质性的同时，又具备解释的弹性和灵活性，推动了移民融合机制研究的系统化发展。

区隔融合理论与融合异质性理论指出，不同移民群体、个体在移民融合过程中由于自身因素、文化因素、社会因素的不同，移民的社会融合的结果也存有差异，这两种理论不但涉及对移民社会融合从微观到宏观各个层次的探讨，也对这其中的种种因素进行了详细地分析，以上这种思路对于思考我国流动人口群体在社会融合过程中的分层现象（即不同流动人口群体或个人社会融合程度不同）很有启发意义。

表 2 - 16 区隔融合理论与融合异质性理论

理论	代表人物	关键词
区隔融合理论与融合异质性理论	Portes、Zhou	文化融合、经济融合、流动模式、个人因素、社会因素
	阿尔巴、倪志伟	融合异质性结果的因果机制：理性行动机制、社会网络机制、资本占有机制和社会制度机制

（九）族群分层理论

20 世纪六七十年代以来，随着布劳和邓肯关于职业及地位的研究以及随后的社会分层研究的开展（Ducan，1961），现代关于移民社会融合的研究逐渐摆脱以往仅仅局限于文化解释和理论探讨的局面，转而集中到使用社会科学的定量技术系统探讨移民社会融合问题上来，移民研究开始转向更加具体的领域，其中社会经济融合、空间融合、婚姻融合是主要的研究领域。

在社会经济融合的相关研究中，大多数研究集中在社会经济地位的指标（如教育成就、劳动力市场、职业等级与收入等）对移民融合的影响上来，大量的研究发现，移民的经济融合过程很大程度上取决于移民的社会经济地位。研究发现教育等人力资本要素相比种族要素成为影响社会经济融合的更关键要素，[①] 因此许多来自印度、中国和一些欧洲国家接受过高等精英教育的群体已经在美国社会的技术和管理岗位中站稳脚跟，生活方式实际上已经同化于美国中产阶级主流社会，而非裔、拉丁裔等群体由于自身教育水平低下，只能在次级劳动力市场中谋职，生活方式也很难融入美国主流社会。在空间融合的研究中，一些研究认为随着时间的推移，一些移民群体会开始建构自己独立的社会网络，并通过劳动力市场的发展奠定经济基础，并且由于

---

① 〔美〕詹姆斯·汉斯林：《社会学入门：种现实分析方法》，林聚仁译，北京大学出版社，2007，第 344 页。

新移民的职业起点往往比第一代移民更好，所以有更多的人最终能够将获取的资源转换成更高质量的居住条件，搬入具有良好医疗条件和公共服务的主流社区，从而实现与主流群体的居住。但是也有相关研究认为移民的空间、居住融合过程不仅建立在其自身积累经济财富的基础上的，而且也受到国家主流意识形态、社会福利制度、住房制度、住房市场、族群歧视态度、移民文化传统等环境因素的影响，许多少数族裔依然面临着机会不平等（Yinger，1998；刘程，2015）。在婚姻融合研究中，主要关注的是移民群体在迁入地社会的族际通婚问题，族际通婚与移民融合存在着密切的内在联系：与迁入地居民（尤其是白人）的族际通婚现象，不仅意味着群体之间社会距离与边界的模糊化，而且，它也在潜移默化中改变了移民原先的身份认同，从而加速了移民的全面融合进程。族际通婚现象在1967年《反异族通婚法》被废除后明显增加，直到20世纪90年代，与美国本土白人之间实现通婚的移民群体已经涵盖了绝大多数少数族群，包括非洲裔移民、拉美裔移民、亚裔移民以及印度裔移民等（Lee & Fernandez，1998）。不过，不同族群移民与美国本土白人通婚的机会仍然存在差异。在与美国本土白人通婚的移民中，西班牙裔和印第安裔移民是最多的，紧随其后的是亚裔移民，而非洲裔移民和白人通婚的可能性是最低的（Qian & Lichter，2001）。

族群分层理论在借鉴以上诸种理论的同时，在实际研究中大规模采用定量技术对移民的社会融合开展科学地、精确地研究，极大地促进了我们对移民现实融合状况的了解，而不是停留在思辨的模糊的研究之上，并得出了一些深刻的结论，这种研究方式对我国流动人口的社会融合研究也具有很大帮助。

表 2-17　族群分层理论

理论	研究领域	关键词
族群分层理论	社会经济融合	移民社会经济地位、教育成就、劳动力市场、职业等级与收入
	空间融合	社会网络、居住条件、社会制度、文化传统
	婚姻融合	族际通婚、身份认同

（十）移民适应的多元模型

John Goldlust 和 Anthony H. Richmond 在《移民适应的多元模型研究》中分析了影响移民适应的各种因素。该文认为，移民与迁入地之间的社会整合实际上是移民在迁入地适应的直接结果，可以说有什么样的适应，就有什么样的社会整合。因此，大多数时候，我们在研究移民与迁入地社会之间整合时可以参照研究移民与迁入地之间适应的研究。Goldlust 和 Richmond 模型假设移民群体之间是异质的，其适应过程被移民前的各种个人特征和所处环境所影响的。同样，接受地也是在不停地变化。这样在移民和接受地之间就会存在多种适应模型。

从接受地各种环境因素来看，影响移民适应的因素有接受地的人口特征、城市化程度、工业化程度、政府对待移民政策、文化是否多元以及社会分层结构。其中，社会分层对于移民适应迁入地尤其重要，因为社会分层往往决定了迁入地社会的政治、经济资源分配，它将决定着移民群体在迁入地的社会地位以及他们迁入后有可能遭遇的歧视程度。

从移民个人特征来看，影响移民适应最重要的因素就是移民之前具有的教育水平和所掌握的技能。儿童通常是随父母来到迁入地以后再接受教育，而成年人往往还需要再接受各种培训以获得进入职业的资格。其次是移民之前所具有的城市化的程度，例如从乡村向城市迁移，适应城市社会就需要适应具有城市性的生活。另外，年龄、性别、婚姻、家庭结构等人口特征对移民的适应也很重要。其他的影响移民适应的因素还包括是否在迁入地有亲戚或者雇佣单位资助以及迁移的动机等。

他们将衡量移民适应程度的变量分为主观和客观两方面，共七类，观察上述因素是如何影响这七类变量的。从客观层面来说，经济上包括移民从事的产业部门，具体从事的职业、收入和花费；文化上包括通过语言的学习与迁入地建立一定的文化交流，小到饮食习惯，大到道德、宗教信仰；社会上包括整合到迁入地初级关系群体中，或者加入不同类型的正式组织、次级关系群体中；政治上包括拥有选举权和被选举权，建立代表移民群体自身利益的组织、团体。从主观层面上，首先是移民对迁入地的认同，包括移民身份角色的调整；其次是主观内化，包括移民态度价值观的转变，这与上述文化层面的适应是密切相关的，主观内化其实是一个社会化的过程，它并不一定引起人格上的显著变化；最后是移民生活的满意度，这和移民后的生活体验紧密相关，主要是通过对比迁出地和迁入地的生活，以及和迁入地其他居民的生活对比来衡量的。而在迁入地居住的时间也作为一个必要的自变量，将影响适应的主观和客观层面。同时，这两个层面也将互相影响，从而形成多样的适应模式（John & Anthony，1974）。

　　John Goldlust 和 Anthony H. Richmond 的研究全面系统地分析了可能影响移民与迁入地适应的因素，并且第一次利用多元统计的方法研究了移民在迁入地的适应问题，为我们今后研究移民（流动人口）迁移适应问题提供了十分有益的参考。

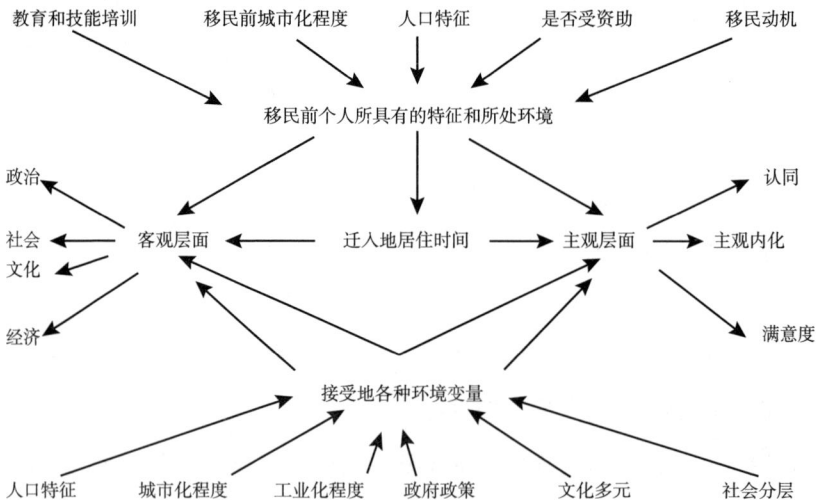

图 2-1 移民适应的多元模型

　　资料来源：John, Goldlust, Anthony, Richmond, "A Multivariate Model of Immigrant Adaptation," *International Migration Review*, Vol. 8（2），1974：193-225。

三 社会融合的微观理论（个体与心理层面）

社会融合的微观理论主要涉及两个方面的问题：一是从人的心理形成和社会互动的实际发生状况来探究流动人口对自我定位和对城市的认同问题，这是人的主观意识方面；二是从流动人口本身的素质如人力资本、文化资本等出发探讨流动人口融入城市的准入和限制问题，这是人的客观能力和素质方面。其中代表性的理论有认同理论、社会化理论、社会互动理论、社会接纳理论、社会适应理论和人力资本理论等。

（一）社会化理论

社会化一词，指的是一个自然人在自我生命的成长过程中逐步接受社会的文化、规范、制度、法律并使自己成长为一个合格的社会人的过程。社会化的涵盖内容是多样的，包括一个人自我和意识的社会化以及人格、道德和情感的养成；社会化的过程是持续终生的，从一出生开始直到死亡我们一直都在接受社会对我们自我形态的塑造和改变；社会化的实施主体是多元的，包括家庭、邻里社区、宗教、学校、同辈群体都对我们的社会化产生影响。在学术界，有关社会化的理论也是不胜枚举，诸如库利"镜中我"与初级群体理论、埃里克森人格发展理论、皮亚杰推理发展理论、弗洛伊德人格结构理论以及情感发展理论、性别社会化理论等都从社会化的某一个方面介绍了社会化自我的形成。在此，重点介绍库利"镜中我"与初级群体理论、埃里克森人格发展理论。

1. 库利"镜中我"与初级群体理论

查尔斯·霍顿·库利是美国著名的社会学家和社会心理学家，他在1902 年出版的《人类本性与社会秩序》一书中，提出了著名的"镜中我"概念：人们彼此都是一面镜子，互相映照着对方。库利认为人是处于社会中的，他非常强调个人与社会的关系，他认为人的行为很大程度上取决于对自我的认识，而这种认识主要是通过与他人的社会互动形成的。他人对自己的评价、态度，是反映自我的一面镜子，个人通过这面镜子认识和把握自己。因此，人的自我是通过与他人的相互作用形成的，这种联系包括三个方面：①关于他人如何认识自己的想象；②关于别人如何评价自己的想象；③自己对他人的这些认识或评价的情感（库利，1999）。

库利的"镜中我"概念与他所提出的初级群体这一概念是密不可分的。所谓的初级群体指的是"那种以亲密的面对面的交往和联合为特点的群体，在初级群体中，人际传播能使自我得到充分的发展"。在库利心里，初级群体这一概念特别重要，它是人的早期社会化进程的主要载体，是人的本性形成的基础。初级群体的主要形式是家庭、社区和儿童同辈群体，在这类群体中人们通过面对面的、直接而真诚的交往开始了解整体的最大利益，产生人类的合作和友谊，培养同情心和情感纽带（徐晓君，2006）。家庭又是其中最重要的初级群体，人的服从、忠诚、崇敬等品质的早期培养都是在家庭中实现的，在家庭中通过与父母的互动，孩子了解到什么是对错、善恶、好坏，通过了解父母对自己的期望，努力成为父母喜欢的孩子。

2. 埃里克森人格发展理论

埃里克森认为人的发展要经历八个阶段，每个阶段都有每个阶段相应的核心任务，当任务得到恰当的解决，就会获得较为完整的同一性，并且上一阶段的任务是否圆满解决影响到下一阶段个人的成长。埃里克森（1998）认为人格发展的历程由不断冲突又连贯统一的八个阶段组成。①信任与不信任的冲突阶段（婴儿时期0~1.5岁），这一时期的基本任务是培养信任感，即对周围世界和人的基本接纳态度，得到温暖舒适照料的婴儿会养成信任感，并形成希望的美德，反之则容易形成胆小、惧怕的性格。②自主与怀疑的冲突阶段（幼儿时期1.5~3岁），这一时期的主要任务是培养孩子的自主性，是孩子自信和自主感形成的重要阶段，在这个阶段中，如果儿童形成的自主性超过羞怯与疑虑，就形成意志的美德，反之则会形成自我疑虑。

③主动与内疚的冲突阶段（学前时期 3～6 岁），这一时期的主要任务是发展主动性，是培养孩子责任感和创造力的阶段，这一阶段的危机如果成功解决，孩子就会形成方向和目的的美德，反之则会形成自卑感。④勤劳与自卑的冲突阶段（学龄时期 6～12 岁），这一阶段孩子主要在学校接受教育，学校成为训练孩子适应社会、掌握今后生活必备知识和技能的地方，如果这一阶段的危机成功地得到解决，就会形成能力的美德，如果危机不能成功地解决，就形成无能。⑤认同与角色混淆阶段（青少年时期 12～18 岁），这一时期青少年群体面临着身体发育、心理发育的影响，同时面对社会的要求产生的困扰，既面临着社会、他人对自己的评价，又面临着对未来职业和社会角色的选择和认定，这是青少年建立自我同一性的重要阶段。埃里克森认为，自我同一性是指"一种熟悉自身的感觉，一种'知道个人未来目标'的感觉，一种从他信赖的人们中获得所期待的认可的内在自信"。如果这一阶段的危机成功地得到解决，就会形成忠诚的美德；如果危机不能成功地解决，就会形成不确定性或说是无归属感、为人冷漠、缺乏关爱的意识。⑥亲密与孤独的冲突阶段（青年期 18～25 岁），这是青年群体寻找伴侣，建立亲密关系的阶段，埃里克森认为这一阶段的危机成功解决，将会形成爱的美德，反之没有有效工作和亲密能力的人会离群索居，回避与人的亲密交往，进一步就形成孤立感。⑦后代关注与自我关注的冲突阶段（中年期 25～65 岁），这一阶段的主要任务是生育和培养自己的下一代，这能够帮助人们形成关心的美德，而没有繁殖感的人则是停滞的和人际贫乏的。⑧完善与绝望的冲突阶段（老年期 65 岁以后），这时期通过回顾自己的一生，觉得幸福和有创建感的老年人才不怕死亡的困扰，从而安度晚年。如果一个人获得的自我完整胜过失望，那他或她就以智慧的美德为一生的特征，埃里克森把这种智慧定义为"以对人生本身超然的关心，来面对死亡本身"。埃里克森认为这八个阶段不但依次相互关联，而且第八个阶段还直接与第一个阶段相联系，即八个阶段以一种循环的形式相互联系，他认为老年人面对死亡的态度会影响到儿童的信任感养成（埃里克森，1998）。

表 2-18　埃里克森人格发展的八阶段理论

序号	阶段	大致年龄	自我危机	自我品质	理论关键词
1	婴儿时期	0~1.5岁	基本信任与不信任	希望	基本信任感 basic mistrust 希望 hope
2	幼儿时期	1.5~3岁	自主与羞愧和怀疑	意志	羞愧和怀疑 shame and doubt
3	学前时期	3~6岁	主动与内疚	目的	内疚感 guilt
4	学龄时期	6~12岁	勤奋与自卑	能力	勤奋 industry 自卑 inferiority
5	青少年时期	12~18岁	自我同一性与角色混乱	忠诚	同一性 identity 角色混乱 role confusion 总体主义 totalism 同一性混乱 identity diffusion 提前终止 foreclosure 延缓 moratorium 同一性获得 identity achievement
6	青年期	18~25岁	亲密与孤独	爱	亲密感 intimacy 孤独感 isolation 亲密的个体 intimate individuals 前亲密的个体 preintimate individuals 刻板的个体 stereolyped individuals 假亲密的个体 pseudointimate individuals 孤独的个体 isolation individuals 混乱的个体 merger individual
7	中年期	25~65岁	繁殖与停滞	关心	繁殖期 generatirity 停滞期 stagnant 繁殖感状态 generative statuses 繁殖型 generative style 传统型 conventional style 代理型 agentic style 理他型 communal style 停滞型 stagnant style
8	老年期	65岁以后	自我整合与绝望智慧	圆满	自我整合 ego integrity 子孙满堂 grand-generativity

资料来源：http://magical5715. blog. 163. com/blog/static/8136534520117140403 2674/。

社会化理论系统总结了个人人格养成的所有因素，对于理解一个人及一类群体的文化和行为特点作用很大。流动人口作为社会的一分子在融入城市的过程中也面临着社会化的问题，因此如何去探究流动人口社会化现状、社会化影响因素也就成为学术研究的要义之所在。更为重要的是要从社会化的结果和影响因素的不同来寻找流动人口与本地居民在文化行为方面的差异，去理解社会化在流动人口社会融合的具体作用。

表 2 - 19　社会化理论

理论	理论层次	代表人物	关键词
社会化理论	"镜中我"理论	库利	镜中我、与他人互动
	初级群体理论	库利	家庭、社区、同辈群体
	人格发展阶段理论	埃里克森	人格发展的八阶段

（二）社会互动理论

1. 米德角色扮演理论

库利虽然提出了自我意识形成的"镜中我"理论，但是并没有详细地说明自我形成的具体过程。这一问题，米德在1934年出版的《心灵、自我与社会》中做了回答。米德认为，"心灵"是人们之间符号互动的产物，它是人类的一种能力，即能够在头脑中以观念的形式对自己行动的未来后果进行想象和反思，并据此来调整自己的行动策略。同样，人的自我也是人们之间符号互动的产物，是人借助语言符号将自己作为认知对象来对自己进行反思时所获得的一套有关自身的想象。人的自我可以分为主我和宾我，主我是人的自然之我，宾我指的是社会之我。人的自我发展，就是主我和宾我的不断对话，自我意识的发展就是人不断对外部社会环境、认识、习惯、规范的内化和接受（黄晓京，1984）。米德认为个体自我发展要经历三个阶段：准备阶段（Preparatory Stage）、玩耍阶段（Play Stage）和游戏阶段（Game Stage）。第一个阶段是准备阶段，这是自我发展的最初阶段，这一阶段中的自我是原始的，不能使用符号。模仿他人是这一时期的主要特点，比如小孩子对父母行为的模仿，但这只是模仿，小孩子还不能理解这些行为的社会意义。第二个阶段是玩耍阶段，这时期的小孩子已经初步掌握了语言的使用，在与他人交往的过程中，小孩子可以借用语言和思维对行为对象赋予一定的意义。在这一阶段中，对小孩子的自我发展起到重要作用的是生活中与之紧密相关的"重要他人"，小孩子学着从"重要他人"的角度看问题，并学会去扮演角色，但是这一时期的小孩子的这一能力还不够完善，对自我的观点仍旧是破碎的。第三个阶段是游戏阶段，这是自我发展的成熟阶段，这时的自我已经可以将所有与自己相关的"重要他人"组合成一个"概念化的他人"，这时的自我已经可以以一个一致的观点看待自己，并以一种有组织的方式处理事情，使自己的行为表现出较强的一致性（胡荣，1989）。

2. 符号互动理论

布鲁默是符号互动理论的创建者，在其1969年出版的《符号互动主义：观点和方法》一书中他系统地提出了符号互动理论。符号互动主义从行动、解释和意义三个角度出发，认为人是这样参与社会行动的：①人们是根据事物对于他们来说所具有的意义而针对这些事物进行活动的，面对同一事物或情景，人们对其意义的理解不同，所做的反应或行动也就不同；②事物的意义是从人与其同伴的社会互动过程中产生出来的；③通过对事物意义的解释和使用过程，人们可以对他在互动中所获得的意义进行修正，因此，事物的意义总是处在不断变化和重新形成之中。从符号互动理论的立场去看待社会现象，社会现象便有了如此的表征和特质：①人不再是一种仅仅只会在各种内部或外部因素的作用下做出一些反应的有机体，而是一种能够对他人和自我的行动进行解释和思考并根据这种解释和思考来调整自己行为的有机体；②人的行动建立在他对自己所遭遇的事物或情景的理解以及对自己行动计划的反思性基础之上，而不是简单地由动机、需要、社会结构、文化等因素所操纵或控制；③人们之间的互动过程不是行动在动机、需要、社会结构、文化等因素操控下借以发生的，相反，人的动机、需要、社会结构和文化等影响人的行动的内外因素都是通过互动过程而不断被形塑和建构起来的；④世界是由各种"客体"（人的对象）所构成的，所有这些客体都是人们符号互动过程的产物；⑤人类群体或社会从根本上只存在于人的行动之中，社会结构、规则和文化都只是从人的行动中产生出来的（布鲁默，1996）。

社会互动理论的重要性在于其为理解流动人口的社会融合提供了这样一个视角：流动人口自身的动机、态度、需要、文化、价值观、生活方式、习俗、惯例都是在与其他群体的互动过程也就是日常交往中形成的，而通过社会交往，流动人口了解了自身在社会生活中扮演的角色、所处的群体，形成了对自我的社会认同并养成自身独特的文化习惯。社会互动理论作为一个开端，为社会角色理论、参照群体理论、认同理论、社会接纳理论提供了方法论的基础。

表 2 - 20   社会互动理论

理论	理论层次	代表人物	关键词
社会化理论	角色扮演理论	米德	心灵、自我、主我、宾我、个人发展三阶段、扮演、重要他人、概念化的他人
	符号互动理论	布鲁默	行动、意义、解释、社会互动

（三）社会群体理论

1. 社会角色理论

社会是由人的各种关系构成的有机整体。人作为社会活动的主体，在不同的社会关系中，具有不同的身份和地位。人在任何情况下总是处在一定的社会关系中，并以一定的社会成员身份地位出现，这种社会身份地位是一切人存在的形式。与这种身份地位相联系的是一定的权利、义务及行动模式。社会学中把与人们某一身份地位相一致的一整套权利、义务的规范和行为模式称作社会角色。社会角色是构成社会群体和社会组织的基础，是社会结构的最小单位，是体现社会关系的社会行动者，即现实存在的人的本质的具体表现形式（王思斌，2013）。社会角色具体有四层含义。第一，社会角色是人们社会地位的外在表现。社会地位是人们在社会关系中的位置，人们的社会关系是多重的，在不同的社会关系层面上都有一个位置，社会中的人无不都处在一定的社会位置上。第二，社会角色体现着与人们的社会地位相一致的一整套权利义务关系。承担某一角色的人，必须履行相应的义务并享有相应的权利。第三，社会角色体现着社会对处于一定地位上的人的行为期待。社会角色总是与一定的行为模式相联系。当人们知道某人处于某种地位时，便预先知道他具备一套与此地位相一致的行为模式。我们通过抽象的角色想象就能对社会上纷繁复杂的人有个大致的了解。第四，社会角色是组成社会群体和社会组织的基础。社会群体和社会组织是人与人之间形成的一种特定的社会关系的集合，而这种社会关系网络就是由社会角色编织而成的（王思斌，2013）。角色地位获取的方式可分为：先赋角色与自致角色。先赋角色指的是建立在血缘、遗传等先天性或生理基础上的社会角色，在传统社会，这类角色占主导地位，在现代社会仍然有其作用。自致角色又叫自获角色或成就角色，是要通过个人努力与活动才能获得的角色。在社会生活中，社会角色的稳定对于确立良好的社会关系意义重大，当对自己的社会角色认知出现问题并与他人对你的期望角色不相匹配，或者因为社会条件的变化，导致自身社会角色急剧转型而别人无法正确有效地适应你的角色变化时，便会出现角色失调、角色冲突、角色紧张、角色中断等问题，影响到自身对社会的适应和良好社会关系的建立。

2. 参照群体理论

参照群体也被称作"重要他人"，在现实生活中参照群体的态度和标准往往会成为个人自我评判以及社会行动的标准，是我们对他人和其他群体社会态度养成、社会行为取向的重要因素（默顿，2006）。1942年，海曼首次提出了"参照群体"的概念。他将人们的主观地位定义为与他人群体对比之后得出的自我社会地位认知，而这个他人群体就是人们的参照群体。默顿系统地分析了参照群体的概念，将参照群体分为以下三类：第一类是与自己有实际交往、具有稳定的社会联系的人；第二类是那些大致处在相同地位或者同一社会范畴的人；第三类是那些处在不同地位或者社会范畴的人（默顿，2006）。为了更好地分析群体的不同，默顿继续把参照群体划分为两类。第一种类型的参照群体是个体所在的群体，即内群体。内群体的含义是：如果个体把自己所在的群体作为参照群体，那么个体就用所在群体的标准作为自我评价的基础，并遵守所在群体的规范，个体满意与否根据自己的实际情况同所在群体其他成员的实行情况的比较来确定。第二种类型的参照群体不是个体所在的群体，而是外群体。个体把外群体作为参照群体，即个体把特定外群体的标准作为自我评价的基础，作为引导自己的思想与行为的榜样。这样的外群体可称为"成员资格群体"。个体把特定外群体作为自我评价的基础，往往是为了以后加入该群体。个体在实际加入该群体前先学习该外群体的规范模式，从而逐步获得加入该外群体的"资格"。这就为个体今后加入该群体准备条件，因而对该外群体具有提前社会化的正功能，同时，这对于鼓励和推进社会流动也有正功能。但对个体所在的内群体却具有反功能，即由于个体不认同所在内群体却认同外群体，那么内群体的整合与团结就可能受影响。如果大部分成员不认同内群体而认同外群体，那内群体就会受到威胁（默顿，2006）。那么在日常生活中如何进行参照群体的选择呢？默顿认为我们首先必须设想或者想象出那些存在于个体与参照群体之间的地位特征的相似性。一旦找到最低限度的相似点，那么，与情景相关的其他异同点就会成为评价的参考背景。这个最低限度的相似点一般就是人们的社会结构地位，这并不是说，人们只能选取社会结构地位相近的人群作为比较对象。人们的确也会与社会结构地位不相近的人做比较，但是这种比较更多地牵涉个人参考框架，不具有一般性，不能成为他所在群体的共同参考框架。因此，这种比较不会形成同一群体内部态度和行为的显著统计差异（庄家炽，2016）。

社会群体理论认为，在社会生活中人与人之间的交往是按照其所扮演的角色而展开的，并且根据人与人之间角色、地位的差异会形成不同的社会群体。人的社会行动存在着一个社会比较的过程，即我们会根据我们自身所选定的参照群体来形成我们对他人的社会态度。研究流动人口问题，需要考虑流动人口在社会生活中所扮演的角色，并要考虑流动人口是如何选定自己的参照群体并进而形成自己的内群体的。更具体的工作是我们还要理解是哪些社会因素影响了流动人口社会角色以及参照群体的形成，并进而去探讨这些因素如何对流动人口的社会融合产生影响和作用。

表 2 – 21　社会群体理论

理论	理论层次	代表人物	关键词
社会群 体理论	社会角色理论	默顿	社会身份、社会角色、社会关系、权利义务体系、 行为模式、先赋角色、自致角色、角色失调
	参照群体理论	海曼、默顿	参照群体、内群体、外群体、成员资格群体

（四）认同理论

认同是一个"求同"和"存异"同时发生的过程。认同有两个看似相互对立的意思。①同一性，即自我归类，也就是与他者共有的素质或者状况；②个性，即作为一个长期存在的实体的个人所具有的不同于他人的鲜明的个性。求"同"与存"异"实质上构成了认同这一枚硬币的两面，所有的认同都建立在对我和他、我的社会和他的社会的区分的基础上（李友梅、肖瑛、黄晓春，2007）。

认同有两方面的特点。①认同强调的是个人或群体的自我建构，即强调认同承载者的主动性。认同不同于简单的意识形态灌输或者角色安排，个人或者群体在认同方面具有较强的主动性和建构权力，能够对各种外在因素做出适当的诠释，做出接受或者拒绝的选择，它是行动者自我反思能力和行动的反身性监控能力提升的结果和表征（吉登斯，1998）。②认同的主体性并不是单向的，而是互动意义上的，是在不同主体间的相互沟通、交流过程中建构的。一是不同个体在互动过程中形塑出一种崭新的社会身份认同；二是指外来的、试图融入某一既成群体或文化之中的人们同这些群体或文化占有者之间的互动（李友梅、肖瑛、黄晓春，2007）。

对个人而言，认同可分为两类，即自我认同和社会认同。前者涉及存异，即自我证明和自我预期；后者则指求同，即去个性化（Burke & Stets，2000）。泰勒（2001）认为，这两者本质上是统一的，"一个人不能基于他自身而是自我"，而"只有在其他自我之中"，或者"在与某些人的对话关系之中，我才是自我"。任何认同，包括自我认同，本质上都属于社会认同，都是以特定社会中的人或者社会群体为参照展开的。今天我们所说的国家认同、性别认同、组织认同、阶层认同、职业认同实质上都是社会认同，社会认同是对某一具体的社会形态的认同，是对自己"归属于何种社会范畴或者组织"的思考。

1982年社会心理学家泰费尔在其《群际关系的社会心理学》一文中提出，社会认同的产生经历了三个基本的心理过程：社会分类、社会比较和积极区分原则。其中每一过程对社会认同的产生都起到积极的作用。①社会分类的作用。在日常生活中，为了理解人或物，或者说为了理解物理环境和社会环境，我们会对其进行分类，或把它们纳入不同的范畴或类别，即社会的范畴化。②社会比较的作用。群体间的比较是群体成员获得认同的重要手段之一。十分自然的是，人们倾向于以积极的特征来标定内群体，同时用消极的特征来标定外群体。通过对内群体和外群体差别化的比较和评价，一个人的自我评估能力能够获得提升。如果评估下来一个人的社会认同令其不满时，他就可能离开其所属群体，并另外"择木而栖"，或力图使隶属群体变得更好。③积极区分的作用。社会认同理论一直强调这样一种假设，即所有的行为不论是人际的还是群际的，都是由自我激励和自尊这一基本需要决定。为此，个体为了满足自尊或自我激励的需要会突出自己某方面的特长，使自己在群体比较的相关维度上表现得比外群体成员更为出色，这就是所谓的积极区分原则（周晓虹，2008）。

社会认同具有重要的意义。从个人层面看，具体的社会认同在很大程度上影响着一个人的各种行为和基本偏好。社会认同的成功建构对于个人融入社会生活，维护个人的本体性安全，防止本体性焦虑，确立生活和道德的方向感等方面均有重要的作用。从社会层面看，认同是一个确定群体的符号边界、实现群体向心力的生产和再生产、确立群体内向的合法性的必要条件（李友梅、肖瑛、黄晓春，2007）。流动人口对自身的定位和认同在心理层面决定着流动人口社会融合的方向和程度。一方面，流动人口建立属于自身的群体认同有助于保证流动人口确立自身的群体身份，找到群体的归属感并在现实的群体生活中寻求到及时的帮助，但是另一方面这也有可能促使流动人口和本地居民之间形成互相排他性的群体文化，不利于流动人口和本地居民的现实融合，甚至会造成影响社会稳定的舆论和安全事件的发生。

表 2 - 22　认同理论

理论	理论层次	代表人物	关键词
认同理论	认同理论	吉登斯	认同的自我建构
		李友梅等	互动性、社会身份认同
	社会认同理论	泰勒	社会认同
		泰费尔	社会分类、社会比较、积极区分
		李友梅等	群体符号边界、群体向心力

（五）社会接纳理论

接纳，又称心理接纳，其范畴包括自我接纳、同伴接纳和社会接纳。其中同伴接纳和社会接纳是接纳理论的重点所在。社会接纳研究在 20 世纪 50 年代受到心理学家的关注。1952 年，美国《变态心理学杂志》发表了麦金泰尔的论文《被他人接纳与接纳自我和接纳他人的关系》。随后，美国心理学家费伊于 1955 年在《变态心理学杂志》上发表论文对麦金泰尔的论文进行评议。费伊在文章中将社会接纳定义为自我接纳、对他人的接纳和对他人接纳自我的感觉，并据此定义编制了"接纳他人量表"。费伊的接纳他人量表包含自我接纳、接纳他人和对他人接纳自己之程度的感受三个维度，是一个包含 20 个项目的李克特五点量表。费伊的研究发现，自我容纳得分高者也容易容纳他人，同时感到易被他人所容纳，但实际上这些人被他人所容纳的程度既不高于也不低于自我容纳得分低者；容纳他人得分高者反过来也感到容易被他人所容纳而且确实易被他人容纳；将自己看得明显高于他人者往往感到他人能够容纳自己，而实际上他们明显地不招人喜爱，他们过高地估计了他人对自己的容纳程度（Fey，1955）。费伊的"接纳他人量表"是目前社会接纳问卷广泛采用的一个量表，费伊的接纳研究也产生了深远影响。

社会接纳研究中同伴接纳一直是研究的热点。同伴接纳不仅反映了群体对个体的态度，喜欢或不喜欢，接纳或排斥，而且也是衡量个体在同伴群体中社会地位的重要指标。目前，大多数同伴接纳研究的对象都是儿童青少年，研究的领域主要涉及心理发展、人际交往及心理健康。20 世纪三四十年代，瑞士儿童心理学家让·皮亚杰在他的早期著述中论述了同伴接纳在儿童社会能力发展中的作用。他认为正是产生于同伴关系中的合作与感情共鸣使儿童获得了关于社会的更广阔的认知视野。儿童在与同伴的游戏中意识到积极的、富有成效的社会交往是通过与同伴的合作而获得的。此后库利、帕登、沙利文、米尔斯、沙利文、哈泰帕、卡根等社会心理学家也进行了关于同伴关系对儿童成长的研究。这些研究的主要观点有：①儿童的社会行为、社会认知、情感因素、个人特征和亲子关系以及其他社会关系都会影响儿童的同伴接纳；②对儿童而言，同伴交往具有父母所不能代替的作用，同伴接纳对儿童的心理行为发展与适应有着重要的影响作用；③同伴接纳有助于儿童社会能力和社会认知的发展，有利于儿童形成自信、有价值和从属于家庭以外团体的感觉，从而赢得社会支持，也有助于儿童自我概念的获得和人格的发展，有利于儿童的学校适应，相反，如果被同伴拒绝，且这种情况得不到改变，将对成长中的儿童造成心理创伤，这将会影响他们的学习和人际交往，更严重的是，由此造成的孤独感、退缩感会阻碍他们的社会适应，不利于心理的健康发展。可见，同伴接纳理论通过强调同伴群体在个体的社会交往、心理健康和认知发展中的作用，为接纳理论提供了重要的理论基础（黄匡时，2008）。

社会接纳理论强调群体或个体实施接纳的积极效用，尤其强调同伴接纳对个体社会交往和心理健康的重要性，认为社会接纳不仅可以去体验如思想、情感和感觉等所有的心理事件，而且能够更有效地以适合自身价值观和目标的方式去实践社会接纳理论，还强调接纳技巧的重要性，比如语言上的亲和、积极情感的展示（如适当时候微笑）、随和、友谊的建立等（黄匡时、嘎日达，2010）。在流动人口社会融合研究中，社会接纳是决定流动人口能否融入本地居民生活的一个决定性的心理变量，直接决定了流动人口对本地居民的态度和看法，决定了流动人口社会融合的可能性。社会接纳对流动儿童的影响更为巨大，它伴随着流动儿童的成长和社会化的过程，影响着流动儿童心理健康的发展和学习成绩的提高，并同时影响着流动儿童对本地儿童的基本社会态度和看法，决定着其以后社会融合的可能性和程度。

表 2 – 23　社会接纳理论

理论	代表人物	关键词
社会接纳理论	麦金泰尔	被他人接纳、接纳自我、接纳他人
	费伊	接纳他人量表
	皮亚杰	同伴接纳
	库利、帕登、沙利文等	儿童同伴接纳与儿童健康成长

（六）人力资本与文化资本理论

1. 人力资本理论

人力资本这一概念早在古典时期的经济学家亚当·斯密那里就有所体现，他认为所谓的"固定资本"不仅包括机器、工具、建筑物、改良的土地，而且还包括"社会上一切人民学到的有用才能"，这种"有用才能"实际上就是后来人们所说的"人力资本"。亚当·斯密说，学习一种才能，须受教育，须进学校，须做学徒，所费不少。这样费去的资本，好像已经实现并固定在学习者的身上。这些才能，对于他个人自然是财产的一部分，对于他所属的社会，也是财产的一部分（亚当·斯密，2015）。但是这一观点并未得到有效的重视，直到20世纪，人力资本的重要性才在社会科学研究中凸显出来，其中对人力资本理论发展贡献最为巨大的是舒尔茨和贝克尔。

　　1960年舒尔茨发表了题为《人力资本投资》的演说，对人力资本做了系统论述，震动了西方学术界，并由此开始了对人力资本理论研究的热潮。舒尔茨的人力资本理论主要是在宏观层面上探讨人力资本对国家经济增长的重要作用，他认为人力资本主要指凝集在劳动者身上的知识、技能及其所表现出来的劳动能力。人力资本是社会进步的决定性因素，是现代经济增长的主要因素。但人力资本的取得不是无代价的，需要耗费稀缺资源、人力。知识和技能的形成是投资的结果，而掌握了知识和技能的人力资源是一切生产资源中最重要的资源。舒尔茨在《人力资本投资》一书中把人力资本投资的范围和内容归纳为五个方面：①卫生保健设施和服务，概括地说包括影响人的预期寿命、体力、耐力、精力和活动的全部开支；②在职培训，包括由商社组织的旧式学徒制；③正规的初等、中等和高等教育；④不是由商社组织的成人教育计划，特别是农业方面的校外学习计划；⑤个人和家庭进行迁移以适应不断变化的就业机会（段钢，2003）。贝克尔是人力资本研究的另一位大师级的人物，与舒尔茨不同，贝克尔则是从微观角度分析了人力资本投资对人的收入的影响。贝克尔认为人力资本不仅意味着才干、知识和技能，而且还意味着时间、健康和寿命。人力资本首先是一种人格化的资本，表现为人的能力与素质，与人本身不可分离。因此，工作性质、种类等都会影响人力资本的使用，同时也意味着人力资本具有私有性质，如何使用则取决于个人。其次，人力资本生产率取决于拥有这种资本的人的努力程度，因此，适当而有效的刺激可以提高人力资本的使用效率，这是人力资本与物质资本最大的区别。最后，人力资本的价值是由人力资本的各项开支所构成的，但是人力投资的成本计量除这些实际费用支出外，还必须计算"放弃收入"，即"机会成本"或"影子成本"（"放弃收入"是人力资本投资的主要成本）。贝克尔在《人力资本》一书中对人力资本形成、正规教育、在职培训，其他人力资本投资的支出与收入以及年龄 - 收入曲线等问题展开分析，强调教育与培训对形成人力资本的重要作用，这些都具有开创性的意义（李守身、黄永强，2001）。

2. 文化资本理论

布迪厄是文化资本理论的集大成者，在布迪厄的社会学理论框架中，他系统地将场域作为他进行社会学研究的基本单位，并以资本为工具将对场域的分析扩大到整个社会，他认为场域内存在力量和竞争，而决定竞争的逻辑就是资本的逻辑。资本的种类可以分为经济资本、社会资本和文化资本。20世纪80年代以来西方社会学理论的发展出现了文化转向，社会分层、社会融合领域的研究也越来越多的呈现出文化的色彩，布迪厄的文化资本理论就是在这个背景下产生的。特纳认为，布迪厄的文化资本指的是那些非正式的人际交往技巧、习惯、态度、语言风格、教育素质、品味与生活方式，其表现形式有三：①具体的状态,以精神和身体的持久性情的形式；②客观的状态，以文化商品的形式（图片、书籍、词典、工具、机器等），这些商品是理论留下的痕迹或是理论的具体显现，或是对这些理论、问题的批判，等等；③体制的状态,以一种客观化的形式（李全生，2003）。

文化资本的重要功能在于通过文化资本占有量和性质来进行文化分层，也就是形成文化的区隔。在《区隔》一书中布迪厄系统地分析了来自不同文化品位的人之间的文化差异和分层，布迪厄的核心观点是作为文化资本所体现的趣味无非也是一种区隔策略的理念武器，趣味作为文化习性的一种突出表现，乃是整体的阶级习性的一个关键性的区隔标志。因此，趣味的重要性表现在它是统治阶级场和文化生产场最重要的斗争筹码。每一种趣味都聚集和分割着人群，趣味是与一个特定阶级存在条件相联系的规定性的产物，聚集着那些相同条件的产物的人，并把他们与其他人区分开来。趣味是以一种根本的方式来区分人的。通过趣味的分割，这无形中在社会上产生出一种新型的暴力形式，也就是通过对不同文化品位的区分，人为地将社会的人群分裂，这实质上是一种"符号的暴力"（杨修菊、杜洪芳，2007）。

人力资本理论和文化资本理论的重要性在于将文化和教育作为区分人的能力和品位的自变量，人为地将社会群体进行阶层（文化阶层）的划分，使得人群内部形成不同区隔状态的群体。在流动人口社会融合过程中，文化资本和人力资本对于流动人口与本地居民的社会属性划分起到非常重要的作用，甚至会在流动人口内部形成具备不同文化资本和人力资本的人群划分，造成内部群体的分裂。

表 2-24　人力资本与文化资本理论

理论	理论层次	代表人物	关键词
人力资本与文化资本理论	人力资本理论	亚当·斯密	人力资本的概念
		舒尔茨	卫生保健设施和服务,在职培训,正规的初等、中等和高等教育,农业方面的校外学习计划,就业机会
		贝克尔	人格化资本、人的努力程度、人力资本开支、教育、培训
	文化资本理论	布迪厄	非正式的人际交往技巧、习惯、态度、语言风格、教育素质、品味与生活方式、文化分层、趣味、区隔

第二部分 ｜ 维度与指标体系篇

第三章

国外移民社会融合的维度构建

关于移民融入模型的研究，西方文献中比较有代表性的有以下四类：以帕克和米勒为代表的"一维"模型、以戈登为代表的"二维"模型（包括结构性和文化性）、以杨格 – 塔斯等人为代表的"三维"模型（包括结构性融入、社会 – 文化性融入以及基于法律面前人人平等原则的政治 – 合法性融入）、以恩泽格尔等人为代表的"四维度"模型（包括社会经济融入、政治融入、文化融入、主体社会对移民的接纳或拒斥）（梁波、王海英，2010）。

一　一维与二维模型

一维模型最初是由帕克和米勒在 1921 年提出的，而后经过戈登等人的进一步发展。戈登把文化适应中的个体看作处于一个连续体中，一端是保持原文化，一端是原文化的丧失而接受主流文化，在这一连续体的中点上就是双文化现象，即个体既保持自己传统文化的某些方面又接受了基本的主流文化。但是戈登认为双文化状态是暂时的，在文化适应过程中，个体原有的传统文化中的价值观、态度和行为被主流文化中的这些方面替代，个体受到主流文化的影响越多，受到原文化的影响就越小，而个体文化适应的最终结果必定是被主流文化所同化（张劲梅、张庆林，2008）。

在此基础上，20世纪60年代初期，戈登针对移民的融入，提出了"二维度"划分法。他认为，移民的融入有结构性与文化性两个维度。其中，结构性维度的融入意味着移民个体与群体在流入国社会中，在制度与组织层面的社会参与度的增加，其所谓的制度与组织，主要是指流入地社会的正式制度与各种社会组织，如教育体系、劳动力市场、各种市民组织等；而文化性的融入则是移民群体在价值导向与社会认同上的转变过程（梁波、王海英，2010）。

移民在制度与组织层面社会参与度的增加，使得移民能够有机会与主流社会之间进行持续的互动，增进相互间的沟通与理解，进而为实现对新社会的认同提供基础。文化性融入关涉到移民在价值、观念认同上的转变。只有在文化、价值、观念上实现了对新的社会环境的认同，才意味着移民群体实现了真正地融入或同化（梁波、王海英，2010）。

戈登指出，移民的结构性融入与文化性融入并不必然是重合的过程，即在某种意义上，结构性融入与文化性融入并不一定是一个线性的过程。尽管戈登的二维模型没有具体的说明结构性融入与文化性融入有哪些标准的测量指标，但是我们可以判断出，结构性融入更多地偏向确定性的、客观性的指标，如个体的教育程度、就业状况、工资水平等，而文化性融入突出了文化习俗、规范、生活交往方式以及语言习得等特征的融入性意义。戈登的二维模型划分，为其他的研究者进行移民社会融入类型的划分提供了基础（梁波、王海英，2010）。

二维模型把移民本族群文化和主流文化的接受和认同作为独立的维度进行描述。作为二维模型的另一开创者，贝瑞认为文化适应中的个体面临两个基本问题：①是否趋向于保存本族群文化传统和身份；②是否趋向于和主流群体接触并参与到主流群体中。通过个体对这两个问题的回答，可以把个体在文化适应过程中采取的文化适应策略（Acculturation Strategy）分为四类：

整合（Integration）、同化（Assimilation）、分离（Separation）、边缘化（Marginalization）（张劲梅、张庆林，2008）。

　　所谓文化适应策略就是文化适应中的个体在与新文化直接接触过程中面对新文化冲击和文化变迁所采用的态度或应付方式。当非主流群体中的个体不想保持对自己文化的认同但寻求与其他文化的日常交往时，就会采取同化策略；当个体注重保持自己原文化而同时避免和其他文化交流时，采取的是分离策略；如果个体既保持自己的原文化又保持和其他群体的日常交往时，个体采用的是整合策略；而个体如果既没有保持自己文化的兴趣又不想和其他群体有联系，个体采用的策略就是边缘化。贝瑞认为个体最为理想的文化适应策略是整合，而最为消极的策略是边缘化。一些对贝瑞四类文化适应策略的研究也证明个体最为偏向的是整合策略，采用整合策略的个体所经历的压力也比采用边缘化策略的个体要少（张劲梅、张庆林，2008）。

　　但是，对非主流群体来说，文化适应策略采取的前提是他们可以自由选择，但事实上主流群体可能对非主流群体施加某种文化适应模式的影响，从而限制了非主流个体的选择。因此，这引起了多维文化适应模型的提出（张劲梅、张庆林，2008）。贝瑞在原来的二维模型上增加了第三个维度：主流群体对非主流群体成员文化适应的影响。主流群体对非主流群体的文化适应取向会表现出四种态度：多元文化主义、熔炉主义、隔离和排斥。当主流群体要求非主流群体采取同化策略时，成为"隔离（Segregation）"；加强边缘化策略时成为"排斥（Exclusion）"；而整合策略的取向成为"多元文化主义（Multiculturalism）"（张劲梅、张庆林，2008）。

　　布瑞斯等人认为二维模型的缺陷在于没有重视主流社会对移民文化适应取向的态度，因为实际上，国家或主流群体采取的一些整合策略对移民群体成员的文化适应取向具有重要影响。基于对这一点的认识，布瑞斯提出了一个文化适应的多维模型，并命名为"交互性文化适应模型（the Interactive Acculturation Model）"。该模型试图整合移民的文化适应取向，主流群体对移民文化适应取向所持有的态度，以及文化群体中人际和群际的关系（张劲梅、张庆林，2008）。

首先，布瑞斯认为从社会心理学角度看，贝瑞的二维模型的第一个维度是测量移民文化认同，测的是态度；第二个维度是行为倾向，虽然和前者有所差别，但是还是态度的不同类型。实际上，前者和本群体文化认同的价值有关，而后者和与其他群体的跨文化接触的价值有关。因此，布瑞斯修改了第二个问题，把"是否值得保持和主流群体的关系"改为"接受主流文化是否有价值"。而且，他认为原来贝瑞划分的边缘化也可能是另外一种文化适应取向，即个人主义（Individualism）。因为有些移民把自己从原文化和主流文化中分离出来，可能不是因为他们感到被两个群体所排斥，而仅仅是因为他们倾向于把自己看作是个体而不是群体的成员。因此，他认为这种移民可能更会出现在崇尚个人主义而不是集体主义的价值观取向的文化中（张劲梅、张庆林，2008）。

其次，交互性文化适应模型包含了主流群体成员的文化适应倾向维度。主流群体成员的文化适应取向取决于他们对有关移民文化适应的两个问题的态度：①是否可以接受移民保持自己的文化传统？②是否接受移民采用主流群体的文化？根据主流群体对这两个问题的回答，主流群体可能表现出以下5种文化适应取向。

第一，当主流群体成员既接受和尊重移民保持原有的传统文化，又赞成移民接受重要的主流文化特征时，那么采取的就是一种整合的取向。

第二，如果主流群体成员把自己和他人定义为个体而不是归属于某个群体的成员，如果移民群体成员或主流群体成员，认为最重要的是个体的个性和成就，而不是某个群体的身份，那么采取的是一种个人主义的策略。

第三，如果主流群体成员拒绝移民或移民的文化特征，而期望移民为了接受主流社会的文化而放弃自己的文化认同，那么就是一种同化的策略。

第四，如果主流群体成员赞成只要移民群体保持和主流群体的距离就可以保留他们的原文化，因为他们不希望移民采用、"污染"或改变主流文化，那么就是一种隔离的策略，而且本质上，该策略仍然是拒绝移民或移民的文化特征的；

第五，当主流群体不能容忍移民保持原文化，也不允许移民采用或改变主流文化，就是一种排斥的策略，其本质仍然是拒绝移民或移民的文化特征（张劲梅、张庆林，2008）。

布瑞斯模型的意义在于对贝瑞的模型进行了补充，把主流群体文化适应策略取向纳入非主流文化群体的文化适应研究中，关注了主流文化群体对非主流文化群体的影响。虽然多维模型变量过多导致研究复杂，目前相关的实证研究也显著少于二维模型，但是多维模型的理论和研究意义不容忽视，尤其是对族群关系研究的启示（张劲梅、张庆林，2008）。

现有的国际移民研究证明，身份认同也存在着双向性，在借鉴贝瑞的文化融合模型后，菲尼提出了身份认同的双向模型，移民需要在身份认同方面处理两个问题，一是是否继续认同自己原有社会或群体的身份和保持自己对原有社会或群体的归属感，二是是否愿意逐渐建立起自己对迁入地社会或群体的身份认同和归属感。在双向模型中，移民对种族的认同和对迁入地的认同被假定为是相互独立的对种族和迁入地的认同，既可以高也可以低，个人可以是社会认同模型中四种类型中的任意一个。相反，如果移民的身份认同符合单向模型，那么种族认同和迁入地认同将是负相关的，也就是说，当移民对自己的原有种族认同高的时候，他对迁入国家或地区的认同就必然要低。那样的话，移民的身份认同最终只能属于"融入型"或"分离型"中的一种。相关研究一般是支持双向模型的，两种社会认同在统计上一般是相互独立的。菲尼和德维克－纳瓦罗等对"身份认同"的研究结果显示，四种认同类型分布的差异较大，通过对不同国家的青少年的研究显示，移民对自身种族的认同程度普遍较高，但对迁入国身份认同的差异性则较大，因此"融合型"并不必然是移民身份认同的主要模式。这种不确定性主要受到移民自身的特征、迁入国的政策和迁入国居民的态度的影响（李树茁、任义科、靳小怡等，2008）。

此外，Landecker 将社会融合分为文化融合、交流融合、功能融合和规范融合；Moody 和 White 认为，社会融合研究中，社会关系模式是与主观感受同等重要的另一维度，他们基于社会网络分析方法提出了结构融合（Strutural Cohesion）的概念（张劲梅、张庆林，2008；悦中山、杜海峰、李树茁等，2009）。

表 3-1 移民心理融合的双向模型

		移民对自己族群的心理认同	
		是	否
移民对迁入地社会的心理认同	高	融合型（Integration）	融入型（Assimilation）
	低	分离型（Separation）	边缘型（Marginalization）

资料来源：Berry J., Segall M., Kagitcibasi C., *Handbook of Cross-cultural Psychology：Social Behavior and Application*, Allyn & Bacon：Boston, 1997：291-326。

二 三维度模型

与戈登等人的"二维度"融入模型不同，杨格-塔斯等进一步发展了前人的理论，提出了所谓的"三维度"模型。杨格-塔斯借鉴了弗缪伦和潘尼克斯的观点，他认为，移民的社会融入是一个多维度的概念，具体可以划分为结构性融入、社会-文化性融入以及基于法律面前人人平等原则的政治-合法性融入等（梁波、王海英，2010）。

其中，结构性融入涉及移民少数族群在诸如教育、劳动力市场、收入与住房等方面的情况。他认为，在所有的西方国家中，随着工业、制造业被服务业所替代，其劳动力市场也经历了巨大的变化。劳动力市场对于劳动力个体的要求已经不再仅仅是更高的职业资格，而是更好的就业弹性（灵活性）。具有更强的社会适应能力与沟通能力，更好的自我调适能力，是新的劳动力市场的要求（梁波、王海英，2010）。然而，移民群体，特别是移民青年却缺乏相应的能力，面临着一系列的社会经济融入机会的限制。许多少数族群背景的青年拒绝社会中的诸多基本性的制度，结构性融入度低。他指出，这种低度的结构性融合实际上表明了弱势的移民群体所遭受的社会排斥。他们过早地辍学、非正式就业、犯罪等限制了其进入社会组织的能力，造成了实际的机会不平等（梁波、王海英，2010）。

在"三维度"模型中，社会－文化融入主要体现为人们对于各种社会组织的参与、与外群体进行人际沟通能力的发展以及按照东道国的行为模式进行行动的过程。杨格－塔斯认为，社会－文化融入有多个测量指标，其中最重要的就是人群间的隔离程度与语言使用，此外还包括移民与群外社会成员进行创造性社会活动的情况，如群际友谊和通婚。另一个重要指标则是西方社会的基本价值观念，如个人自主性与群体间协调性的关系、尊重个人人权、性别平等以及关于人生目标与价值的基本观念被接受的程度（梁波、王海英，2010）。

相比戈登的二维度模型，杨格－塔斯的进步主要体现在明确提出了政治与合法性融入。这种维度的融合观认为，少数移民族群总是被流入地政府和本地的市民当作二等公民，成为社会歧视与种族主义的目标。要改变这种状况，就必须有正式的法律，如种族法律，来保证移民作为公民的平等权利，要重新思考基本的民权观念，简化移民程序，赋予相关的政治权利，建立专门的指导机构来促进少数族群的融入。关于政治与合法性融入的讨论与测量，西方文献中主要体现在关于移民"公民权"的研究中。这种公民权视角下的研究认为，移民群体政治融入的重要指标就是是否获得了与当地社会公民同等的政治合法权利，如选举权、被选举权，是否在身份、政治待遇上给予同等对待（梁波、王海英，2010）。

应该说，杨格－塔斯的三维模型使得人们对于移民社会融入内涵的理解更加清晰，更加具体，突出了移民的政治权利在社会融入中的重要意义。但是，在某种程度上，这种三维的划分实际上并没有超越二维模型中结构变量与文化变量的二元性，政治与合法性融入所包含的具体内容有些体现结构性的特征，有些则表达了文化性的特质（梁波、王海英，2010）。

三 四维度模型

相比于前三种融入模型，恩泽格尔等人提出的四维度融入模型是对前三种融入模型的进一步具体化，主要体现在这个模型中的社会经济直接替代了结构性融入。通过对欧盟各国移民融入政策的分析，恩泽格尔等人认为，移民在流入地社会要面临四个维度上的融入，即社会经济融入、政治融入、文化融入、主体社会对移民的接纳或拒斥。恩泽格尔认为，社会经济融入主要是指移民在就业、收入水平、职业流动、社会福利与社会保障、社会性活动与社会组织参与等方面的改善状况（Entzinger & Biezeveld，2003）。恩泽格尔以德国为例，认为由于其经济性移民的暂时性，使得政府不会考虑制定促进移民实现经济融合的政策，这使得移民经济融入的可能性降低。政治性融入主要涉及移民群体的合法政治身份——合法公民权（考察政治融入的最关键指标）、移民的政治参与和对市民社会的参与。在对欧盟的移民政策的研究中，他指出，政府在考虑移民的政治融入的时候必须充分关注他们取得合法政治地位的愿望，给予移民子女同等的受教育权利。当然，这种政治性融入还要强调移民对相关社会义务的承担。关于文化性融入，他认为，主要涉及多元文化主义与同化主义的争论，对于文化融入可以通过移民对流入地社会基本规则与规范的态度、配偶的选择、语言能力、犯罪行为等指标进行测量。值得关注的是，相比于前三种模型，恩泽格尔的四维模型的贡献与创新主要体现在：恩泽格尔等人更加意识到，移民的融入不仅仅是移民个体或群体自身对于流入地社会的同化与适应，同时也包含着流入地社会自身在面对移民群体时发生的变化。这种变化的重要指标就是东道国社会（主题社会）的态度——对于移民群体是持接纳还是拒斥的态度。也就是说，移民的融入过程是两个相互调适过程的集合，一方面是移民群体对于流入地社会的融入，另一方面是流入地社会群体的再融入过程。面对移民群体的涌入，东道国社会成员如果不能以正确理性的方式和态度来看待并接纳移民，如果不能及时有效地进行自我心理调适，就会形成对于移民群体巨大的社会（心理）排斥，甚至加剧两类群体之间的冲突与隔离。上述关于移民融入的类型化模型，在结构与文化的基本框架下，从经济、社会、政治、文化等方面标示了移民融入的所有重要内容（见图 3 - 1 所示），构成了学界考察移民融入问题的基本思维框架，为具体的经验研究提供了可操作性指导。

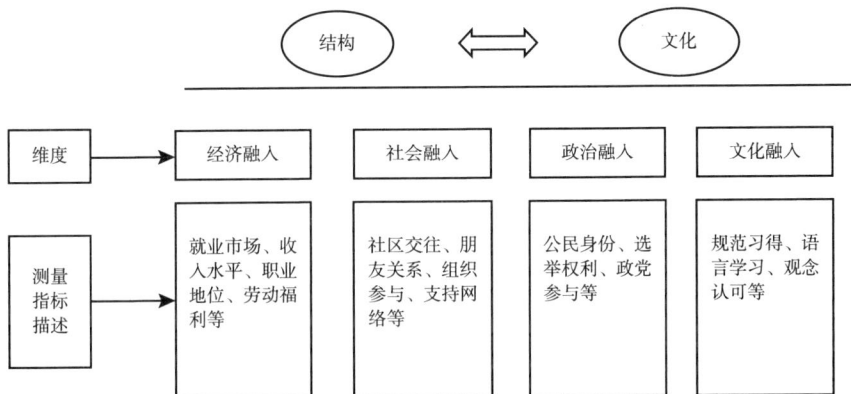

```
        ( 结构 )    ⟺    ( 文化 )
```

维度	→	经济融入	社会融入	政治融入	文化融入
测量指标描述	→	就业市场、收入水平、职业地位、劳动福利等	社区交往、朋友关系、组织参与、支持网络等	公民身份、选举权利、政党参与等	规范习得、语言学习、观念认可等

图 3 - 1　移民融入指标体系

资料来源：梁波、王海英著《国外移民社会和融入研究综述》，《甘肃行政学院学报》2010 年第 2 期。

四　其他研究

在测量移民社会融合的问题上，海克曼提出从经济方面入手，以经济状况作为融合状况测评的重要指标，他认为，当移民的经济收入与本地居民基本相符时，即表示他们社会融合的状况较好。Greenman 和 Xie 的研究从文化融合入手，提出用在家里使用的语言和居住时间两个指标来测量文化适应，进而测评移民的社会融合状况。

艾塞对移民的社会融合过程进行了研究，认为社会融合过程实际上是移民适应迁入地的制度安排，并与迁入地居民建立起良好社会关系的过程。艾塞还提出了社会融合的四种形式或称四个维度：①社会化，指个体成功参与社会生活获得所必需的知识、文化标准和能力的过程；②社会定位，指个体作为社会成员获得的社会地位，也指个体获得特定的职位权利和通过建立社会关系赢得文化资本、社会资本和资金资本的机会；③人际关系，指社会成员通过分享共同的文化来构建关系网络，包括友情、婚姻以及社会群体间的其他关系；④认同，指个体将自己看作所在社会体系中的一部分，包括认知与情感两个方面。艾塞认为这四种社会融合形式相互联系，共同构成了移民社会融合的整个过程（陈勇、黄清峰，2012）。

波斯维克等对欧美国家中移民的社会融合进行了研究，认为社会融合既可以指在明确界定的社会体系中，社会成员间所建立起的稳定合作关系，也可以指加强新社会成员或新群体与社会体系中原成员间关系的过程。社会融合包括三层含义：①个体与个体相互联系的过程，其联系有助于建立起一个新的组织；②加强单个社会成员或小群体与主流社会的联系；③维持或改善主流社会内部成员间的联系。他们认为迁移行为不仅将改变迁入国或迁入地社会的人口规模和人口结构，而且会使迁入国或迁入地社会的文化走向多元化（陈勇、黄清峰，2012）。

外来移民社会融合的主要内容包括以下几点。①结构融合，指移民在主流社会的核心制度中获得权力、职位和社会地位。这些核心制度包括经济与劳动力市场、教育与资历认证市场、住房体系、国家福利制度以及移民规划体系。这些制度决定了个体在现代商业社会中所处的社会经济地位和获得资源的机会。②文化融合，指个体认知、行为和态度的改变。如果移民具有参与社会生活的核心能力，那么他就能在新的社会生活中获得稳定的职业和一定的权力。文化融合主要涉及移民及其第二代和第三代，这是一个相互作用的过程，既有迁入地社会对移民的影响，又有移民对迁入地社会的影响。③人际关系融合，指移民被主流社会及其社会网络所接受和吸收。人际关系融合包括社会网络关系、友谊和伙伴关系、婚姻关系以及同事关系。人际交往是人际关系融合的前提条件。④认同融合，指个体想要进入主流社会的核心机构，必须以具备从事的社会工作所必需的文化能力为前提。不过，在不认同主流社会的共同目标，没有形成对主流社会的归属感的情况下，个体也可以参与主流社会的社会工作。认同融合是一种主观感受，表现为个体对主流社会的归属感，而归属感又是个体参与与接受的结果，它是在社会融合过程中形成的。此外，波斯维克等人还分析了旨在帮助移民顺利实现社会融合的政策措施。这些政策措施包括劳动力市场政策、就业政策、教育政策、职业培训政策、住房与医疗保障政策等，提倡大众参与，加强语言培训，支持移民文化和宗教信仰以及体育运动（陈勇、黄清峰，2012）。

弗冈斯特对荷兰城市人口迁移到乡村社区的社会融合问题进行了研究。他认为，要使外来城市人口融入乡村地区，必须满足两个基本条件：一是外来人口必须参与社区生活，从而使自己再社会化（Re-socialization）；二是要跨越外来人口与原住人口心目中的所谓象征边界（Symbolic Bound）。要实现后者，不仅外来人口要重新看待自己的身份，把自己看成当地人，而且当地人也要正确看待外来人口。此外，外来人口与原住人口在权利上的争夺对外来人口社会融合也有着重要的影响（陈勇、黄清峰，2012）。

潘尼克斯具体地论述了与移民融入相关的公共政策以及两者间的关系。他认为，在移民融入的公共政策中，一般要面临两个不可回避的问题：一方面是移民文化与宗教信仰多样化的问题，另一方面是移民获得平等的社会经济权利的问题。政治理论中关于公民权（Citizenship）的分析比较好地反映了公共政策对移民融入的意义。在某种意义上，移民的公民权应该包括三个维度。第一个维度是政治或立法意义上的公民权。其政策含义是，移民是否被看成政治社会群体中完全参与的正式成员。第二个维度是社会经济维度的公民权。这隐含着移民正式的社会经济权利、毋庸置疑的公民身份，包含着移民在工业生产体系中的权利以及社会经济领域内与各种制度化设施相关的权利。第三个维度是文化与宗教信仰权利。移民是否有权自我组织，展现自我文化，展现本民族、本宗教的权利等（梁波、王海英，2010）。

这三个维度是从国家政府到地方政府的移民融入政策需要达到的目标，也是检验移民融入政策（促进融合还是产生排斥）的一个标尺。潘尼克斯进一步指出，两种类型的制度与移民的融入具有特别重要的相关性。第一类制度通常是指流入地社会或城市的一般性的公共制度，例如教育制度、劳动力市场与公共医疗方面的制度、政治制度。这种一般性的公共制度理论上应该是平等地为所有居民服务。但是这种一般性制度却可能通过两种方式限制移民或少数族群的平等权利：①移民被完全或部分地排除在制度安排之外，例如大多数国家在社会保障、福利制度等方面都会区别性对待外来移民；②即便是认可移民的平等权利，但由于移民的历史性原因、文化与宗教信仰、语言的原因，这些制度的阻碍作用也难以完全消除。与移民融入相关的第二类制度是所谓的专门针对移民群体的具体制度，如宗教信仰与文化制度。潘尼克斯认为，制度安排在很大程度上决定了移民的机遇与组织行动的范围，也会对移民组织的发展过程与行动导向施加显著的影响。制度与组织的机制结合起来，反过来又会形成对个体的机会结构与限制性结构。在此意义上，制度安排对移民的社会融入产生了重要的影响（梁波、王海英，2010）。

与客观维度对应的是对社会行动者的情感、认可感和信任感等主观感受进行测度。Bollen 和 Hoyle 指出，仅考察行为等客观指标的度量方法忽略了对感知的社会融合的测度。感知的社会融合，如归属感、对组织或组内其他成员的态度等情感因素是社会融合度量的另一个重要角度。他们从归属感和精神感受两个方面建立的感知融合表（Perceived Cohesion Scale，PCS）具有较好的适应性，很容易扩展到不同群体的研究中，因而成为社会融合度量的重要参考量表（悦中山、杜海峰、李树苗等，2009）。

针对不同的研究对象和目标，学者们从不同角度指出了可能对社会融合产生影响的一些因素。Aiken 和 Ferman 的研究表明，工作变动不但导致社会失范和政治疏远，还不利于工人的社会融合（Aiken & Ferman, 1966；悦中山、杜海峰、李树茁等，2009）。Holtan 研究了生父母、养父母的关系互动与被收养儿童的社会融合的联系，指出生父母和养父母，尤其是生母与养母的关系越融洽，越有利于收养儿童的社会融合（Holtan，2008；悦中山、杜海峰、李树茁等，2009）。Alwin D. F.、Converse P. E. 与 Martin S. S. 的研究指出，独居与社会融合并非必然具有负向相关关系，家庭之外的社会关系的建立对独居者的社会融合具有补偿效应（Alwin，Converse & Martin，1985；Dorvil，Morin & Beaulieu，et al.，2005；悦中山、杜海峰、李树茁等，2009）。Dorvil. H. 通过研究，认为住房可能是社会融合的影响因素之一（Dorvil，Morin & Beaulieu，et al.，2005；悦中山、杜海峰、李树茁等，2009）。Marissing 等将社会融合分为垂直融合、水平融合和制度性融合三类，探讨城市治理过程能否促进社会融合，最终通过对荷兰"城市重建政策"的一个研究项目的分析认为，部分城市治理政策对社会融合有促进作用（Van Marissing，Bolt & Van Kempen，2006；悦中山、杜海峰、李树茁等，2009）。Angell R. C.、Mueller C. 等人在各自的研究中，利用社会犯罪系数、福利系数、居住稳定性（每百名居民中外地出生的比率）、婚姻稳定性（每十万对夫妇的离婚数目）、异族通婚现状、收入分布和种族多样性参数，对社会融合状况进行了测量（Angell，1947；Mueller，2006；悦中山、杜海峰、李树茁等，2009）。

Bernard 建立了六个维度（归属感、认同、参与、合法化、平等、包容）、三个层次（政治、经济、心理）的分析和测量框架，将心理因素放在非常重要的位置（Bernard，1999）。Entzinger 和 Biezeveld 认为本地居民对流动人口的接纳（或排斥）对其融入有重要影响，这主要反映在心理方面（Entzinger & Biezeveld，2003；王胜今、许世存，2013）。

第四章

国外移民社会融合指标体系

随着西方国家社会融合实践的推进，社会融合实践的监控和评估提上了日程。社会融合指标是极具潜力的工具，它能够用来衡量社会融合计划所取得的进步，能够识别社会融合的新兴趋势和方向，通过这些趋势和方向能够获得未来政府和计划的发展情况（李春霞、陈霏、黄匡时，2013）。

故此，欧盟、英国、美国、加拿大和巴西等都对社会融合的指标很感兴趣，纷纷召集社会政策领域的专家和学者对社会融合指标进行研究。目前看来，比较系统的主要有欧盟社会融合指标、英国的"机会人人共享"指标、欧盟移民整合指数、美国的俄勒冈州阳光系统指标、半球社会融合指数和巴西圣保罗社会融合/社会排斥指数（黄匡时、王书慧，2009；李春霞、陈霏、黄匡时，2013）。

一　欧盟社会融合指标

欧盟社会融合指标是目前使用最广泛、影响最大的跨国家层面的社会融合指标体系。2000 年 10 月 17 日，欧盟就业和社会政策理事会确定了欧盟理事会成员在反对社会排斥和消除贫困中的四个目标，即促进就业参与以获得资源、权利、商品、服务的机会，防范排斥风险，帮助弱势群体，动员所有相关机构的参与。2001 年 12 月的拉肯欧盟首脑会议上通过了由欧盟社会保护委员会指标小组提出的 18 个指标，这套指标分为主要指标和次要指标两个层次。其中，主要指标被认为是最重要的社会融合影响因素，包括低收入率、收入的分布、长期低收入、相对中低收入差、地区凝聚、长期失业率、失业人数、辍学人数、预期寿命、通过收入水平进行自我定义的健康状态共 10 个；次要指标是用来支持主要指标和用来描述其他问题的指标，包括低收入的养老金、某一时期的低收入率、迁移前的低收入率、基尼系数、长期低收入、长期失业率、永久失业率、低教育人数共 8 个（李春霞、陈霏、黄匡时，2013）。

此后，指标小组不断精炼和完善这些指标。2003 年 7 月，指标小组对 2001 年使用的 18 个指标进行了增补和修改，新增了工作贫困风险和每户劳动强度贫困风险这两项指标，并对最常见的活动、身份群体的贫困风险、失业家庭中的孩子数、失业家庭中的成人数这几项指标做了修订（李春霞、陈霏、黄匡时，2013）。

2006 年 6 月，基于指标小组的提议，社会保护委员会采取了一套社会融合和社会保护的新指标。新指标的最大变化是将整个社会融合和社会保护指标分为总体指标、社会融合指标、养老金指标、健康与长期护理指标四大指标体系。其中总体指标试图反映新通过的总体目标——"社会凝聚"和"里斯本战略增长和就业目标的互动"，并且每个指标组合不得不在重要的背景资料下加以评估并参考过去和未来相关的趋势，因此每个组合均有不同数量的背景指标。其中总体指标组合由 14 个主要指标和 11 个背景指标组成；社会融合指标组合由 11 个主要指标、3 个二级指标和 11 个背景指标组成；养老金指标组合由 11 个主要指标、11 个二级指标和 5 个背景指标组成；健康与长期护理指标组合由 10 个主要指标、1 个二级指标和 8 个背景指标组成（李春霞、陈霏、黄匡时，2013）。

欧盟社会融合指标体系旨在推进和监测欧盟成员国的社会融合实践，因此欧盟的社会融合指标考虑了成员国的差异，既有反映所有成员国的社会融合指标，这些指标是可以直接在成员国之间进行比较的，又有国家性的社会融合指标，这些指标主要用来反映成员国在致力于共同目标的进步，不能在成员国之间直接比较，需要结合不同成员国对该指标的定义和背景去解释（李春霞、陈霏、黄匡时，2013）。

此外，欧盟社会融合指标进行了性别和年龄上的分类。目前欧盟成员国采用的是 2006 年的指标。随着欧盟社会融合实践的推进，欧盟社会融合指标也在不断改进（李春霞、陈霏、黄匡时，2013）。

近年来，欧洲所有国家都把弱势群体的教育与培训作为一项优先政策，强调教育对社会排斥的解决以及对社会融合的重要性。2006 年 10 月，欧洲理事会和欧洲议会通过了欧洲委员会提出的"2007～2013 年终身学习整体行动计划"议案，该计划包括了覆盖各类成年人教育以及帮助成年人包括弱势成人通过各种途径学习知识并提高能力的格兰特威格计划。

表 4 - 1　欧盟社会融合指标（2003）

指标	年龄分类	性别分类	资料来源
1. 贫困风险率	0～15 岁/16～24 岁/25～49 岁/60～64 岁/65 岁以上	有 *	ECHP/EU SILC
1a. 每户贫困风险	同住户的年龄划分	同住户的性别划分	ECHP/EU SILC
1b. 每户工作密度贫困风险	无	无	ECHP/EU SILC
1c. 最频繁活动状态贫困风险	有	有	ECHP/EU SILC
1d. 适用紧张状态贫困风险	有	有 *	ECHP/EU SILC
2. 贫困线风险	无	无	ECHP/EU SILC
3. 收入五分率	无	无	ECHP/EU SILC
4. 持续贫困风险率	有	有 *	ECHP/EU SILC
5. 相对中间贫困风险率	有	有 *	ECHP/EU SILC

续表

指标	年龄分类	性别分类	资料来源
6. 地区凝聚程度	无	有	EU LFS
7. 长期失业率	有	有	EU LFS
8a. 失业家庭中孩子数	无	无	EU LFS
8b. 失业家庭成年人口数	无	有	EU LFS
9. 早期辍学或无法参加培训	无	有	EU LFS
10. 预期寿命	无	有	Eurostat Demographic Stat
11. 自己根据收入水平定义的健康状况	有	有	ECHP/EU SILC
12. 贫困线风险的分布	有	有 *	ECHP/EU SILC
13. 基于某一点的贫困风险	有	有 *	ECHP/EU SILC
14. 社会迁移前的贫困风险	有	有 *	ECHP/EU SILC
15. 基尼系数	无	无	ECHP/EU SILC
16. 持续贫困风险率	有	有 *	ECHP/EU SILC
17. 工作贫困风险	有	有 *	ECHP/EU SILC
18. 长期失业份额	有	有	EU LFS
19. 非长期失业率	有	有	EU LFS
20. 个人低等教育获得	25~34 岁/35~44 岁/45~54 岁/55~64 岁/65 岁以上	有	EU LFS

注：＊是指"适用于 16 岁及以上人群"。

"有无"是指有无按照年龄或性别对指标进行分类统计。

资料来源：李春霞、陈霏、黄匡时著《融入筑城：中国西部流动人口社会融合研究》，九州出版社，2013。

　　2011 年 7 月，欧盟委员会召开有关会议，重点要求各国采取行动，增加移民的经济、社会、文化和政治参与，并强调地方行动。这一会议还探讨了原籍国在一体化进程中的作用。

　　2014 年 6 月 5 日至 6 日欧盟司法和民政事务委员会召开会议，在该会议中，移民社会融合被定义为是一个长期和多方面的进程，包括尊重多样性和欧盟的基本价值观，如人权、民主和法治。该会议还强调政策的执行必须采取整体方法，将融入政策纳入所有相关政策部门和各级政府。该会议还指出，虽然一体化措施属于成员国的能力范围，但它们需要根据欧盟法令实施，并可通过欧盟金融工具提供资金。成员国同意与"共同基本原则"有关的以下方面：①基于不歧视的更平衡的方法，保障基本价值观念，反对偏见，尊重多样性；②开展原籍国和目的地国之间的自愿前往合作，提供关于合法移民渠道、语言学习、职业培训和技能匹配的信息；③更具针对性的接待政策，以满足处于社会排斥风险较大的脆弱个人和群体的具体需要，包括国际保护的受益者；④在私营部门，社会伙伴和民间社会促进移民更多地进行社会参与，以加强工作场所的多样性和不歧视观念。

2016年6月7日，欧盟发布的"行动计划"，提供了一个全面的移民社会融合框架，该计划强调支持会员国努力制定加强移民融合的政策，并描述了委员会将在这方面采取的具体措施。它针对欧盟所有第三国国民。该计划包括对融合至关重要的所有政策领域的行动：①出发前和到达前措施，包括准备移民和地方社区促进一体化进程的行动；②教育，包括语言培训，移民儿童参与幼儿教育和保育，教师培训和公民教育的行动；③就业和职业培训，包括促进早日融入劳动力市场和移民创业的行动；④获得基本服务，如住房和医疗保健；⑤积极参与和社会包容，包括支持与接受社会交流，移民参与文化生活和打击歧视的行动。除此之外，它还提出创建在国家、区域和地方开展欧盟一体化工作的不同行为者之间协调的工具，例如建立一个促进成员国之间相互学习的欧洲移民融合网络，同时欧盟为移民融合提供了更具战略性的方法。

二　欧盟移民整合指数

为了收集各成员国在移民融合方面的数据，监测成员国实施移民融合原则的程度，实现成员国之间数据的比较以及各成员国和欧盟平均数据的比较，从而识别欧盟成员国在移民融合上成功实践的典范。英国文化委员会布鲁塞尔外交政策中心和移民政策组于 2004 年构思并达成了欧洲公民资格和融合指数。2007 年该指数被修改为移民整合指数（Migrant Integration Policy Index）。

欧盟移民整合指数每年发布一次，贯穿劳动力市场融合（Labour Market Inclusion）、家庭团聚（Family Reunion）、长期居住（Long Term Residence）、政治参与（Political Participation）、入籍（Naturalization）和反歧视（Anti-discrimination）六个领域，每个领域又从四个维度去监测移民能享受到的身份和受保护的政策：一是享受这种身份的资格要求是什么，反歧视立法的范围是什么，进入劳动力市场的难易程度如何；二是移民获得这种身份需要履行什么样条件，如果遭到歧视可以获得哪些补救，就业的稳定程度如何；三是这种身份有多固定，平等组织监控反歧视有多强硬，有哪些有助于移民融合的劳动力整合措施；四是与这种身份相关的权利有哪些，有哪些适当的前瞻性政策来反对歧视。该指数的每一个指标均是关于成员国对移民权利和义务的承诺，总共 142 个指标（李春霞、陈霏、黄匡时，2013）。

欧盟移民整合指数的每个指标根据最不赞成、不赞成、赞成分别赋予 1 分、2 分、3 分。该指数的结果包括总分值（Score Values）和指数值（Index Values）。总分值是 142 个指标的赋值的平均数，它可以反映某一个国家的公民资格和融合政策的赞成程度，如果总分为 1～1.25，那么该国政策属于不赞成移民融合，处于 1.25～1.75 则属于轻度不赞成，处于 1.75～2.25 则属于不是很赞成，处于 2.25～2.75 则属于轻度赞成，处于 2.75～3 则属于赞成。指数值则是将每个领域的总分值（1～3 分）标准化为以 100（2004 年欧盟的平均数）为基础的指数值，这样可以用来进行国家之间的比较。每个国家均有 6 个领域的指数值，比如反歧视的值是 107.5，超出了欧盟的平均数，那么说明这个国家在反歧视上赞成移民融合（李春霞、陈霏、黄匡时，2013）。

表 4 - 2　欧盟移民融合政策指数（整合指数）（2007）

领域	维度	意义
劳动力市场融合	资格	移民是否被排斥获得工作
	劳动力市场整合措施	国家采取哪些措施帮助移民适应劳动力市场的需要
	就业安全	移民是否会轻易地丧失工作许可
	有关权利	移民作为工人有哪些权利
家庭团聚	资格	哪些移民能带来亲戚，带来哪些亲戚
	获得条件	移民与家庭团聚的权利是否根据需要、测试或课程来获得
	身份安全	国家是否保护移民与家庭团聚的权利
	有关权利	家庭成员是否享受同样的权利
长期居住	资格	移民多长时间可以获得长期居住权
	获得条件	获得长期居住身份是否需要限制性条件
	身份安全	移民是否会轻易地丧失长期居住身份
	有关权利	获得长期居住身份的移民在生活中的诸多领域是否和国民有平等的权利
政治参与	选举权	非欧盟成员国移民是否有选举和被选举权
	政治自由	移民能否自由参加政党或组建他们自己的政治团体
	咨询团体	政府是否系统性地咨询移民选出来的代表
	政策执行	政府是否积极地告诉移民他们所享有的政治权利，是否给予移民协会资金支持
入籍	资格	移民多长时间可以入籍，他们的孩子是否一出生就可以入籍
	获得条件	入籍是否需要限制性条件
	身份安全	入籍后的移民是否会轻易地丧失国籍，哪些人可以享受终身入籍
	多国国籍	入籍的移民和孩子是否可以享受多国国籍
反歧视	定义和概念	基于宗教信仰、种族和国籍的歧视是否受到惩罚
	适用领域	《反歧视法》适用于生活的哪些领域
	实施	受害者是否可以提起诉讼
	平等政策	平等机构和国家充当什么角色

资料来源：李春霞、陈霏、黄匡时著《融入筑城：中国西部流动人口社会融合研究》，九州出版社，2013。

三　英国"机会人人共享"指标

英国"机会人人共享"指标（Opportunity for All）（简称"OPA"）是

目前在国家层面使用较早的、比较成熟的社会融合指标之一。1999 年 9 月，英国政府工作和养老金署在"机会人人共享"计划中提出了一套用来监测应对贫困和社会排斥策略所取得的进步的指标。该计划根据生命周期和地区群将指标分为儿童和年轻人组、工作年龄组、老年组、社区组四组，每组均有若干个指标。因此，这些指标既反映了社会融合的多维度本质，又突出了政府应对这个问题的态度（李春霞、陈霏、黄匡时，2013）。

在英国工作和养老金署于 2007 年 10 月发布的"机会人人共享"指标中，儿童和年轻人组有 17 个主要指标，工作年龄组有 10 个主要指标，老人组有 7 个主要指标，社区组有 7 个主要指标，共有 41 个主要指标，由于有些主要指标有二级指标，因此总共有 59 个指标（见表 4 - 3 所示）。其中，儿童和年轻人组的指标为失业家庭孩子数、低收入（相对低收入、绝对低收入、持续低收入）、青少年怀孕（辍学、失业或未培训的青少年孕妇，未婚妈妈）、处于发展好层次的贫困地区的孩子增加的比例、第二重要阶段（11 岁）的素养、素养（16 岁素养，低于最低要求的学校）、19 岁至少有一个 2 级证书、上学情况、被照看孩子的改善、16 ~ 18 岁在学人数、婴儿死亡率、非故意受伤严重程度、抽烟率（怀孕妇女、11 ~ 15 岁儿童）、年龄 2 ~ 10 岁的肥胖儿童、在儿童保护中的再注册数、低于符合体面标准的住房、临时居住的家庭；工作年龄组的指标为就业率、弱势群体的就业率、失业家庭的成年人数、处于工作年龄的人且没有一个 2 级或更高 NVQ 资格证书的人、与收入有关的收益周期、低收入（相对低收入、绝对低收入、持续低收入）、抽烟率（所有成年人、社会经济领域的体力劳动群体）、由于自杀和不确定的受伤导致的死亡率、失眠人数、16 ~ 24 岁的药物使用（A 类毒品的使用，频繁使用任何非法药物）；老年组有低收入（相对低收入、绝对低收入、持续低收入）、对非正式养老金（Non-state Pension）贡献的人数、对非正式养老金持续做贡献的人数、65 岁的健康寿命预期、有助于独立生存的服务（接受大量的家庭照料，任何社区服务）、低于符合体面标准的住房、对犯罪的害怕；社区组有贫困地区的就业率、贫困地区的犯罪率、低于符合体面标准的住房、燃料贫困用户、出生预期寿命、第二阶段（11 岁）的素养差（Attainment Gap）、贫困地区的道路交通事故伤亡人数（李春霞、陈霏、黄匡时，2013）。

英国各地政府的社会融合实践在"机会人人共享"指标的指引下取得了很大进步，但是英国"机会人人共享"指标更多地反映了英格兰或大不列颠的情况，而且有的指标只覆盖了英格兰，有的指标（比如就业和低收入指标）只覆盖了大不列颠（李春霞、陈霏、黄匡时，2013）。

表 4 - 3　英国 OPA 指标

分组	指标
儿童和年轻人组	1. 失业家庭孩子数
	2. 低收入（相对低收入、绝对低收入、持续低收入）
	3. 青少年怀孕（辍学、失业或未培训的青少年孕妇，未婚妈妈）
	4. 处于发展好层次的贫困地区的孩子增加的比例
	5. 第二重要阶段（11 岁）的素养
	6. 素养（16 岁素养，低于最低要求的学校）
	7. 19 岁至少有一个 2 级证书
	8. 上学情况
	9. 被照看孩子的改善
	10. 年龄 2 ~ 10 岁的肥胖儿童
	11. 16 ~ 18 岁在学人数
	12. 婴儿死亡率
	13. 非故意受伤严重程度
	14. 抽烟率（怀孕妇女、11 ~ 15 岁孩子）
	15. 在儿童保护中的再注册数
	16. 低于符合体面标准的住房
	17. 临时居住的家庭
工作年龄组	1. 就业率
	2. 弱势群体的就业率
	3. 失业家庭的成年人数
	4. 处于工作年龄的人且没有一个 2 级或更高 NVQ 资格证书的人
	5. 与收入有关的收益周期
	6. 低收入（相对低收入、绝对低收入、持续低收入）
	7. 抽烟率（所有成年人、社会经济领域的体力劳动群体）
	8. 由于自杀和不确定的受伤导致的死亡率
	9. 失眠人数
	10. 16 ~ 24 岁的药物使用（A 类毒品的使用，频繁使用任何非法药物）

分组	指标
老年组	1. 低收入（相对低收入、绝对低收入、持续低收入） 2. 对非正式养老金贡献的人数 3. 对非正式养老金持续做贡献的人数 4. 对犯罪的害怕 5. 65 岁的健康寿命预期 6. 有助于独立生存的服务（接受大量的家庭照料，任何社区服务） 7. 低于符合体面标准的住房
社区组	1. 贫困地区的就业率 2. 贫困地区的犯罪率 3. 低于符合体面标准的住房 4. 出生预期寿命 5. 第二阶段（11 岁）的素养差 6. 燃料贫困用户 7. 贫困地区的道路交通事故伤亡人数

资料来源：李春霞、陈霏、黄匡时著《融入筑城：中国西部流动人口社会融合研究》，九州出版社，2013。

四 美国俄勒冈州阳光系统指标

美国俄勒冈州阳光系统指标（Oregon Shines Benchmarking System）是由来自美国商务部、劳工部和教育部的近 200 名领导参与研究并于 1989 年 5 月发布的旨在建立一个繁荣且生活的方方面面都很优秀的俄勒冈州的指标系统。该系统指标被随后成立的美国俄勒冈州进步委员会（The Oregon Progress Board，于 1989 年 7 月成立，由俄勒冈州州长主持，共 12 人组成）用来测量、追踪和报道俄勒冈州在实施 20 年战略计划及俄勒冈州阳光计划所取得的经济、社会和环境健康方面的进步（李春霞、陈霏、黄匡时，2013）。

美国俄勒冈州阳光系统指标有三个战略目标，每个战略目标有 2～3 个维度，每个维度也会有多个指标。整个指标的分布见表4-4。

战略目标一是所有人享有高质量的工作，这个战略目标下面有经济表现和教育两个主要维度，其中经济表现有5个指标，教育有3个指标。

战略目标二是安全、护理和参与社区，这个战略目标分为公民参与、社会支持和公共安全三个维度，其中公民参与有4个指标，社会支持有4个指标，公共安全有2个指标。

战略目标三是健康、可持续发展的环境，这个战略目标下有社区发展和环境两个维度，其中社区发展有3个指标，环境有5个指标。这个由俄勒冈州进步委员会使用的用来测量整个州的社会福利指标因其极具创新性而得到国际的普遍认可（李春霞、陈霏、黄匡时，2013）。

表4-4　美国俄勒冈州阳光系统指标

所有人享有高质量的工作		安全、护理和参与社区			健康、可持续发展的环境	
经济表现	教育	公民参与	社会支持	公共安全	社区发展	环境
1. 经济量	1. 年级幼儿园	1. 参与	1. 健康	1. 犯罪	1. 增长管理	1. 空气
2. 经济能力	2. 高中学	2. 税收	2. 保护	2. 紧急预防	2. 基础设施	2. 水
3. 经济成本	3. 技能发展	3. 公共部门表现	3. 贫困	—	3. 住房	3. 土地
4. 收入	—	4. 文化	4. 独立生存			4. 植物和原始生物
5. 国际化	—					5. 户外娱乐

资料来源：李春霞、陈霏、黄匡时著《融入筑城：中国西部流动人口社会融合研究》，九州出版社，2013。

五　半球社会融合指数

半球社会融合指数（Hemispheric Social Inclusion Index）是加拿大约克大学罗伯茨和加拿大研究中心副主任 Daniel Drache 教授于 2001~2002 年开

展的项目，该项目对处于西半球的阿根廷、巴西、加拿大、智利、墨西哥和美国六个国家在人类服务、人类保障、环境、公共信息与空间四个方面的社会融合情况进行了研究，并出版了《人类服务的缺乏以及我们应该如何处理：测量西半球的人类服务》、《开放的市场能创造开放的社会吗？测量西半球的人类保障》、《测量环境融合在西半球：经济增长会增强一个可持续的环境？》和《信息共享还是数字鸿沟？把握未来——测量西半球在公共信息和空间的融合》四份报告。这四份报告中，Daniel Drache 教授等借助美洲六国在 1985～2000 年的统计数据分别建构了人类服务融合指标体系、人类保障融合指标体系、环境融合指标体系和公共信息与空间融合指标体系（李春霞、陈霏、黄匡时，2013）。

半球社会融合指数通常细分为若干维度，并给不同维度赋予不同的权重。其中每个维度会有两个或更多指标，至少一个或更多指标反映社会融合，至少一个或更多指标反映社会排斥。将反映社会融合的指标和反映社会排斥的指标相减便获得了该维度的净影响，而将所有维度的净影响之和相加便获得了该指标体系的最终值。在半球社会融合指数中，人类服务融合指标体系分为收入保障、健康护理、住房和教育四个维度，共 13 个指标；人类保障融合指标体系分为国家政策、市场效应、人权提供和性别平等四个一级维度，在国家政策下又分为教育普及、健康照料普及、法律和治安、军事化四个二级维度，市场效应下分为结构调整、财富分配和劳动力调节三个二级维度，人权提供有自由之家评级一个二级维度，性别平等包含经济平等和社会平等两个二级维度，共 25 个指标；环境融合指标体系分为清新空气的获取、安全水的使用、可持续能源的获得机会、污染管理的获得、至关重要的居住面积的使用、可居住的土地的获得机会六个维度，共 12 个指标；公共信息与空间融合指标体系分为公共空间、公共交通、信息和通信技术的使用、邮政服务的获取和公民的参与五个维度，共 15 个指标（李春霞、陈霏、黄匡时，2013）。

六　巴西圣保罗社会融合/社会排斥指数

巴西圣保罗社会融合/社会排斥指数是由西方发展中国家提出的城市层面的社会融合指标。2001年巴西学者 Camara 等在巴西城市圣保罗进行社会融合和社会排斥程度研究时提出巴西圣保罗社会融合/社会排斥指数分为自治指数、生活质量指数、人类发展指数和性别平等指数四个维度。每一个维度由一系列变量组成，每一个变量会有一个参考值，达到这个值可以视为获得基本融合要求，并被赋值为0，而超出这个值的将被赋予 [0，1] 之间的一个数值，低于这个参考值的将被赋值为 [-1，0] 之间的一个数值。因此，每一个指数值的范围是在 -1（表示完全被排斥）和 1（表示完全融合）之间。在社会融合/社会排斥指数的基础上，Camara 等人结合本地莫兰指数显著性地图（the Local Moran Index Significance Map）和莫兰散点图地图（the Moran Scatterplot Map）两个空间分析技术对巴西圣保罗社会排斥/社会融合状况进行了定量分析（李春霞、陈霏、黄匡时，2013）。

表4-5　巴西圣保罗社会排斥/社会融合指数

维度	复合指数	变量	参考值
自治指数	贫困家庭生存情况	在贫困线下（没有收入）的家庭人数	0%
	收入自治	每个家庭成员的收入	3~5人最小工资
		工作机会	55%
	街道人口	孩子死亡率	0%
		成人贫困率	0%
生活质量指数	环境质量	供水困难的住房	0.50%
		没有下水道的住房	0.50%
		没有垃圾清理服务的住房	0.30%
	公共卫生舒适程度	居住密度	4人/家
		每家拥有洗澡间数量	1间/家
		洗澡间的使用人数	3人/间

续表

维度	复合指数	变量	参考值
生活质量指数	隐私舒适状况	每家拥有床位	2 床/家
		床位的使用人数	2 人/房间
	住房紧张情况	住房紧张的人口比例	0.50%
	工作时间	平均工作时间	56
	分社会服务欠缺程度	基本健康服务获得机会	40%
		孤儿院的提供情况	40%
		幼儿园教育的获得机会	100%
		第一层面的提供	100%
人类发展指数	文盲	不识字家庭人口数	0%
	教育发展	家庭成员教育年数	8 年
	死亡风险	70 岁以上人口比例	3%
		孩子死亡率	25%
		年轻人死亡率	376/100000
		潜在死亡年数	43
	暴力	盗窃案数	0
		抢劫案数	0
		机动抢劫案数	0
		自杀案数	0
性别平等指数	—	家庭妇女比例	2%
		家庭文盲妇女比例	0.40%

资料来源：李春霞、陈霏、黄匡时著《融入筑城：中国西部流动人口社会融合研究》，九州出版社，2013。

上述社会融合指标有的是跨国家层面，比如欧盟社会融合指标、欧盟移民整合指数以及半球社会融合指数；有的是国家层面的，比如英国的"机会人人共享"指标；还有的是城市层面的，比如美国的俄勒冈州阳光系统指标、巴西圣保罗社会融合/社会排斥指数。但是以城市群为基础的区域层面的社会融合指标和一个适合不同国家的不同城市的全面性社会融合指标均需要进一步研究与探索。令人兴奋的是，社会融合指标建构事业方兴未艾，许多政府和研究机构对社会融合指标感兴趣，其中引人注目的是正在进行的全面社会融合指标（Holistic Indicators for Social Inclusion）项目。全面社会融合指标是由英国爱丁堡市与丹麦、西班牙和意大利等国家的一些城市联合进行的跨国项目，该指标体系试图设计出一套全面的具有普遍适用性的，既有定量指标又有定性指标，既测量社会排斥的原因又测量社会排斥的后果，并能反映社会融合过程的多维度和动态的社会融合指标体系（李春霞、陈霏、黄匡时，2013）。

第五章

国内流动人口社会融合维度构建

在国内，流动人口社会融合指标体系长期以来得到学者们的关注，最早可追溯到 20 世纪 90 年代有关学者对社会融合相关概念的测量。截至目前，已经有大批学者对社会融合的维度构建进行了有益的并富有成效的探索，本章精选了几位学者的研究，如下所示。

一 社会适应测量

1995 年，以改革开放背景下农村被解放的劳动力为研究对象，田凯调查了湖南岳阳市一大型国有企业的农民工的城市适应性状况。作者认为，外来农民真正适应城市生活须具备三个方面的基本条件：首先，他应能在城市找到相对稳定的职业；其次，这种职业带来的经济收入及社会地位能够形成一种与当地人接近的生活方式，从而使其具备与当地人发生社会交往并参与当地社会生活的条件；最后，由于这种生活方式的影响而与当地人接触，使他可能接受并形成新的、与当地人相同的价值观。这三个层面中，最基础的是经济层面，即职业以及与其相联系的经济收入和社会地位；由此形成的生活方式构成社会层面；通过社会层面的交往才可能达到观念的转变和文化认同以及心理上的归属感，即文化和心理层面。作者从经济层面、社会层面、文化和心理层面分析农民工的城市适应性。在下一层级上，将经济层面划分为职业、经济收入、居住条件三方面；将社会层面分为闲暇时间的利用、消费方式、社会交往三方面；将文化和心理层面分为归属感、价值观两方面。作者对农民工城市适应进行了初步简单测量，但未直接提及社会融合，而是仅提到城市适应（田凯，1995）。

表5-1　社会适应测量

经济层面	职业、经济收入、居住条件
社会层面	闲暇时间的利用、消费方式、社会交往
文化和心理层面	归属感、价值观

资料来源：田凯著《关于农民工的城市适应性的调查分析与思考》，《社会科学研究》1995年第5期。

1998年，田凯以家庭联产承包责任制下的农村劳动力大量解放并涌入城市为背景，分析了进城农民工个体户的城市适应性（田凯、卫思祺，1998）。作者指出了城市适应性的三个层面：最基础的是经济层面，即职业以及与其相联系的经济收入和社会地位；由此形成的生活方式构成中间的社会层面；通过社会层面的交往才能达到观念的转变和文化的认同以及心理上的归属感，即文化和心理层面。作者将经济层面分为职业、资金来源、经营地点和经营门面、经营风险、经济收入、工作环境与劳动条件、居住条件、职业保障。社会层面包括闲暇时间的利用、消费方式、人际交往。文化和心理层面包括与家乡的联系、教育和通婚、归属感、价值观念。相较作者1995年的文章，该文章将三个层面的下一层级进行了补充和丰富，但下一层级的各个方面也只是很模糊的分类性参考，并没有精确各个指标的测量。

表 5 - 2　社会适应测量

经济层面	职业、资金来源、经营地点和经营门面、经营风险、经济收入、工作环境与劳动条件、居住条件、职业保障
社会层面	闲暇时间的利用、消费方式、人际交往
文化和心理层面	与家乡的联系、教育和通婚、归属感、价值观念

资料来源：田凯、卫思祺著《外来农民个体户城市适应性研究——来自新街的考察》，《中州学刊》1998 年第 3 期。

2004 年，风笑天对三峡农村移民进行了社会适应的研究。作者用定量研究方法，从经济适应、心理适应、环境适应、生活适应 4 个维度，用 9 个指标测量了 400 多户三峡移民在迁入地的适应状况。这 9 个指标是：是否想念搬迁前的熟人、是否怀念搬迁前居住的地方、搬迁后生活水平的变化、对家庭收入的满意状况、对经济发展和收入提高的信心、对搬迁后的邻里关系满意状况、对搬迁后的住房满意状况、对安置地的生活习俗是否适应、对搬迁后的生产劳动是否适应（风笑天，2004）。

二　农民工社会融合维度与指标

2007 年，王桂新、罗恩立直接提出农民工"社会融合"的概念，而非"城市适应"。作者以上海城市建设和发展必不可少的外来农民工为主要调查对象，运用了对在沪农民工和本地市民的最新调查数据进行分析。作者认为，农民工社会融合并非农民工主观的单向作用，而是其与城市社会、与市民双向互动和接受的过程。而以前的研究少有学者关注到这一点。因此，作者将上海市民的态度和认知也纳入农民工社会融合指标体系。作者将农民工社会融合分为经济融合、政治融合、公共权益融合、社会关系融合。经济融合从农民工求职、择业、职业培训、每天工作时间、工作环境、个人收入、居住条件等方面进行评价；政治融合从农民工参加工会、参加党团组织的情况进行评价；公共权益融合从劳动保护、社会福利、医疗卫生、子女教育等方面进行评价；社会关系融合从农民工与市民彼此的态度、彼此的安全感、农民工遇到困难时的求助对象等方面进行评价。作者对上述第二层级参考指标尝试进行了往下细分，但较为模糊（王桂新、罗恩立，2007）。

表 5 – 3　农民工社会融合指标

经济融合	求职、择业、职业培训、每天工作时间、工作环境、个人收入、居住条件等
政治融合	参加工会、参加党团组织情况
公共权益融合	劳动保护、社会福利、医疗卫生、子女教育等
社会关系融合	农民工与市民彼此的态度、彼此的安全感、农民工遇到困难时的求助对象等

三　城市新移民社会融合维度与指标

2008 年，张文宏、雷开春分析了上海城市新移民的社会融合情况。作者认为，目前还没有形成一个统一的社会融合结构维度。因此，作者采用探索性因子分析方法，借鉴并综合了前人的研究，形成了新移民社会融合的 14 个测量指标。通过借鉴国际移民研究中的相关维度，形成了"本地语言掌握程度""熟悉本地风俗程度""接受本地价值观程度""职业稳定程度""亲属相伴人数""本地户籍状况"6 个指标；通过借鉴国内移民研究中的相关维度，形成了"本地人身份认同程度""社会交往范围""社会心理距离""日常交往人数""社会满意度""职业满意度""住房满意度"7 个指标；考虑现状，新形成了"添置房屋意愿"这一指标。后期剔除了三项不恰当的指标，剩下 11 项测量指标。作者还对各个指标进行了操作化赋值。例如本地语言掌握程度"您能讲上海话吗？"分为"不能讲""能讲一些""能讲"，分别赋值为 1 分、2 分、3 分。作者将上述 11 个指标整合为文化融合、心理融合、身份融合、经济融合四大部分。并发现，心理融合、身份融合、文化融合、经济融合这四个层面的融合程度呈依次递减趋势，这四个因子构成的城市新移民总体社会融合程度偏低（张文宏、雷开春，2008）。

表5-4 新移民的社会融合指标

文化融合	本地语言掌握程度、熟悉本地风俗程度、接受本地价值观程度
心理融合	社会满意度、职业满意度、住房满意度
身份融合	职业稳定程度、身份认同程度、拥有户口情况
经济融合	亲属相伴人数、本地户籍状况

资料来源：张文宏、雷开春著《城市新移民社会认同的结构模型》，《社会学研究》2009年第4期。

四 社会融入维度、模式与框架

杨菊华认为，"融入"比"融合"更好地体现了中国乡-城人口流动的现状。因为"融合"是双向的，表示流入地文化和流出地文化融汇到一起，互相渗透，形成一种在某种程度上具有新意的文化体系。融合也反映了一种平等关系，以渗透、交融、互惠、互补为基本特征。而"融入"是单向的，指流动人口在经济、行为、文化和观念上都融入了流入地的主流社会体系中。融合暗示着不平等的文化和行为是主从关系：流入地文化为主，流入者自身的传统为辅；流入地的文化占据优势，流入者的文化居于弱势。

作者肯定了前人关于流动人口社会融入的研究结论：社会融入不是单维度的，而是多维度的；心理融合属于社会融合的最高境界。但作者也提出，前人的研究存在局限，一是过分强调经济、社会和文化/心理融合之间的线性递进关系，对不同维度因素之间的互动关注不足或完全忽视，经济融合既可以影响社会和文化融合及行为适应，反过来也受制于其他层面的融合程度，如流动人口对当地语言的熟练掌握会加快经济融合的速度。二是现存流动人口社会融合的具体维度、每个维度的概念，或具体所指比较模糊或存在矛盾和冲突。如很多研究都涉及经济整合，但其具体定义却不相同，作者总结了存在上述局限的原因：①基本概念尚未厘清；②缺乏适合于中国国情的流动人口在流入地社会融入的理论分析框架；③缺乏具体的、系统的、可供实证检验的社会融入测量指标体系。

在上述基础上，杨菊华提出了社会融入的四个维度：经济整合（Economic Integration or Incorporation）、文化接纳（Cultural Acceptance）、行为适应（Behavioral Adaptation or Adjustment）、身份认同（Identity of the Mainstream Society）。如图 5 - 1 所示，经济整合、文化接纳、行为适应、身份认同之间存在递进关系，社会融入始于经济整合，经过文化接纳、行为适应，最后达到身份认同。身份认同是社会融入的最高目标（杨菊华，2009）。

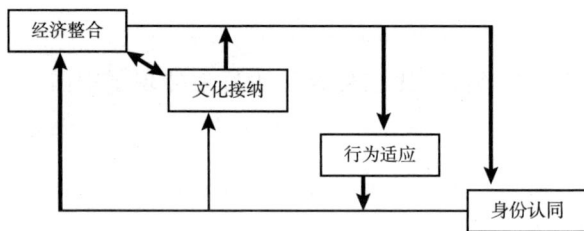

图 5 - 1　中国乡 - 城流动人口在流入地社会融入的理论模式

注：粗细不同的线段将社会融入的四个元素联系起来。粗线段表示相对较强的关系，细线段表示相对较弱的关系；对角线右上方的关系强于对角线左下方的关系，双向箭头表明四个维度之间存在依存和互动。四个维度并非仅有简单的线性关系，它们同时开始，但却未必同步，存在交融与渗透，有时难以认定谁先谁后，四者会有重叠，亦会出现不同的序次。

经济整合是指流动人口在流入地经济结构方面面临的挑战，即在劳动就业、职业声望、经济收入、社会福利、教育培训、居住环境等方面以目的地人群为参照对象的融入情况。

文化接纳，即流动者对流入地的语言、文化、风土人情、社会理念的了解和认可程度。它包含文化了解、语言能力、语言实践、各种价值观念（如婚姻观念、生育观念、教育理念、健康理念）等多个指标。

行为适应是指流动者不仅在理念上认同而且行为上能够按照流入地认可的规矩和习俗办事，实践着流入地认可的行为规范，言行举止向当地人靠拢。衡量指标有人际交往、社会网络、婚育行为、生活习惯（如衣着打扮、饮食习俗、闲暇方式、消费行为）、社区参与、健康和教育行为、行为失范等。

身份认同是指流动者与本地人和老家人之间的心理距离、归属感及对自己是谁、从何处来、将去往何处的思考及认知，是社会融入的重要指标。身份认同是社会融入的最高境界。

参照上述四个维度，杨菊华将流动人口的社会融入结果提炼为五种模式：隔离型、多元型、融入型、选择型、融合型（如表5-5所示）。

表5-5　流动人口的五种融入模式

模式	经济整合		文化接纳		行为适应		身份认同	
	高	低	高	低	高	低	高	低
隔离型	—	√	—	√	—	√	—	√
多元型	√	—	—	√	—	√	—	√
融入型	√	—	√	—	√	—	√	—
选择型	√	—	—	√	—	√	—	√
融合型	√	—	—	√	—	√	—	√

注："√"表示在这一方面融入的情况。

资料来源：杨菊华著《从隔离、选择融入到融合：流动人口社会融入问题的理论思考》，《人口研究》2009年第1期。

可以看出作者将流动人口社会融合分为了四个维度，进行了框架性陈述，但未进行具体细分。2010年，杨菊华在分析前人的流动人口测量指标的基础上，肯定了前人的发现：社会融入涉及经济、行为、文化、身份、心理等多个维度，每个维度涵盖若干指标，每个指标包含数个变量。价值观念、心理满意度、身份认同感等方面的测量是主观指标，经济融入、行为适应等方面的测量为客观指标。同时也指出了前人的不足：流动人口社会融入的理论不足，不同学者使用的数据、考察的对象、对象所处的环境、关注的重点、对融入概念的界定、同一融入维度的衡量指标等方面存在差异，这使得各个研究之间的可比性受到局限。因此，在上述基础上，杨菊华提出了构建普适性的流动人口社会融入指标体系框架图（杨菊华，2010）。

在上述框架中，作者指出：①某些文化接纳和行为适应指标并无明确的界限，只是前者更重理念，后者更重实践；②指标体系的构建仅考虑融入的结果，不关注融入的原因及过程；③融入状况以流入地具有同等条件的户籍居民为参照对象。

可见，作者对流动人口社会融入进行了框架性分析，但没有给出具体的赋值化的测量方法，不过此指标为今后的研究打下了基础。同时，由于此框架是研究流动人口"社会融入"，而非"社会融合"，而这两者之间存在的差异导致的框架性分析对社会融合的适应性需要后期研究继续完善。

五　流动人口社会融合维度

任远和乔楠认为，流动人口社会融合包括多个方面，同时也具有动态性，所以流动人口社会融合的测量有完全不同的研究方法。作者在前人研究的基础上提出流动人口社会融合的测量是一个复杂的过程，并且总结了前人多维度测量指标（任远、乔楠，2010）。

如前所述，社会融合是一个逐步同化和减少排斥的过程，是对城市未来的主观期望和客观接纳相统一的过程，是本地人口和外来移民相互作用和构建相互关系的过程。因此，任远从以下四个维度来衡量外来移民的社会融合程度。

第一，自我身份的认同，即流动人口对于自己在城市中所扮演角色的定位。研究中用"你是否认为自己是本地人"衡量。Patricia 和 Williams 认为国民身份认同是判断是否实现多民族社会融合的重要尺度，澳大利亚的移民从"白种人"到"具有澳大利亚生活方式的人"的判断标准的转变，促进了多元民族和多元文化的融合（Patricia & Williams，2003）。而在我国，户籍制度对我国居民身份认同具有重要影响，地方政府也客观上将教育、保障等社会福利制度和户籍制度相挂钩，陈丰认为户籍制度作为身份表征阻碍了流动人口对城市生活的融入（牛喜霞、谢建社，2007）。生活方式上的城市化、居民化和地方性认同的强化，是流动人口逐步实现社会融合的关键。

第二，对城市的态度，即流动人口对于城市生活的主观认识与感情。研究中用"你是否希望获得城市户籍"来衡量，是从流动人口本身的视角来反映对融入城市的主观期望。牛喜霞和谢建社通过分析"河南村"的流动人口社会融合，发现不同等级关系的群体对城市的态度不同，"货场主"和"蹬车的人"对城市的认同比较积极，认为城里人有素质，乐于将城市作为长期居留地；而"雇工"和"捡拾者"仅把城市作为赚钱的地方，目标是挣足钱回家盖房子，前者比后者更深地渗透进入城市生活（牛喜霞、谢建社，2007）。

第三，与本地人的互动，指流动人口与本地人口的相互交流和相互交往。研究中用"平时和本地居民相互交往的多少"来衡量。社会联系和交往的发展，本身构成流动人口的社会资本，通过本地居民和流动人口的相互交往的视角，能够反映流动人口融入城市社会的程度。例如，段学芬曾经对天津市的农民工的社会资本进行研究，发现不同年龄、不同在津时间、不同职业的农民工和城市居民做朋友的比例存在非常显著的差异，年龄大、来津时间长和职业地位高的农民工更容易建立和城市居民的联系（段学芬，2007）。

第四，感知的社会态度，指流动人口感受到的城市以及城市居民对他们的态度。研究中用"有没有感受到城市居民对自身的歧视"来衡量，这是从本地居民的视角来反映城市对流动人口的接纳程度。例如，浙江省义乌市推行"外来人口本地化"政策，提倡用开放、包容、平等的理念善待外来人口，极大地促进了外来人口的融入，甚至流动人口的数量已超过常住人口，为经济发展带来重大贡献（吴百花，2007）。

六　农民工社会适应类型与维度

朱力等将农民工社会适应分为三种类型：老一代农民工的"被动性适应"类型、新生代农民工普遍的"半主动性适应"类型、新生代农民工全新的"建构性适应"类型。新生代农民工的"建构性社会适应"是他们通过职业、社会交往、社会认同以及生活方式的主动选择来完成自身的经济适应、社会适应、心理适应和文化适应。经济、社会、心理和文化层面是依次递进的。经济层面的适应是立足城市的基础；社会层面的适应是城市生活的进一步要求，反映的是融入城市生活的广度；心理和文化层面的适应是属于精神上的，反映的是参与城市生活的深度。心理和文化的适应才能使流动人口完全融入于城市社会。作者分析了农民工社会适应的四个维度：经济适应 – 人力资本的提升、社会适应 – 城市社会网络的主动性建构、心理适应 – 对城市的强烈认同、文化适应 – 城市化生活方式认同与实践。但作者从社会适应的角度来分析，并未直接提到社会融合，也未说明下一层级的测量维度（朱力、赵璐璐、邬金刚，2010）。

七　农民工城市融合的多层次模型

黄匡时、嘎日达在肯定前人对农民工城市融合的理论研究基础上，也指出了研究存在的不足：一是主观融合和客观融合混淆使用；二是没有区分个体层次和群体层次；三是指标不统一，缺乏横向和纵向的可比性；四是农民工城市融合指标未指数化，导致研究难以做结论。因此，作者借鉴欧盟社会融合指标和移民整合指数，基于我国国情，探索了我国农民工城市融合度评价指标体系，从城市层面和个体层面推出了农民工城市融合的多层次模型（黄匡时、嘎日达，2010）。农民工城市融合的多层次模型如图5 – 2所示。

	职业声望	类型、层次、转换、升迁机会
	工作环境	每周工作天数、小时、条件、强度
经济融合（显性客观）	收入水平	收入水平、工资发放状况
	社会保障	三险一金、劳动合同
	居住环境	地点、条件、面积、费用、交通
	教育培训	教育、培训
	人际交往	交往对象、频度、模式、范围
	生活习惯	消费习惯、言行举止、闲暇生活、失范
行为适应（显性客观）	婚育行为	初婚年龄、初育年龄、婚配对象、通婚范围、生育数量、子女的性别选择
	人文举止	鼓励子女与城市孩子交往、送子女到非打工子女学校、关注子女的卫生保健、大力投资子女的教育和发展
	社区参与	参与社区居民活动、与邻居交往、单位职工代表大会、工会、选举、城市管理
文化接纳（隐性主观）	价值观念	饮食、服饰、婚育、丧葬、节庆、娱乐、礼节、禁忌、健康
	人文理念	对子女的教育的认识、态度、期望
身份认同（隐性主观）	心理距离	与目的地人群、与家乡人群的心理距离
	身份认同	城里人、农村人、农民工

（左侧纵标题：农民工城市融合的多层次模型）

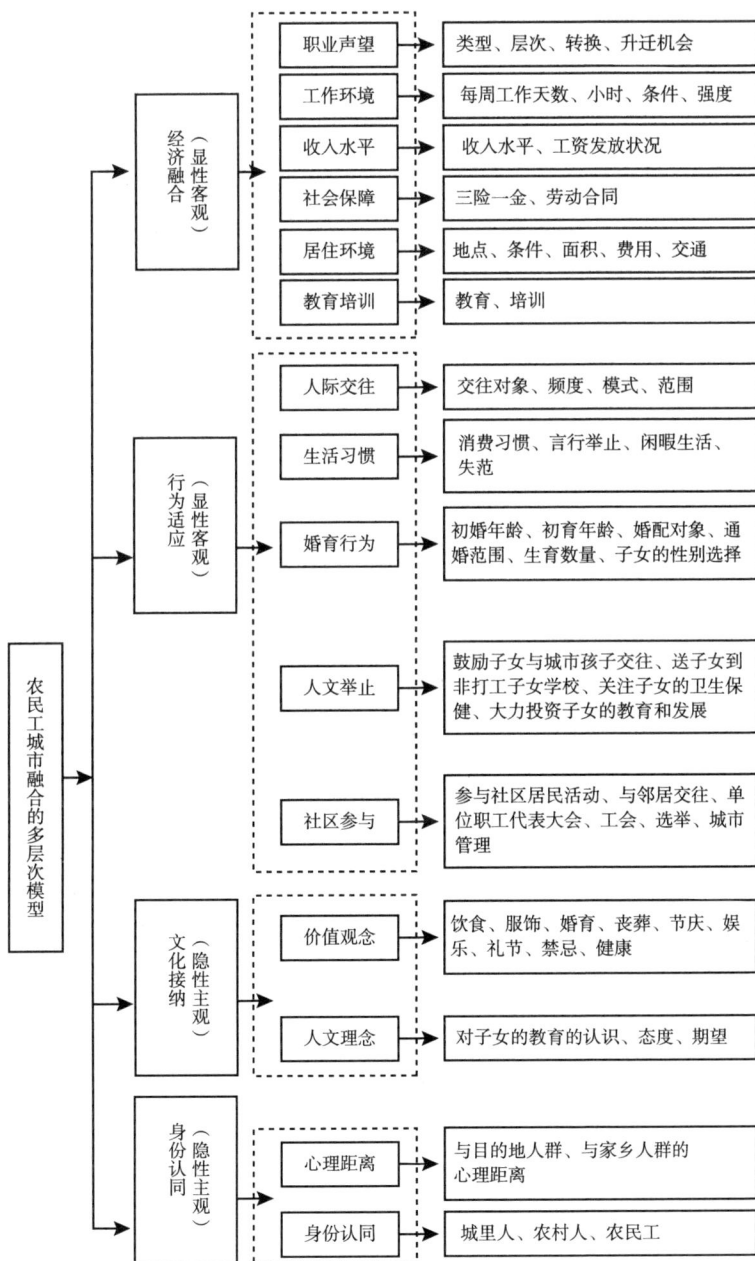

图 5 - 2 农民工城市融合的多层次模型

资料来源：黄匡时、嘎日达著《"农民工城市融合度"评价指标体系研究——对欧盟社会融合指标和移民整合指数的借鉴》，《西部论坛》2010 年第 5 期。

城市层面的城市融合包括政策融合、总体融合两方面：政策融合是从城市与农民工相关的政策角度去测量农民工的城市融合状况，并由此建立"农民工城市融合政策指数"；总体融合是从整个城市农民工总体来评价农民工的城市融合状况，并由此建立"农民工城市融合总体指数"。个体层面主要考察农民工主观融合感受和评价以及农民工客观融合状态，并由此建立"农民工城市融合个体指数"。上述三个指数中，"农民工城市融合政策指数"对政策进行客观评价，不涉及农民工的主观评价：而"农民工城市融合总体指数"和"农民工城市融合个体指数"测量农民工的客观融合状态和主观融合评价，区别在于前者测量对象是农民工总体，而后者是农民工个体。作者还对上述三个指数进行了下一层次细分和具体赋值。

第一，农民工城市融合政策指数。

农民工城市融合政策指数包括劳动力市场政策（含社会保障政策）、子女教育政策、户籍政策、社区参与政策、反歧视政策五大领域。每一政策领域根据准入资格、融合措施、资格安全、相关权利四个维度展开。围绕上述五大政策领域和四个维度，可以建构农民工城市融合政策指数。

表 5 - 6　农民工城市融合政策指数

领域	维度	意义
劳动力市场政策	准入资格	农民工是否在就业行业、工种、人才市场等方面被排斥获得工作，本地人是否存在优先就业领域
	劳动力市场融合措施	政府采取哪些措施帮助农民工适应劳动力市场的需要
	就业安全	农民工在当地就业是否安全，是否会轻易地丧失工作，是否遭到当地劳动力市场的排斥
	就业权利	农民工作为工人有哪些权利，是否享有基本的社会保障和劳动福利
子女教育政策	入学资格	流动儿童是否可以进入当地的公立学校就读，如果可以是否需要相关资格或者其他额外条件
	子女教育融合措施	政府采取了哪些措施帮助留守儿童融入当地教育系统

续表

领域	维度	意义
子女教育政策	受教育安全	流动儿童在当地入学是否安全,是否会轻易地丧失公立学校就读的机会
	受教育权利	流动儿童进入公立学校入学后在评优等方面的权利是否和本地儿童一样
户籍政策	入籍资格	农民工多长时间可以入籍,他们的孩子是否一出生就可以入籍,或者说农民工是否可以入籍
	获得条件	入籍是否需要限制性条件
	身份的安全	入籍后的农民工是否会轻易丧失当地户籍,哪些人可以享受终身入籍
	入籍后的权利	农民工加入当地户籍后享受的权利有哪些
社区参与政策	参与资格	农民工是否被所在社区排斥
	获得条件社区参与的安全	农民工参与社区需要哪些条件,农民工在社区是否安全,融入社区后是否可以持久,是否很容易被社区排斥
	社区权利	农民工参与社区享受哪些权利
反歧视政策	定义和概念	基于户籍及与户籍相关的特征的歧视是否受到惩罚
	适用领域	《反歧视法》适用于就业和生活的哪些领域
	实施	受害者是否可以提起诉讼,有哪些诉讼渠道
	平等政策	平等机构、国家和地方政府充当什么角色

资料来源:黄匡时、嘎日达著《"农民工城市融合度"评价指标体系研究——对欧盟社会融合指标和移民整合指数的借鉴》,《西部论坛》2010年第5期。

在赋值上,政策指标体系的每一政策指标可根据一定标准赋值,如可根据最不赞成、不赞成、赞成分别赋予1分、2分、3分。赋值结果包括总分值和指数值。总分值是所有指标结果的平均数,可以反映某一城市(同样适应于省份和国家层面)的农民工城市融合政策的赞成程度。1~1.25分表示城市的整体政策属于不赞成农民工融合,1.25~1.75分属于轻度不赞成,1.75~2.25分属于不是很赞成,2.25~2.75分属于轻度赞成,2.72~3分属于赞成。指数值是将每个政策领域的值(1~3分)标准化为以某一数字(如以全国的平均数为100)为基础的值,这样可以用于城市之间的比较。

如劳动力市场政策的值是 107.5，则说明在劳动力市场政策上对农民工融合的赞成超出了全国平均数值。

第二，农民工城市融合总体指数。

农民工城市融合总体指数由主要维度、子维度、具体指标 3 部分构成，如表 5 - 7 所示。其中，经济融合、制度融合、社区融合、社会保护四个维度属于客观指标；社会接纳是主观指标。作者认为，也可对各指标进行赋值，算出总分值和指数值。农民工城市融合总体指数 = 客观指标汇总值 × 80% + 主观指标汇总值 ×20%。

表 5 - 7　农民工城市融合总体指数

主要维度	子维度	具体指标
经济融合	劳动力市场融合	求职渠道分布、平均月工资、平均日劳动时间、职业培训次数和培训覆盖面
	劳动保护	劳动合同签订率、失业保险参保率、养老保险参保率、医疗保险参保率
	住房融合	平均住房面积、租房率、卖房率
制度融合	户籍融合	入籍率
	子女教育融合	适龄流动儿童入学率、适龄流动儿童公办学校入学率
社区融合	获取服务	接受社区服务站的服务次数和频率
	自我管理	办证率、社区农民工组织参与率
	参与社区服务和管理	参与社区选举或被选举的年度总次数和参与率、参加社区文体娱乐活动年度总次数和参与率、参加社区管理活动年度总次数和参与率、参加社区志愿者活动年度总次数和参与率、参与社区募捐活动总次数及总金额和比重
社会保护	—	城市居民最低生活费保障覆盖率、社会救助、慈善救助
社会接纳	—	本地人对农民工的友好程度和总体评价

资料来源：黄匡时、嘎日达著《"农民工城市融合度"评价指标体系研究——对欧盟社会融合指标和移民整合指数的借鉴》，《西部论坛》2010 年第 5 期。

第三，农民工城市融合个体指数。

农民工城市融合个体指数如表 5 - 8 所示。除心理和文化融合属于主观融合评价外，其他五个维度都既有主观指标又有客观指标。作者认为，也可对各指标进行赋值，算出总分值和指数值。农民工城市融合个体指数 = 客观指标汇总值 × 80% + 主观指标汇总值 × 20%。

表 5 - 8　农民工城市融合个体指数

主要维度	子维度	参考指标	
		主观融合评价指标	客观融合评价指标
经济融合	劳动力市场融合	就业环境满意度、就业机会评价、劳动报酬满意度、工作时间满意度、职业安全评价、职业培训重要性、职业满意度、职业稳定程度、参与职业培训愿望	工作状态(工作还是正在找工作)、平均月工资、平均日劳动时间、职业培训次数和培训次数
	劳动保护	社会保险参保愿望和重要性评价、劳动合同重要性、对工会组织和党团组织的知晓度和参与积极性	劳动合同签订状态、失业保险参保状态、养老保险参保状态、医疗保险参保状态
	住房融合	买房愿望、住房满意度、租房愿望、居住条件评价	住房面积、居住状态(租房还是买房)
制度融合	户籍融合	迁移意愿、入籍愿望	是否有当地户籍
	子女教育融合	子女教育满意度和期望	子女就读学校(公立还是私立)
社区融合	获取服务	对服务站的服务知晓度和满意度、获取服务的积极性	是否获取过相关服务
	自我管理	办理证件的主动性、对农民工自我管理组织的参与度	是否办理过相关证件、是否参与相关组织
	参与社会服务和管理	参与社区服务和管理(选举、社交活动、文体娱乐活动、治安巡逻、志愿者活动、募捐活动)的愿望和期待	是否参与过社区服务和管理、参与次数
社会关系融合	同群关系	工友关系、朋友关系、家庭团聚状况和愿望	在当地城市的朋友数量、亲人数量、是否属于家庭式迁移
	异群关系	和本地人关系、邻里关系、困难互助状况	本地朋友数量、困难时是否求助当地人
社会保护	—	对当地城市针对农民工的社会保护、社会救助等措施的满意度	是否享受过当地城市提供的相关社会保护(比如城市居民最低生活费、捐款、资助等相关救助)

主要维度	子维度	参考指标	
		主观融合评价指标	客观融合评价指标
心理和文化融合	身份认同	身份认同程度(本地人还是外地人)	—
	文化适应	本地语言掌握程度、熟悉本地风俗程度、接受本地文化价值程度	—
	城市评价	对所在城市的感受和评价、对本地人评价	—

资料来源：黄匡时、嘎日达著《"农民工城市融合度"评价指标体系研究——对欧盟社会融合指标和移民整合指数的借鉴》，《西部论坛》2010年第5期。

文章对农民工城市融合从多个层次进行了测量，较为全面，这也是前人研究所没有考虑到的。指标体系采用指数分析法将为数众多、难以掌控的条目缩减成为数不多、便于把握的一个或几个指数，将复杂的体系简明化，这为农民工或流动人口城市融合方面进行更精确的定量分析提供了可能。

八　社会融合测量维度总结

2012年，周皓对已有社会融合测量维度进行了总结（如表5-9所示）。作者提出，社会融合是一个动态的、渐进式的、多维度的、互动的概念。流动人口社会融合的称谓、概念界定、操作化定义等未能取得统一，这导致目前国内对于流动人口社会融合的研究缺乏系统性和可比性。因此，作者提出构建统一的、一致的、与理论相对应的、有效的测量维度和测量指标体系，从而使当下各研究具有可比性（周皓，2012）。

表5-9　已有社会融合测量维度总结

作者与文献年份	测量维度
田凯(1995)	相对稳定的职业、经济收入及社会地位、生活方式、社会交往、社会参与
朱力(2002)	经济、社会、心理和文化层面
风笑天(2004)	经济、心理、环境、生活4个维度（杨菊华的总结）
张继焦(2004)	对城市生活的感受、经济生活、生活方式、社会交往、恋爱婚姻

续表

作者与文献年份	测量维度
杨黎源（2007）	风俗习惯、婚姻关系、工友关系、邻里关系、困难互助、社区管理、定居选择及安全感8个方面
童星、马西恒（2008）	"二元社区"、"敦睦他者"和"同质认同"
张文宏等（2008）	心理、文化、身份和经济
王桂新等（2008）	心理、身份、文化和经济
杨菊华（2009，2010）	经济、文化、行为、身份（提出了具体的测量指标）
郭良春等（2005）	价值观适应、社会生活适应、学习适应
蒋华等（2007）	符号（外表、语言、饮食习惯）、认知与行为（学业成就、行为习惯）、价值理解
王毅杰等（2010）	社会交往与社会认同

资料来源：周皓著《流动人口社会融合的测量及理论思考》，《人口研究》2012年第3期。

　　作者随后提出了流动人口社会融合指标体系的重构。作者将社会融合分为经济融合、文化适应、社会适应、结构融合、身份认同五个维度（如图5-3所示）。经济融合是指迁入人口在迁入地居住并获得一定的经济收入，主要指标有固定的住所及稳定、平等的经济收入。文化适应是迁入人口适应迁入地的社会文化，主要表现在语言、居住时间、外表、饮食等方面。社会适应是迁入人口逐步调整由迁移所带来的心理问题及在迁入地的满意度。结构融合以社会交往与社会分层为重要标志，即流动人口的社会交往群体从迁入人口扩展到本地人口，在社会分层上，流动人口逐步摆脱边缘地位，向中产阶级或更高层次接近。身份认同是指在与本地居民的社会交往与互动过程中，迁移者逐步对自己的身份取得新的认同，且在双向交往过程中取得原居住地居民的认同，最终形成相互认可与接纳的状态，找到共同归属感。作者对上述五个维度的测量考虑到前人未考虑到的简约型原则。如经济融合指标，作者认为，杨菊华对经济融合提出的测量指标较为全面，值得借鉴，但对指标的简约性、代表性及可操作性欠考虑。因此，作者在经济指标包含固定住所及收入的基础上，建议增加职业属性及社会保障状况两个方面。

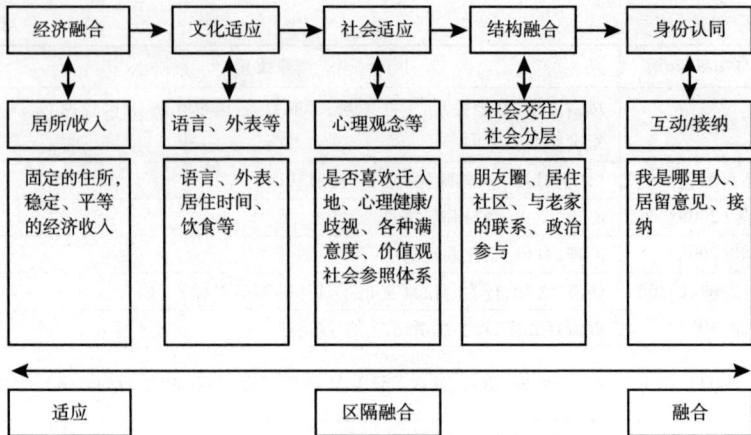

图 5 – 3　社会融合维度及指标

资料来源：周皓著《流动人口社会融合的测量及理论思考》，《人口研究》2012 年第 3 期。

九　农民工阶层与个体的社会融合维度和指标

2014 年，陆自荣通过调查研究，发现了现有研究的不足：在划定融合维度时缺少统一标准，因此无法建构相对统一的融合维度体系。社会融合的宏观、中观、微观理论的关注主题既有清晰界限又具连续性，这要求融合测量指标设计也要兼顾层次性和连续性。因此，作者提出了新的社会融合分类框架：一是融合划分为阶层的制度融合和个体（群体）的心理 – 行为融合两个类型；二是每个类型又包括经济、政治、社区、文化四个领域；三是两个类型和四个领域具有选择性亲和关系，即"制度融合与经济/政治"具有选择性亲和关系、"心理融合与文化/社区"具有选择性亲和关系。最后，陆自荣根据上述框架设计了农民工城市融入的阶层融合指标和个体融合指标（陆自荣、赵亚兰，2014）。

国内外社会融合测量取得了大量成果，总体来说融合测量指标体系已比较成熟，但由于社会融合是一个非常复杂的问题，具有多个维度，不同背景下的社会融合要解决的问题会有所不同，不同背景、不同研究目的下社会融合测量指标选择的侧重点自然具有差异，因此，经验研究中不同的融合维度设计并存具有客观必然性。同时，由于融合测量的复杂性使融合维度设计存在逻辑上的交叉、重叠和遗漏。如"经济""文化""行为""心理"不加说明地任意组合成维度体系，但"经济－文化"（社会系统的两个子系统）和"心理－行为"（"心理－行为－制度"分类体系）属于不同的分类体系，这样就为融合维度设计带来困境：经济融合包括经济制度、个人经济行为、经济行为的动机，文化融合包括文化制度、文化遵守（习俗习惯遵守）、文化心理（文化认同），如果把经济、文化、心理并列组合成一个维度体系，那么，经济动机（文化认同）属于经济融合（文化融合）还是心理融合？问题的关键是维度设计的分类体系的不一致。其中，最重要的分类原则有"社会子系统"原则（据此原则设计"政治－经济－社会－文化"四个维度）和"结构－行动者"原则（据此原则设计"制度－行为－心理"三个维度）。正是两种分类原则下的分类不加说明的任意组合导致维度体系的紊乱。要设计相对完善和穷尽的融合维度或指标，理论上要求或者按照某种分类原则进行设计，或者如果按照两种以上的分类原则设计则要求说明不同分类原则的关系并在此基础上组建新的分类框架（陆自荣，2014）。

两个分类原则的交叉以及不同分类原则下的维度之间的亲和关系为分析农民工城市社会融合指标体系提供了框架。在此，依据"行动者－结构"分类体系确定为两种不同类型的融合：①阶层层面的制度性、政策性融合指标。从经济（涉及阶层利益的制度和政策）和政治（涉及阶层权利的制度和政策）两个领域进行设计，其中经济领域包括劳动力市场、住房、社会保障三个维度，政治领域包括户籍身份、子女教育、政治参与三个维度。制度性融合指标体现社会总体的公平公正。这种公平公正包括两个方面：一是准入资格的平等性（保证形式公平公正），如劳动力市场准入资格、平等购房资格、社会保障和公共服务享有资格、子女教育入学资格、入籍资格、选举和被选举的参与资格等方面的制度性平等；二是政策对弱势群体的帮扶（促进实质公平公正），农民工作为弱势群体在市场机制下往往居于不利地位，因此，即使在法律制度上农民工能享有平等权利，但现实的平等难以实现，对农民工进行适当的帮扶也是促进农民工城市社会融合的主要制度。②个体或群体层面的行为融合、心理融合指标，其指标主要是和个人的行为（状况）、心理（态度）相关的客观或主观指标，涉及经济、政治、社会、文化四个方面，是个体或群体社会融合状况的具体体现。两类融合的具体维度和指标设计如表 5 – 10、表 5 – 11 所示。

表 5 – 10　农民工城市社会融合的阶层融合指标

领域	维度	子维度	指标（观测点）设计的方向
经济（利益）	劳动力市场	准入资格	行业、工种、人才市场等方面制度公平公正
		扶助政策	帮助农民工适应劳动力市场的相关扶持政策
	住房	准入资格	是否具有平等购房、享受保障房的资格
		扶助政策	帮助农民工改善居住条件的扶持政策
	社会保障	准入资格	平等享受社会保障和城市公共服务的制度保障
		扶助政策	帮助农民工获得公共服务实质平等的政策
政治（权利或权力）	户籍身份	准入资格	农民工城市入籍相关制度和政策是否公平公正
	子女教育	准入资格	农民工子女城市就读相关制度是否公平公正
		扶助政策	帮助农民工子女融入城市教育体系的政策
	政治参与	准入资格	保障农民工享有选举和被选举的制度
		扶助政策	促进农民工积极参与城市选举活动的政策

资料来源：陆自荣著《社会融合理论的层次性与融合测量指标的层次性》，《社会科学战线》2014 年第 11 期。

表 5 – 11　农民工城市社会融合的个体融合指标

领域	维度	客观指标（状况与行为）	主观指标（心理与素质）
经济（利益）	劳动力市场和工作环境	就业渠道、就业难易度、劳动时间、职业培训状况、就业环境	就业满意度、工作满意度
	收入和消费模式	收入水平、消费水平	收入满意度、消费意愿
	住房	购房能力、是否有自购房、房屋产权情况、房屋面积	购房意愿、居住满意度
	社会保障	劳动权益维护、"五险一金"享有情况、公共服务的分享	参与社会保险的意愿、分享公共服务的积极主动性

续表

领域	维度	客观指标(状况与行为)	主观指标(心理与素质)
政治 (权利)	户籍身份	是否有当地户籍	入籍愿望
	子女教育	子女是否就读于城市学校、就读的是公立还是私立学校	子女教育满意度和期望
	政治参与	是否具有选举和被选举权、是否积极参与基层选举活动	参与政治选举活动的意愿
社会 (共同体)	社区参与	参与社区选举、文娱等活动的频次和频率、参与社区管理情况	参与社区服务和管理的愿望、积极性和主动性
	社会关系	所在城市朋友数量、亲人数量、原居地朋友数量、困难求助对象	对工友、城市居民交往意愿
文化	自我身份	社会他人对自己身份的判断	自我身份认同(本地人还是外地人)
	文化适应	熟悉本地风俗程度、普通话水平、本地语言掌握程度	接受城市价值观、对所在城市的感受和评价、对本地人的评价、迁入生活城市意愿

资料来源:陆自荣著《社会融合理论的层次性与融合测量指标的层次性》,《社会科学战线》2014 年第 11 期。

上述的设计只是一个粗线条的思路,具体的维度和指标选择还值得进一步思考。如:阶层(制度－政策)指标体系中,文化制度和社区制度是否要列入其中。文化制度和社区制度虽然不是阻碍农民工城市社会融合的主要制度,但部分相关制度也起到了一定阻碍作用。再如:个体(行为－态度)指标中,经济和政治层面的主观指标是次要指标,该类指标一般受制于相应层面的客观指标(就业满意度受制于就业渠道和就业难易度)。新的分类框架中不同维度的指标体系设计有两点必须坚持:一是必须分别就阶层(制度－政策)融合和个体(行为－态度)融合建立相应的指标体系;二是各指标体系在主要层面的设计上必须相对详细和周全,如个体性融合指标体系中,经济行为、政治行为、社区互动、文化心理和行为等层面的指标体系必须纳入其中。

·第六章·
国内流动人口社会融合指标体系

　　通过梳理目前有关国内流动人口社会融合指标体系的研究，我们可以发现，目前我国学术界的研究主要集中在流动人口社会融合指标体系基本公共服务均等化指标体系以及农民工市民化指标体系等几方面，其中流动人口社会融合指标体系又可细分为政策指标体系、个体融入指标体系以及社会包容指标体系。从内容上看，流动人口社会融合指标体系目前已经做出较为细致的研究和探讨，不仅涉及的层面广泛（完全有效地涵盖了所有影响社会融合的层面），而且对指标具体内容深度有一定的把握，在一级指标、二级指标以及对这些指标详细的操作化定义方面许多专家学者做出了大量的努力。

一　流动人口社会融合指标体系汇总

　　流动人口的社会融合问题涉及流动人口个人主观和客观融入、政府支持以及社会支持和包容三个方面，因此，目前的流动人口社会融合指标体系也涵盖政策指标、个体融入指标以及社会包容指标这三个方面的内容。政策指标主要指政府应该从政策、法规以及制度方面对流动人口社会融合提供公平的社会平台，流动人口个体融入指标主要指流动人口个体在能力、心理、文化、经济、社会各方面融入城市社会过程中的一些指标，而社会包容指标则主要指社会从客观角度对流动人口的社会参与的接纳以及从主观角度上对流动人口这一群体的接纳。只有这三者协调一致，并且积极地为流动人口提供一个良好的社会融合环境，流动人口的社会融合才能得以实现。

（一）政策指标汇总

社会融合涉及政府、社会、个人三者之间的关系，对于政府的责任来说，政府的目的是要保证中国的公民一律享有公正平等的权利，因此在政策制定和资源支持上是要保证每一位公民享受到同样的资源。为此政府出台了一系列有关教育、就业、社会保障等方面的政策以实现上述的目的。总结目前我国政府出台的一系列政策法规，可以看出为了保证流动人口社会融合的顺利进行，中国政府在政策制定上有关流动人口的社会融合的主要关注点在于流动人口的劳动力市场和劳动力就业状况、流动人口的社会保障状况、流动人口子女的教育与教育融合状况、流动人口的居住融合状况、流动人口的户籍融合状况、流动人口的社会参与状况、对流动人口的社会保护和人员保护、政府对流动人口的宏观管理、不同社会群体的收入分配（流动人口与本地居民）、流动人口社会融合的平台建设及社会融合试点工作、政府对流动人口的工作机制、政府对流动人口社会融合的机构保障，以及反歧视工作，并为这些维度确立了定义、一级指标和具体测量方法。

其中，劳动力市场的一级指标有劳动力市场准入资格、劳动力市场融合措施、就业安全、就业权利和劳动力保障项目。劳动就业的一级指标有职业培训、求职渠道、单位性质、职业类型、劳动合同、工资收入、劳动合同签订状态、职业声望、工作环境、创业支持和条件、就业机会、劳动保护、用工奖励、职业稳定程度和监督企业用工行为。社会保障的一级指标有养老保险参保率、医疗保险参保率、工伤保险参保率、住房保险参保率、生育保险覆盖率、参保平等状况、新型农村合作医疗覆盖率、城镇职工基本医疗保险覆盖率、城镇居民基本医疗保险覆盖率。子女教育的一级指标包括学前教育参与率、义务教育入学率、拓展教育入学率、公立学校就学率、活动参与。
子女教育融合的一级指标有适龄儿童入学率、适龄流动儿童公办学校接受义
务教育的比重、适龄流动人口子女公办普高接受教育比重、入学资格、子女
教育融合措施、受教育安全、受教育权利、流动儿童公办幼儿园接受教育比
重、免费教育项目。居住融合的一级指标有租赁各类保障性住房的平等机会
和权利。户籍融合的一级指标包括户籍门槛资格、获得条件、获得荣誉称号
人员落户、身份的安全、入籍后的权利、居住类型、入籍率、居住证制度。
社会参与的一级指标有政治参与、社会服务办证率、选举评先活动状况、提
供地方文化培训。社会保护的一级指标有城市居民最低生活费保障覆盖率、
提供社会救助的次数和频率、提供慈善救助的次数和频率、当地城市针对农
民工的社会保护的次数和频率、维权关爱。政府宏观管理的一级指标有人均
GDP、人均工资、经济适用房建筑面积、公共服务支出、社会保障支出、户
籍制度、就业制度、教育培训制度、社会保障制度、政府扶持与帮助、企业
的支持与帮助、第三方组织的关注与参与。收入分配的一级指标有贫困持续性、
相对贫困差异、地区层次就业率、长期性事业。反歧视的一级指标包括反歧视
的界定、适用领域、实施、平等政策。社会融合试点工作的一级指标包括成立
流动人口卫生计生社会融合工作领导小组及办公室、将流动人口社会融合工作
所需经费纳入本级财政预算予以保障、建立流动人口社会融合工作平台、创建
"促进流动人口社会融合示范街道"试点、将流动人口卫生和计划生育所需经费
纳入当地财政预算予以保障、将社会融合示范试点工作纳入有关部门的年度卫
生、计划生育目标责任制考核。经济变量的一级指标包括城市人均 GDP、城镇
居民人均可支配收入、城镇人均可支配收入与流动人口收入差、第三产业的就
业比重、住房价格水平。社会融合行政工作的一级指标有平台建设、部门协调
与合作、工作机制、机构保障、人员保障。平台建设的具体内容有统筹管理平
台建设，部门协调与合作的具体内容有信息共享与全覆盖，工作机制的具体内
容包括政府主导、政策引导、部门联动，机构保障的具体内容有综合示范社区
建设、工业园区计生服务阵地、"一站式"流动人口计生便民服务大厅、流动人

口文化活动中心，人员保障的具体内容有社会融合试点工作领导小组。

这些测量维度的一级指标、定义和具体的测量变量可见表 6 - 1 至表 6 - 13。

1. 劳动力市场

劳动力市场的一级指标有劳动力市场准入资格、劳动力市场融合措施、就业安全、就业权利和劳动力保障项目。劳动力市场准入资格是指进入劳动力市场的门槛（与户籍人口的差异），劳动力市场融合措施的含义是促进融入劳动力市场的方法，就业安全的含义是工作不危险、工作的稳定性，就业权利是指流动人口在就业过程中可以行使的一些权利（来保护自己），劳动力保障项目是指为流动人口提供的劳动保障政策/项目。具体测量变量请见表 6 - 1。

表 6 - 1　劳动力市场维度的测量

一级指标	定义	测量变量
劳动力市场准入资格	进入劳动力市场的门槛（与户籍人口的差异）	流动人口进入劳动力市场需要的条件、劳动力人口进入就业行业和工种、人才市场等方面被排斥的情况、本地人优先就业的领域种类
劳动力市场融合措施	促进融入劳动力市场的方法	政府帮助流动人口适应劳动力市场而采取的措施
就业安全	工作不危险、工作的稳定性	流动人口在当地就业的安全度/危险性
就业权利	就业过程中可以行使的一些权利（来保护自己）	流动人口工作中享有的权利种类
劳动力保障项目	为流动人口提供的劳动保障政策/项目	—

资料来源：表 6 - 1 至表 7 - 1 均改编自国家卫计委流动人口服务中心于 2016 年 1 月编写的《国内外流动人口社会融合理论及指标体系研究综述》一书，此书为内部资料。以下不予以赘述。

2. 劳动就业

劳动就业的一级指标有职业培训、求职渠道、单位性质、职业类型、劳动合同、工资收入、劳动合同签订状态、职业声望、工作环境、创业支持和条件、就业机会、劳动保护、用工奖励、职业稳定程度和监督企业用工行为。其中，职业培训是指提供职业方面的培训（有助于流动人口职业顺利发展），是否提供了培训，培训的内容是什么？求职渠道是指找工作的途径，单位的性质是指单位的种类（如政府机关、事业单位、企业等），职业的类型是指职业性质（如技术人员、行政人员、个体户等），劳动合同是指劳动合同的内容，工资收入是指月收入是多少，劳动合同签订状态是指是否签订了劳动合同，签订的时间是何时？职业声望是指职业受人尊重的程度，职业美誉度，工作环境是指工作环境安全度、舒适度，创业支持和条件是指创业政策、资金支持，开展创业需要的要求，就业机会是指平等的就业权利（如行业、职业、市场雇佣），劳动保护是指平等的劳动保护（如工作时间、环境、特殊行业），用工奖励是指用工奖励的措施，职业稳定度是指每一份工作平均的工作时间，换工作的次数/频率，监督用工行为是指监督企业用工行为，保证合法化合理化。具体测量变量请见表 6 - 2。

表 6 - 2　劳动就业维度的测量

一级指标	定义	测量变量
职业培训	提供职业方面的培训（有助于流动人口职业顺利发展），是否提供了培训，培训的内容是什么	是否给流动人口提供职业培训、提供职业培训的种类、形式
求职渠道	找工作的途径	为流动人口提供哪些找工作的渠道
单位性质	单位的种类（如政府机关、事业单位、企业等）	单位的性质（如政府机关、事业单位、企业、自营等）
职业类型	职业性质（如技术人员、行政人员、个体户等）	职业性质（如技术人员、行政人员、个体户等）
劳动合同	劳动合同的内容	是否签订劳动合同
工资收入	月收入是多少	月工资额度
劳动合同签订状态	是否签订了劳动合同，签订的时间是何时	是否签订劳动合同、劳动合同签订时间、劳动合同包含的内容、与工作单位签订何种劳动合同
职业声望	职业受人尊重的程度，职业美誉度	职业收入尊敬的程度、职业美誉度
工作环境	工作环境安全度、舒适度	工作环境安全度、工作环境舒适度、人际关系情况

续表

一级指标	定义	测量变量
创业支持和条件	创业政策、资金支持,开展创业需要的要求	国家对创业的支持政策、现阶段进行创业的有利条件
就业机会	平等的就业权利(如行业、职业、市场雇佣)	就业机会的多少、享有就业权利(行业、职业、市场雇佣)的情况
劳动保护	平等的劳动保护(如工作时间、环境、特殊行业)	享有劳动保护(工作时间、环境、特殊行业)的情况
用工奖励	—	用工奖励的措施
职业稳定程度	每一份工作平均的工作时间,换工作的次数/频率	每一份工作平均的工作时间长度、换工作的次数/频率、目前这份工作的工作时间长度
监督企业用工行为	—	监督企业用工行为(保证合法化合理化)

3. 社会保障

社会保障的一级指标有养老保险参保率、医疗保险参保率、工伤保险参保率、住房保险参保率、生育保险覆盖、参保平等状况、新型农村合作医疗覆盖率、城镇职工基本医疗保险覆盖率、城镇居民基本医疗保险覆盖率。其中,养老保险参保率是指参加养老保险的人数占应该参加养老保险的总人数的比例,医疗保险参保率是指参加医疗保险的人数占应该参加医疗保险的总人数的比例,工伤保险参保率是指参加工伤保险的人数占应该参加工伤保险的总人数的比例,住房保险参保率是指参加住房保险的人数占应该参加住房保险的总人数的比例,生育保险覆盖率是指参加生育保险的人数占应该参加生育保险的总人数的比例,参保平等状况是指与户籍人口参保资格是否一致,新型农村合作医疗覆盖率是指参加新型合作医疗的人数占应该参加新型农村合作医疗的总人数的比例,城镇职工基本医疗保险覆盖率是指参加城镇职工基本医疗保险的人数占应该参加城镇职工基本医疗保险的总人数的比例,城镇居民基本医疗保险覆盖率是指参加城镇居民基本医疗保险的人数占应该参加城镇居民基本医疗保险的总人数的比例。具体测量变量请见表6-3。

表 6 – 3　社会保障维度的测量

一级指标	定义	测量变量
养老保险参保率	参加养老保险的人数占应该参加养老保险的总人数的比例	参加养老保险的流动人口人数占应该参加养老保险的流动人口总人数的比例
医疗保险参保率	参加医疗保险的人数占应该参加医疗保险的总人数的比例	参加医疗保险的流动人口人数占应该参加医疗保险的流动人口总人数的比例
工伤保险参保率	参加工伤保险的人数占应该参加工伤保险的总人数的比例	参加工伤保险的流动人口人数占应该参加工伤保险的流动人口总人数的比例
住房保险参保率	参加住房保险的人数占应该参加住房保险的总人数的比例	参加住房保险的流动人口人数占应该参加住房保险的流动人口总人数的比例
生育保险覆盖率	参加生育保险的人数占应该参加生育保险的总人数的比例	参加生育保险的流动人口人数占应该参加生育保险的流动人口总人数的比例
参保平等状况	与户籍人口参保资格是否一致	流动人口与户籍人口参保资格是否一致、流动人口平等参保的条件
新型农村合作医疗覆盖率	参加新型农村合作医疗的人数占应该参加新型农村合作医疗的总人数的比例	参加新型农村合作医疗的流动人口人数占应该参加新型农村合作医疗的流动人口总人数的比例
城镇职工基本医疗保险覆盖率	参加城镇职工基本医疗保险人数占应该参加城镇职工基本医疗保险的总人数的比例	参加城镇职工基本医疗保险的流动人口人数占应该参加城镇职工基本医疗保险的流动人口总人数的比例
城镇居民基本医疗保险覆盖率	参加城镇居民基本医疗保险人数占应该参加城镇居民基本医疗保险的总人数的比例	参加城镇居民基本医疗保险的流动人口人数占应该参加城镇居民基本医疗保险的流动人口总人数的比例

4. 子女教育

　　子女教育的一级指标包括学前教育参与率、义务教育入学率、拓展教育入学率、公立学校就学率、活动参与。其中学前教育参与率是指接受学前教育的人数占应该接受学前教育的总人数的比例，义务教育入学率是指接受义务教育的人数占应该接受义务教育的总人数的比例，拓展教育入学率是指接受拓展教育的人数占应该接受拓展教育的总人数的比例，公立学校就学率是指参加公立学校的人数占应该参加公立学校的总人数的比例，活动参与是指平等地参与各种校内外的活动，以及参加各类活动的次数、频率、条件、障碍等。具体测量变量请见表6－4。

表6－4　子女教育维度的测量

一级指标	定义	测量变量
学前教育参与率	接受学前教育的人数占应该接受学前教育的总人数的比例	接受学前教育的流动人口人数占应该接受学前教育的流动人口总人数的比例
义务教育入学率	接受义务教育的人数占应该接受义务教育的总人数的比例	接受义务教育的流动人口人数占应该接受义务教育的流动人口总人数的比例
拓展教育入学率	接受拓展教育的人数占应该接受拓展教育的总人数的比例	接受拓展教育的流动人口人数占应该接受拓展教育的流动人口总人数的比例
公立学校就学率	参加公立学校的人数占应该参加公立学校的总人数的比例	参加公立学校的流动人口人数占应该参加公立学校的流动人口总人数的比例
活动参与	平等地参与各种校内外活动，以及参加各类活动的次数、频率、条件、障碍等	流动人口参加校内外活动的条件、流动人口能否平等地参加校内外活动

5. 子女教育融合

　　子女教育融合的一级指标有适龄儿童入学率、适龄流动儿童公办学校接受义务教育的比重、适龄流动人口子女公办普高接受教育比重、入学资格、子女教育融合措施、受教育安全、受教育权利、流动儿童公办幼儿园接受教育比重、免费教育项目。适龄儿童入学率是指适龄儿童入学的人数占适龄儿童总数量的比例，适龄流动儿童公办学校接受义务教育的比重是指适龄流动儿童接受公办学校义务教育的人数占适龄流动儿童接受义务教育的总人数的比例，适龄流动人口子女公办普高接受教育的比重是指适龄流动人口子女接受普高教育的人数占适龄流动人口子女接受普高教育的总人数的比例，入学资格是指入学的门槛和条件，子女教育融合措施是指促进子女社会融合的办法，受教育安全是指接受教育的安全程度，受教育权利是指接受教育方面享有的权利，流动儿童公办幼儿园接受教育比重是指流动儿童在公办幼儿园接受教育的人数占流动儿童接受幼儿园教育的总人数的比例，免费教育项目是指为流动人口子女提供的免费教育项目的政策规定、种类。具体测量变量请见表6－5。

表6-5　子女教育融合维度的测量

一级指标	定义	测量变量
适龄儿童入学率	适龄儿童入学的人数占适龄儿童总人数的比例	适龄儿童入学的流动人口人数占适龄儿童流动人口总人数的比例
适龄流动儿童公办学校接受义务教育的比重	适龄流动儿童接受公办学校义务教育的人数占适龄流动儿童接受义务教育的总人数的比例	适龄流动儿童接受公办学校义务教育的人数占应该接受义务教育的流动儿童总人数的比例
适龄流动人口子女公办普高接受教育的比重	适龄流动人口子女接受公办普高教育的人数占适龄流动人口子女接受普高教育的总人数的比例	适龄流动人口子女接受公办普高接受教育的人数占应该接受公办普高教育的流动人口子女总人数的比例
入学资格	入学的门槛和条件	流动儿童是否可以进入当地的公立学校就读、流动儿童进入公立学校就读的条件
子女教育融合措施	促进子女社会融合的方法	政府采取的帮助流动儿童融入当地教育系统的措施
受教育安全	接受教育的安全程度	流动儿童在当地入学是否安全、流动儿童是否会轻易地丧失公立学校就读的机会
受教育权利	接受教育方面享有的权利	流动儿童进入公立学校所享有的权利
流动儿童公办幼儿园接受教育比重	流动儿童在公办幼儿园接受教育的人数占流动儿童接受幼儿园教育的总人数的比例	流动儿童接受公办幼儿园教育的人数占应该接受公办幼儿园教育的流动儿童总人数的比例
免费教育项目	—	为流动人口子女提供的免费教育项目的政策规定、种类

6. 户籍融合

户籍融合的一级指标包括户籍门槛资格、获得条件、获得荣誉称号人员落户、身份的安全、入籍后的权利、居住类型、入籍率、居住证制度。其中，户籍门槛资格是指获得户籍的条件，获得条件是指流动人口入籍需要哪些条件，获得荣誉称号人员落户是指获得荣誉称号人员落户的条件/门槛，身份的安全是指获得户籍后的认可度、户籍的稳定度，入籍后的权利是指获得户籍后享有的权利，居住类型是指继续待在流入地的身份类型，入籍率是指获得户籍的人数占流动人口的总人数的比例，居住证制度是指居住证获得的条件、权利、稳定性等。具体测量变量请见表6-6。

表 6－6　户籍融合维度的测量

一级指标	定义	测量变量
户籍门槛	获得户籍的条件	流动人口是否可以入籍,若可以,多长时间可以入籍
获得条件	获得条件	流动人口入籍需要哪些条件
获得荣誉称号人员落户	获得荣誉称号人员落户	获得荣誉称号人员落户的条件/门槛
身份的安全	获得户籍后的认可度、户籍的稳定度	流动人口户籍的稳定度,入籍后是否会轻易丧失当地户籍
入籍后的权利	获得户籍后享有的权利	农民工加入当地户籍后享受的权利
居留类型	继续待在流入地的身份类型	流动人口待在流入地的身份类型(常住、暂住、入籍等)
入籍率	获得户籍的人数占流动人口的总人数的比例	获得户籍的流动人口人数占流动人口的总人数的比例
居住证制度	居住证制度	居住证制度获得的条件,获得了居住证制度后享有的权利,居住证的稳定性

7. 社会参与

社会参与的一级指标有政治参与、社会服务办证率、选举评先活动状况、提供地方文化培训。政治参与是指政治参与率和参与的形式等,社会服务办证率是指社会服务办证了的人数占接受社会服务的流动人口的总人数的比例,选举评先活动的情况是指选举评先活动的总人数、参与的人数、评选上了的人数,提供地方文化培训是指提供流入地地方文化培训的措施、次数和参与率。具体测量变量请见表 6－7。

表 6－7　社会参与维度的测量

一级指标	定义	测量变量
政治参与	政治参与率和参与的形式等	政治参与的门槛、政治参与的形式、政治参与率
社会服务办证率	社会服务办证了的人数占接受社会服务的流动人口的总人数的比例	社会服务办证了的流动人口占接受社会服务的流动人口的总人数的比例
选举评先活动状况	选举评先活动的总人数、参与的人数、评选上了的人数	参与选举评先活动的人员资格、赢得选举评先活动的人员情况、选举评先活动人员的参与率、举办的次数/频率
提供地方文化培训	提供地方文化培训的形式和力度	提供流入地地方文化培训的措施、提供流入地地方文化培训的次数、提供流入地地方文化培训的参与率

8. 社会保护

社会保护的一级指标有城市居民最低生活费保障覆盖率、提供社会救助的次数和频率、提供慈善救助的次数和频率、当地城市针对农民工社会保护的次数和频率、维权关爱。城市居民最低生活费保障覆盖率是指领取了城市居民最低生活保障费的人数占流动人口总人数的比例，提供社会救助的次数和频率是指接受社会救助的次数，提供慈善救助的次数和频率是指接受慈善救助的次数，当地城市针对农民工社会保护的次数和频率是指当地城市针对农民工的社会保护和多久一次针对农民工进行保护，维权关爱是指针对流动人口采取的维权关爱措施。具体测量变量请见表6-8。

表6-8　社会保护维度的测量

一级指标	定义	测量变量
城市居民最低生活费保障覆盖率	领取了城市居民最低生活保障费的人数占流动人口总人数的比例	领取了城市居民最低生活保障费的流动人口人数占流动人口总人数的比例
提供社会救助的次数和频率	接受社会救助的次数占提供社会救助总次数的比例	接受社会救助的次数、多久提供一次社会救助
提供慈善救助的次数和频率	接受慈善救助的次数占提供慈善救助总次数的比例	接受慈善救助的次数、多久提供一次慈善救助
当地城市针对农民工社会保护的次数和频率	当地城市针对农民工社会保护的次数	当地城市针对农民工社会保护、多久一次针对农民工进行社会保护
维权关爱	针对流动人采取的维权关爱措施	—

9. 政府宏观管理

政府宏观管理的一级指标有人均GDP、人均工资、经济适用房建筑面积、公共服务支出、社会保障支出、户籍制度、就业制度、教育培训制度、社会保障制度、政府扶持与帮助、企业的支持与帮助、第三方组织的关注与参与。具体测量变量请见表6-9。

表 6 - 9　政府宏观管理维度的测量

一级指标	定义	测量变量
人均 GDP	人均 GDP	流动人口人均 GDP
人均工资	人均工资（包括以月、年为计算单位）	流动人口人均工资
经济适用房建筑面积	经济适用房建筑面积 = 有效面积 + 结构面积 = 使用面积 + 辅助面积 + 结构面积 = 结构面积 + 辅助面积 + 套内使用面积	流动人口人均建筑面积占总的经济适用房建筑面积的比例
公共服务支出	公共服务支出	每年流动人口公共服务的支出
社会保障支出	社会保障支出	每年流动人口社会保障支出
户籍制度	与户籍准入、户籍管理、户籍权利相关的制度	与流动人口户籍准入、户籍管理、户籍权利相关的制度
就业制度	与就业管理、就业培训、就业条件等相关的制度	与流动人口就业管理、就业培训、就业条件等相关的制度
教育培训制度	教育培训制度	流动人口教育培训相关的制度
社会保障制度	社会保障制度（包括多种保险、多种保障）	针对流动人口的社会保障制度（包括多种保险、多种保障）
政府扶持与帮助	政府的扶持与帮助措施	政府对流动人口的扶持与帮助措施
企业的支持与帮助	企业的支持与帮助措施	企业对流动人口的支持与帮助措施
第三方组织的关注与参与	联合活动、政府购买服务	政府与第三方组织的联合活动情况、政府购买服务情况

10. 收入分配

收入分配的一级指标有贫困持续性、相对贫困差异、地区层次就业率、长期性事业。贫困持续性是指贫困的持续时间，相对贫困差异是指相对贫困的人数、相对贫困的差距量，地区层次就业率是指地区不同层次的就业人数占 16 岁以上的总人口数的比例，长期性事业指的是事业的稳定性，即一份事业平均持续的时间。具体测量变量请见表 6 - 10。

表6-10　收入分配维度的测量

一级指标	定义	测量变量
贫困持续性	贫困的持续时间	对贫困持续性的定义、整体的流动人口贫困持续性的情况
相对贫困差异	相对贫困的人数、相对贫困的差距量	对相对贫苦的定义、相对贫困流动人口的人数、相对贫困的差距
地区层次就业率	地区不同层次的就业人数占16岁以上的总人口数的比例	不同层次的城市的流动人口就业率
长期性事业	事业的稳定性、一份事业平均持续的时间	对长期性事业的定义、长期性事业的存在情况

11. 反歧视

反歧视的一级指标包括反歧视的界定、适用领域、实施、平等政策。反歧视的界定是指对什么是反歧视的界定，适用领域是指反歧视在哪些领域是适用的，实施是指反歧视是如何实施和贯彻的，平等政策是指有哪些反歧视的促进平等的政策。具体测量变量请见表6-11。

表6-11　反歧视维度的测量

一级指标	定义	测量变量
界定	什么是反歧视	对户籍及与户籍相关的特征的歧视的惩罚情况
适用领域	反歧视在哪些领域是适用的	反歧视适用于就业和生活的哪些领域
实施	反歧视是如何实施和贯彻的	遭受歧视的流动人口受害者是否可以提起诉讼、诉讼渠道有哪些
平等政策	有哪些反歧视的促进平等的政策	有哪些促进平等的政策和平等机构、国家和地方政府在反歧视中充当的角色

12. 社会融合试点工作

社会融合试点工作的一级指标包括成立流动人口卫生计生社会融合工作领导小组及办公室、将流动人口社会融合工作所需经费纳入本级财政预算予以保障、建立流动人口社会融合工作平台、创建"促进流动人口社会融合示范街道"试点、将流动人口卫生和计划生育所需经费纳入当地财政预算予以保障、将社会融合示范试点工作纳入有关部门的年度卫生、计划生育目标责任制考核。具体测量变量请见表6-12。

表6-12　社会融合试点工作维度的测量

一级指标	定义	测量变量
成立流动人口卫生计生社会融合工作领导小组及办公室	成立流动人口卫生计生社会融合工作领导小组及办公室	流动人口卫生计生社会融合工作领导小组及办公室成立情况
将流动人口社会融合工作所需经费纳入本级财政预算予以保障	将流动人口社会融合工作所需经费纳入本级财政预算予以保障	将流动人口社会融合工作所需经费纳入本级财政预算予以保障的情况
建立流动人口社会融合工作平台	建立流动人口社会融合工作平台	流动人口社会融合工作平台建立情况
创建"促进流动人口社会融合示范街道"试点	创建"促进流动人口社会融合示范街道"试点	"促进流动人口社会融合示范街道"试点的创建情况
将流动人口卫生和计划生育工作所需经费纳入当地财政预算予以保障	将流动人口卫生和计划生育工作所需经费纳入当地财政预算予以保障	将流动人口卫生和计划生育工作所需经费纳入当地财政预算予以保障的情况
将社会融合示范试点工作纳入有关部门的年度卫生、计划生育目标责任制考核	将社会融合示范试点工作纳入有关部门的年度卫生、计划生育目标责任制考核	将社会融合示范试点工作纳入有关部门的年度卫生、计划生育目标责任制考核的情况

13. 社会融合行政工作

社会融合行政工作的一级指标有平台建设、部门协调与合作、工作机制、机构保障、人员保障。平台建设的具体内容有统筹管理平台建设；部门协调与合作的具体内容有信息共享与全覆盖；工作机制的具体内容包括政府主导、政策引导、部门联动；机构保障的具体内容有综合示范社区建设、工业园区计生服务阵地、"一站式"流动人口计生便民服务大厅、流动人口文化活动中心；人员保障的具体内容有社会融合试点工作领导小组。具体测量变量请见表6-13。

表6-13 社会融合行政工作维度的测量

一级指标	具体内容	定义	测量变量
平台建设	统筹管理平台建设	统筹管理平台建设	促进流动人口社会融合的统筹管理平台建设情况
部门协调与合作	信息共享与全覆盖	信息共享与全覆盖	部门之间信息共享情况、部门之间信息覆盖情况
工作机制	政府主导	政府主导	政府主导情况
	政策引导	政策引导	政策引导情况
	部门联动	部门联动	部门联动配合情况
机构保障	综合示范社区建设	综合示范社区建设	综合示范社区建设情况
	工业园区计生服务阵地	工业园区计生服务阵地	工业园区计生服务阵地建设情况
	"一站式"流动人口计生便民服务大厅	"一站式"流动人口计生便民服务大厅	"一站式"流动人口计生便民服务大厅建设情况
	流动人口文化活动中心	流动人口文化活动中心	流动人口文化活动中心建设情况
人员保障	社会融合试点工作领导小组	社会融合试点工作领导小组	社会融合试点工作领导小组建设情况

（二）个体融入指标汇总

流动人口的社会融合过程也是流动人口自身的社会建构过程，与流动人口自身的能力素质、社会处境和文化心理状态密不可分。前两者是流动人口社会融合的客观条件，后者是流动人口社会融合的主观条件，两者共同决定了流动人口社会融合的程度。有关流动人口社会融合的个体融入指标总结如下：流动人口的劳动就业状况、居住融合状况、社区环境、流动人口被本地居民社会接纳状况、流动人口家庭生活安全、流动人口的社会支持力度和社会关系、流动人口对城市的评价、流动人口的价值观、流动人口对城市的文化适应、社会适应、流动人口对自身的身份认同、流动人口的社会参与、流动人口的个人和家庭困难状况、流动人口的社会保护状况。按照前例，我们仍然将这些维度进行操作化定义，并以此建立可以实际测量的一级指标和确立测量变量。

其中，劳动就业的一级指标有家庭经济状况、收入满意度、工作满意度；居住融合的一级指标有平均住房面积、买房率、租房率、买房愿望、租房愿望、居住条件评价；社区环境的一级指标有定居选择、居住环境满意度、公共设施与环境满意度；社区接纳的一级指标有本地人对农民工的友好程度和总体评价；家庭生活安全的一级指标包括收入稳定程度、职业稳定程度、熟悉风俗程度、亲属相伴人数、添置房产意愿、家庭经济状况、家庭消费支出；社会支持的一级指标包括困难互助；社会关系的一级指标有婚姻家庭关系（血缘）、亲属相伴人数、通婚、邻里关系（地缘）、工友关系（业缘）、借贷关系、交友意愿和困难求助对象、朋友关系、家庭团聚状况和愿望、和本地人联系、困难互助情况、与家乡的联系；城市评价的一级指标有对所在城市的感受和评价、对本地人评价、和本地人沟通难易度、社会参与满意度、环境质量满意度、社会治安满意度、社会信任满意度、歧视与偏见行为的感受度和对社区公益活动的参与意愿；价值观的一级指标包括生活方式、行为学习、价值认同、接受本地文化价值程度、未来发展愿望、闲暇活动、价值观念；文化适应的一级指标包括与本地人婚恋情况、本地语言掌握程度、熟悉本地风俗程度、接受本地文化价值程度、主动学习意愿、主动获取信息和闲暇时间利用；社会适应的一级指标有是否想念搬迁前的熟人、是否怀念搬迁前居住的地方、搬迁后生活水平的变化、对家庭收入的满意状况、对经济发展和收入提高的信心、对搬迁后的邻里关系满意状况、对搬迁后的住房满意状况、对安置地的生活习俗是否适应、对搬迁后的生产劳动是否适应；身份认同的一级指标有归属感、政治身份认同、文化身份认同、户籍身份认同、社会经济地位认同、对城市居民的认同、社会距离、迁移愿望和融入城镇愿望；社会参与的一级指标有参加社区志愿者活动年度总次数和参与率、参加社区募捐活动年度总次数及总金额和比重；社会保护的一级指标包括社会救助等措施的满意度；困难状况的一级指标包括在老家的主要困难、一年回过几次老家、在流入地未纳入保险情况、收入变化情况。

这些测量维度的一级指标、定义和具体的测量变量可见表6－14至表6－24。

1. 劳动就业

劳动就业的一级指标有家庭经济状况、收入满意度、工作满意度。家庭经济状况是指家庭经济收入（数额、来源渠道）、支出、相对于社会整体水平的情况，收入满意度是指对收入的满意程度（收入的高低、收入的稳定性、收入的付出与收入比等），工作满意度是对工作的满意程度（工作强度、工作发展空间、工作效益等）。具体测量变量请见表6－14。

表6－14　劳动就业维度的测量

一级指标	定义	测量变量
家庭经济情况	家庭经济收入（数额、来源渠道）、支出、相对于社会整体水平的情况	家庭经济收入（数额、来源渠道）、家庭支出、家庭经济情况相对于社会整体水平的情况
收入满意度	对收入的满意程度	对个人收入的满意度（收入的高低、收入的稳定性、收入的付出与收入比等）
工作满意度	对工作的满意程度	对工作的满意程度（工作强度、工作发展空间、工作效益等）

2. 居住融合

居住融合的一级指标有平均住房面积、买房率、租房率、买房愿望、租房愿望、居住条件评价。平均住房面积是指家庭人均住房面积，买房率是指买房的家庭数占总的家庭数的比例，租房率是指租房的家庭数占总的家庭数的比例，买房愿望是指是否想要买房、意愿的强烈程度、买房的计划和打算，租房愿望是指是否想要租房、意愿的强烈程度、租房的计划和打算，居住条件评价是指对自我/家庭居住条件的评价（条件的好坏、舒适度、满意度、房价或租金）。具体测量变量请见表6－15。

表 6－15　居住融合维度的测量

一级指标	定义	测量变量
平均住房面积	家庭人均住房面积	家庭人均住房面积
买房率	买房的家庭数占总的家庭数的比例	买房的家庭数占总的家庭数的比例
租房率	租房的家庭数占总的家庭数的比例	租房的家庭数占总的家庭数的比例
买房愿望	是否想要买房、意愿的强烈程度、买房的计划和打算	是否想要买房、意愿的强烈程度、买房的计划和打算
租房愿望	是否想要租房、意愿的强烈程度、租房的计划和打算	是否想要租房、意愿的强烈程度、租房的计划和打算
居住条件评价	对自我/家庭居住条件的评价(条件的好坏、舒适度、满意度、房价或租金)	对居住条件的评价(可以分为几等的态度测量)

3. 社区环境

社区环境的一级指标有定居选择、居住环境满意度、公共设施与环境满意度。定居选择是指选择定居会考虑的因素，居住环境满意度是指对居住环境和居住条件的满意程度，公共设施与环境满意度是指对公共设施和周围环境（自然环境、人文环境）的满意程度。具体测量变量请见表 6－16。

表 6－16　社区环境维度的测量

一级指标	定义	测量变量
定居选择	选择定居会考虑的因素	选择定居会考虑的因素、会选择在哪里定居
居住环境满意度	对居住环境和居住条件的满意程度	对居住环境满意度
公共设施与环境满意度	对公共设施和周围环境(自然环境、人文环境)的满意程度	对公共设施与环境的满意度

4. 社会接纳

社会接纳包括流动人口的社区接纳、社会支持、社会参与、社会保护和困难状况。社区接纳的一级指标有本地人对农民工的友好程度和总体评价，社会支持的一级指标是困难互助，社会参与的一级指标有参加社区志愿者活动年度总次数和参与率、参加社区募捐活动年度总次数及总金额和比重，社会保护的一级指标包括社会救助等措施的满意度，困难状况的一级指标包括在老家的主要困难、一年回过几次老家、在流入地未纳入保险情况、收入变化情况。具体测量变量请见表 6 - 17。

表 6 - 17 社会接纳维度的测量

测量维度	一级指标	定义	测量变量
社区接纳	本地人对农民工的友好程度和总体评价	本地人对农民工的友好程度和总体评价	本地人对农民工的友好程度、本地人对农民工的总体评价
社会支持	困难互助	困难时获取支持的渠道、次数、人员	困难时获取支持的渠道、获取支持的次数、困难时的求助对象
社会参与	参加社区志愿者活动年度总次数和参与率	参与率需要在社区层面才能获得数据	参加社区志愿者活动年度总次数、参加社区志愿者活动年度参与率（从个人角度，自己参加的次数占总的举办活动的次数的比例）
	参加社区募捐活动年度总次数及总金额和比重	参加社区募捐活动年度总次数及总金额和比重	参加社区募捐活动年度总次数、参加社区募捐活动年度总金额
社会保护	社会救助等措施的满意度	社会救助等措施的满意度	对社会救助等措施的满意程度
困难状况	在老家的主要困难	在老家的主要困难	在老家的主要困难
	一年回过几次老家	一年回过几次老家	一年回过几次老家
	在流入地未纳入保险情况	在流入地未纳入保险情况	在流入地未纳入保险情况
	收入变化情况	收入变化情况	收入变化情况

5. 家庭生活安全

家庭生活安全的一级指标包括收入稳定程度、职业稳定程度、熟悉风俗程度、亲属相伴人数、添置房产意愿、家庭经济状况、家庭消费支出。其中，收入稳定程度是指收入的稳定性（收入波动变化情况），职业稳定程度是指职业的稳定性（每份职业工作的时间），熟悉风俗程度是指熟悉流入地风俗的程度，亲属相伴人数是指在流入地有相伴的亲属的人数，添置房产意愿是指买房的意愿，家庭经济状况是指家庭经济收入（数额、来源渠道）、支出、相对于社会整体水平的情况，家庭的消费支持是指家庭的支出。具体的测量变量请见表 6-18。

表 6-18 家庭生活安全维度的测量

一级指标	定义	测量变量
收入稳定程度	收入的稳定性(收入波动变化情况)	收入的稳定性(收入波动变化情况)
职业稳定程度	职业的稳定性(每份职业工作的时间)	职业的稳定性(每份职业工作的时间)
熟悉风俗程度	熟悉流入地风俗的程度	熟悉流入地风俗的程度
亲属相伴人数	在流入地有相伴的亲属的人数	在流入地有相伴的亲属的人数
添置房产意愿	买房的意愿	买房的意愿
家庭经济状况	家庭经济收入(数额、来源渠道)、支出、相对于社会整体水平的情况	家庭经济收入(数额、来源渠道)、支出、相对于社会整体水平的情况
家庭消费支出	家庭的支出	家庭的支出

6. 社会关系

社会关系的一级指标有婚姻家庭关系（血缘）、亲属相伴人数、通婚、邻里关系（地缘）、工友关系（业缘）、借贷关系、交友意愿和困难求助对象、朋友关系、家庭团聚状况和愿望、和本地人联系、困难互助情况、与家乡的联系。具体测量变量请见表 6-19。

表 6-19 社会关系维度的测量

一级指标	定义	测量变量
婚姻家庭关系（血缘）	婚姻家庭关系	婚姻家庭关系情况图、婚姻家庭关系和谐情况、婚姻家庭关系在自己困难时可以求助的对象、婚姻家庭关系对自己的帮助情况
亲属相伴人数	亲属的相伴人数	亲属的相伴人数
通婚	与本地人通婚的情况	与本地人通婚的情况
邻里关系（地缘）	邻里关系	与流入地邻里的关系情况、对流入地邻里关系的满意程度
工友关系（业缘）	工友关系	与流入地工友的关系情况、对流入地工友关系的满意程度
借贷关系	是否有借贷、借贷的数额、借贷的对象	是否有借贷、借贷的数额、接待的对象(向谁借贷)

一级指标	定义	测量变量
交友意愿和困难求助对象	交友意愿和困难求助对象	是否愿意和本地人交朋友、意愿有多强
朋友关系	朋友关系情况	与流入地朋友之间关系的和谐情况
家庭团聚状况和愿望	家庭团聚状况和愿望	家庭团聚的次数和频率、家庭团聚的愿望
和本地人联系	和本地人联系情况	与本地人联系的次数和频率、与本地人联系的对象
困难互助状况	困难互助状况	—
与家乡的联系	与家乡的联系程度	外出后与家乡的联系频率、与家乡的联系对象

7. 城市评价

城市评价的一级指标有对所在城市的感受和评价、对本地人评价、和本地人沟通难易度、社会参与满意度、环境质量满意度、社会治安满意度、社会信任满意度、歧视与偏见行为的感受度和对社区公益活动的参与意愿。具体测量变量请见表 6 - 20。

表 6 - 20   城市评价维度的测量

一级指标	定义	测量变量
对所在城市的感受和评价	对所在城市的感受和评价	对所在城市的感受和评价
对本地人的评价	对本地人的评价	对本地人的评价
和本地人沟通难易度	和本地人沟通难易度	和本地人沟通难易度
社会参与满意度	社会参与满意度	对在流入地社会参与的满意度
环境质量满意度	环境质量满意度	对流入地环境质量的满意度
社会治安满意度	社会治安满意度	对流入地社会治安的满意度
社会信任满意度	社会信任满意度	对流入地社会信任的满意度
歧视与偏见行为的感受度	歧视与偏见行为的感受度	对流入地歧视与偏见行为的感受度
对社区公益活动的参与意愿	对社区公益活动的参与意愿	对流入地社区公益活动的参与意愿

8. 价值观

价值观的一级指标包括生活方式、行为学习、价值认同、接受本地文化价值程度、未来发展愿望、闲暇活动、价值观念。具体测量变量请见表 6 - 21。

表 6 - 21　价值观维度的测量

一级指标	定义	测量变量
生活方式	生活方式	生活方式比较抽象,包含的内容也多,如就包含下文的"闲暇活动",是否需要将生活方式细化为不同的方面来进行考量
行为学习	行为学习	—
价值认同	价值认同	—
接受本地文化价值程度	接受本地文化价值程度	接受本地文化价值到什么程度
未来发展愿望	未来发展愿望	未来发展的计划、未来发展的愿望
闲暇活动	闲暇活动	闲暇时间做的活动形式、闲暇时间参加活动的频率
价值观念	价值观念	和前面的"价值认同"有重复的地方,价值观念比较抽象,难以测量,是否需要细分出来,通过不同的维度进行测量

9. 文化适应

文化适应的一级指标包括与本地人婚恋情况、本地语言掌握程度、熟悉本地风俗程度、接受本地文化价值程度、主动学习意愿、主动获取信息和闲暇时间利用。具体测量变量请见表 6 - 22。

表 6 - 22　文化适应维度的测量

一级指标	定义	测量变量
与本地人婚恋情况	与本地人婚恋情况	与本地人婚恋情况
本地语言掌握程度	本地语言掌握程度	对本地语言掌握程度
熟悉本地风俗程度	熟悉本地风俗程度	熟悉本地风俗程度
接受本地文化价值程度	接受本地文化价值程度	接受本地文化价值程度
主动学习意愿	主动学习意愿	主动学习的愿望
主动获取信息	主动获取信息	主动获取信息的意愿
闲暇时间利用	闲暇时间利用	闲暇时间做的事情

10. 社会适应

社会适应的一级指标有是否想念搬迁前的熟人、是否怀念搬迁前居住的地方、搬迁后生活水平的变化、对家庭收入的满意状况、对经济发展和收入提高的信心、对搬迁后的邻里关系满意状况、对搬迁后的住房满意状况、对安置地的生活习俗是否适应、对搬迁后的生产劳动是否适应。具体测量变量请见表 6-23。

表 6-23　社会适应维度的测量

一级指标	定义	测量变量
是否想念搬迁前的熟人	是否想念搬迁前的熟人	是否想念搬迁前的熟人
是否怀念搬迁前住的地方	是否怀念搬迁前住的地方	是否怀念搬迁前住的地方
搬迁后生活水平的变化	搬迁后生活水平的变化	搬迁后生活水平的变化
对家庭收入的满意状况	对家庭收入的满意状况	对家庭收入的满意状况
对经济发展和收入提高的信心	对经济发展和收入提高的信心	对经济发展和收入提高的信心
对搬迁后的邻里关系满意状况	对搬迁后的邻里关系满意状况	对搬迁后的邻里关系满意状况
对搬迁后的住房满意状况	对搬迁后的住房满意状况	对搬迁后的住房满意状况
对安置地的生活习俗是否适应	对安置地的生活习俗是否适应	对安置地的生活习俗是否适应
对搬迁后的生产劳动是否适应	对搬迁后的生产劳动是否适应	对搬迁后的生产劳动是否适应

11. 身份认同

身份认同的一级指标有归属感、政治身份认同、文化身份认同、户籍身份认同、社会经济地位认同、对城市居民的认同、社会距离、迁移愿望和融入城镇愿望。具体测量变量请见表 6-24。

表 6-24　身份认同维度的测量

一级指标	定义	测量变量
归属感	归属感	对流入地的归属情况
政治身份认同	政治身份认同	政治身份认同
文化身份认同	文化身份认同	文化身份认同
户籍身份认同	户籍身份认同	户籍身份认同
社会经济地位认同	社会经济地位认同	社会经济地位认同
对城市居民的认同	对城市居民的认同	对城市居民的认同
社会距离	社会距离是指各社会存在体之间在空间、时间和心理上的距离。社会距离可以通过建立评价体系进行量化。社会存在的空间距离、时间距离、心理距离之间可以相互转换	认为自己与流入地的社会距离度
迁移愿望	迁移愿望	迁移的愿望
融入城镇愿望	融入城镇愿望	融入城镇的愿望

（三）社会包容指标汇总

流动人口的社会融合过程是一个与他人打交道、发生社会互动的过程，在与其他群体的社会互动过程中形成对自己、对社会的认识，并形成自我身份的认同。因此，良好的社会包容对流动人口社会融合至关重要。流动人口的社会包容可以分为两个方面，一个是客观的社会准入，另一个是主观的社会接纳。前者主要包括对流动人口的社会参与的接纳，其内容是一些社会参与门槛和条件对流动人口开放，也就是平等保护流动人口的社会参与。后者主要是在文化意义上与流动人口发生交往和社会互动，对流动人口社区接纳。

其中，社区接纳的一级指标包括社区自治活动覆盖率、流动人口社区自治、文化交往、社区交往频次；社区参与的一级指标有参与资格、获得条件、社区参与的安全和社区权利；社会参与的一级指标有接受法律援助的次数和频率、接受社会服务站服务的次数和频率、社会农民工组织参与率、参与社区选举和被选举的年度总次数和参与率、参加社区文体娱乐活动年度总次数和参与率、参加社区管理活动年度总次数和参与率、社区帮扶活动的总次数和参与率、参与计划生育协会活动的总次数和参与率、参与业主委员会活动的总次数和参与率、买房率、租房率、开展企业流动人口社会融合项目、计划协筹社会组织作用发挥；人员保障的一级指标有社区工作队伍。

这些测量维度的一级指标、定义和具体的测量变量可见表 6 - 25。

表 6 - 25 社会包容指标

测量维度	一级指标	定义	测量变量
社区接纳	社区自治活动覆盖率	有社区自治活动的社区数占总的社区数的比例	有社区自治活动的社区数占总的社区数的比例
	流动人口社区自治	社区自治的规定、方法、频率等	流动人口社区自治的规定、社区自治的形式、社区自治的主体
	文化交往	与流入地人口和流动人口同社区进行的文化交往	社区内流动人口与其他人口文化交往的内容、社区内流动人口与其他人口文化交往的频率
	社区交往频次	社区交往的次数	社区交往的次数

续表

测量维度	一级指标	定义	测量变量
社区参与	参与资格	参与社区活动的资格	流动人口参与社区活动的资格
	获得条件	获得条件	—
	社区参与的安全	社区参与的安全	流动人口在社区的安全度、流动人口融入社区后的持久时间、流动人口被社区排斥的情况
	社区权利	在社区中享有的权利	流动人口参与社区享有的权利
社会参与	接受法律援助的次数和频率	接受法律援助的次数和频率	社区提供法律援助的次数、社区提供法律援助频率
	接受社会服务站服务的次数和频率	接受社会服务站服务的次数和频率	社区提供社会服务站服务的次数、社区提供社会服务站服务的频率
	社会农民工组织参与率	参加活动的社会农民工组织占总的社会农民工组织的比例	参加活动的社会农民工组织占总的社会农民工组织的比例
	参与社区选举和被选举的年度总次数和参与率	参与社区选举和被选举的年度总次数和参与率	社区举办选举和被选举的年度总次数、社区举办选举和被选举的参与率（参加的人数占总的人数的比例）
	参加社区文体娱乐活动年度总次数和参与率	参加社区文体娱乐活动年度总次数和参与率	社区举办社区文体娱乐活动的年度总次数、社区举办社区文体娱乐活动的参与率（参加的人数占总的人数的比例）
	参加社区管理活动年度总次数和参与率	参加社区管理活动年度总次数和参与率	社区举办社区管理活动的年度总次数、社区举办社区管理活动的参与率（参加的人数占总的人数的比例）
	社区帮扶活动的总次数和参与率	参加社区帮扶活动的人数占社区内总的流动人口人数的比例	社区举办帮扶活动的年度总次数、社区举办帮扶活动的参与率（参加的人数占总的人数的比例）
	参与计划生育协会活动的总次数和参与率	参与计划生育协会活动的总次数和参与率	社区举办计划生育协会活动的年度总次数、社区举办计划生育协会活动的参与率（参加的人数占总的人数的比例）
	参与业主委员会活动的总次数和参与率	参与业主委员会活动的总次数和参与率	社区举办业主委员会活动的年度总次数、社区举办业主委员会活动的参与率（参加的人数占总的人数的比例）

续表

测量维度	一级指标	定义	测量变量
社会参与	买房率	买房的家庭数占总的家庭数的比例	买房的家庭数占总的家庭数的比例
	租房率	租房的家庭数占总的家庭数的比例	租房的家庭数占总的家庭数的比例
	开展企业流动人口社会融合项目	开展企业流动人口社会融合项目	开展企业流动人口社会融合项目情况
	计划协筹社会组织作用发挥	计划协筹社会组织作用发挥	计划协筹社会组织作用发挥
人员保障	社区工作队伍	社区工作队伍	社区工作队伍建设情况

二　基本公共服务均等化指标汇总

从政府的层面，为确保流动人口的社会融合有效参与，其主要的工作就是通过颁布政策、法规，确立制度框架并通过提供均质有效的社会公共服务来促使流动人口享有自己应得的权利。就目前看来，政府的主要工作点集中于社会保障建设、公共安全建设、公共卫生建设、基础教育建设、基础设施建设、环境保护建设这六个维度上面，并为这些维度分别建立了一级指标和提供了准确测量的二级指标。不仅如此，就目前总结看来，政府部门还对上述公共服务指数、公共服务评价、公共服务均等化分别进行了指标化。

有的研究把社会保障指数、公共安全指数、公共卫生指数、基础教育指数和基础设施指数作为公共服务均等化指数的一级指标；有的把基础教育均等化指数、基本医疗卫生均等化指数、公共就业服务均等化指数、基本社会保障均等化指数以及国家和地区层面基本公共服务指标指数作为公共服务均等化指数的一级指标；有的研究则认为公共服务均等化的一级指标也可采用教育均等化、医疗卫生均等化、公共文化均等化、社会保障和就业均等化、住房均等化和城市基础设施均等化等指标来衡量；也有的研究认为公共服务均等化指数的一级指标可由社会保障、住房保障、医疗卫生、文化教育、公共安全、资源环境保护和基础设施建设七个方面来概括；还有研究认为公共服务均等化指数还需要一系列的评价指标作为对公共服务均等化的评价，公共服务均等化评价指标被分为基础教育评价指标、公共卫生和基本医疗评价指标、基本社会保障和就业评价指标、公益性基础设施评价指标、公共安全评价指标和环境保护评价指标。

本文按照分类汇总的方法将公共服务均等化指数划分为教育指数、医疗与公共卫生指数、社会保障指数、就业指数、住房保障指数、公共文化指数、公共安全指数、基础设施指数、国家和地区层面的公共服务指数，然后加以汇总，最后予以总结。

（一）教育指数

教育指数的一级指标有教育机会、教育过程、教育投入和教育结果。这四个一级指标又有各自的二级指标，其中教育机会的二级指标有学龄儿童入学率、初中入学率，教育过程的二级指标有小学生均学校数、中学生均学校数、小学生均专任教师数、中学生均专任教师数、小学生均校舍面积、中学生均校舍面积、小学生均教学设备楼、中学生均教学设备楼，教育投入的二级指标有小学生均预算内教育共用经费、中学生均预算内教育共用经费、小学生均预算内教育事业费、中学生均预算内教育事业费、人均财政性教育经费支出额，教育结果的二级指标有小学升学率、初中升学率。具体请见表 6 - 26。

表 6 - 26　教育指数

一级指标	二级指标
教育机会	学龄儿童入学率、初中入学率
教育过程	小学生均学校数、中学生均学校数、小学生均专任教师数、中学生均专任教师数、小学生均校舍面积、中学生均校舍面积、小学生均教学设备楼、中学生均教学设备楼
教育投入	小学生均预算内教育共用经费、中学生均预算内教育共用经费、小学生均预算内教育事业费、中学生均预算内教育事业费、人均财政性教育经费支出额
教育结果	小学升学率、初中升学率

（二）医疗与公共卫生指数

医疗与公共卫生指数的一级指标有医疗与公共卫生投入水平、医疗与公共卫生能力水平、医疗与公共卫生支付水平、医疗与公共卫生服务水平和医疗与公共卫生效果水平。医疗与公共卫生投入水平的二级指标有人均医疗卫生服务经费、每万人口卫生机构数、每万人口卫生技术人员数、每千人口医疗机构床位数、人均财政医疗卫生支出、财政卫生支出占财政支出的比重、参加新农合人数占农村人口比重，医疗与公共卫生能力水平的二级指标有每千人口医院和卫生院床位数、每千农业人口乡镇卫生院床位数、每千人口卫生技术人员数、平均每千农业人口乡村医生和卫生员数、设卫生室的村数占行政村数、每百万人口妇幼保健院（所/站）数、每百万人口疾病预防控制中心数、每百万人口卫生监督所（中心）数、农村卫生厕所普及率、农村水改受益人口比例、饮用自来水人口占农村人口比例，医疗与公共卫生支付水平的二级指标有城镇居民人均医疗保健支出、农村居民人均医疗保健支出、门诊病人人均医疗费、住院病人人均医疗费，医疗与公共卫生服务水平的二级指标有医疗机构病床使用率、城镇居民医疗保险社会综合覆盖率、城镇职工医疗保险社会综合覆盖率、新型农村合作医疗社会综合覆盖率，医疗与公共卫生效果水平的二级指标有孕产妇住院分娩率、围产儿死亡率、5岁以下儿童中重度营养不良比重、人口平均期望寿命、甲乙类法定报告传染病发病率、新农合补偿受益人次占参合人数比例。具体请见表6-27。

表6-27 医疗与公共卫生指数

一级指标	二级指标
医疗与公共卫生投入水平	人均医疗卫生服务经费、每万人口卫生机构数、每万人口卫生技术人员数、每千人口医疗机构床位数、人均财政医疗卫生支出、财政卫生支出占财政支出的比重、参加新农合人数占农村人口比重
医疗与公共卫生能力水平	每千人口医院和卫生院床位数、每千农业人口乡镇卫生院床位数、每千人口卫生技术人员数、平均每千农业人口乡村医生和卫生员数、设卫生室的村数占行政村数、每百万人口妇幼保健院（所/站）数、每百万人口疾病预防控制中心数、每百万人口卫生监督所（中心）数、农村卫生厕所普及率、农村水改受益人口比例、饮用自来水人口占农村人口比例

一级指标	二级指标
医疗与公共卫生支付水平	城镇居民人均医疗保健支出、农村居民人均医疗保健支出、门诊病人人均医疗费、住院病人人均医疗费
医疗与公共卫生服务水平	医疗机构病床使用率、城镇居民医疗保险社会综合覆盖率、城镇职工医疗保险社会综合覆盖率、新型农村合作医疗社会综合覆盖率
医疗与公共卫生效果水平	孕产妇住院分娩率、围产儿死亡率、5 岁以下儿童中重度营养不良比重、人口平均期望寿命、甲乙类法定报告传染病发病率、新农合补偿受益人次占参合人数比例

（三）社会保障指数

社会保障指数的一级指标有社会保险、社会救助、社会安抚、社会福利、社会保障的投入水平、社会保障的能力水平、社会保障的效果水平。其中社会保险的二级指标可以划分为社会保险基金收入占国民收入的比重、城镇养老保险社会综合覆盖率、农村养老保险社会综合覆盖率、城镇居民医疗保险社会综合覆盖率、城镇职工医疗保险社会综合覆盖率、新型农村合作医疗社会综合覆盖率、失业保险社会综合覆盖率、工伤保险社会综合覆盖率、生育保险社会综合覆盖率，社会救助的二级指标可划分为居民最低生活保障社会综合覆盖率、农村居民最低生活保障社会综合覆盖率、贫困户救助率、社会救助率，社会安抚的二级指标可划分为抚恤、补助优抚对象社会综合覆盖率、每万人口优抚安置单位数、退伍军人安置率，社会福利的二级指标可划分为每万人口社会福利企业数、每万人口收养类的社会福利机构数、社会福利综合覆盖率、人均社会福利费，社会保障的投入水平的二级指标可划分为人均社会保障支出、社会保障占财政支出的比重、人均城乡社区事务支出、城乡社区事务支出占财政支出的比例、人均财政性社会保障支出额，社会保障的能力水平的二级指标可划分为每万人口社区服务设施数、参加城镇基本养老保险人数占城镇人口比例、参加城镇基本医疗保险人数占城镇人口比例、参加城镇失业保险人数占城镇人口比例、参加农村社会养老保险人数占农村人口比例、农村低保标准、城市低保标准、每百万人口社区服务设施数、医疗保险参保率、养老保险参保率、城市低保人数，社会保障的效果水平的二级指标可划分为参加城镇基本养老保险人员人均基金支出、年末领取失业保险金人数占年末参加失业保险人数比例、参加城镇基本医疗保险人员人均基金支出、领取农村社会养老保险金人数占年末参保人数。具体请见表 6 - 28。

表 6 - 28 社会保障指数

一级指标	二级指标
社会保险	社会保险基金收入占国民收入的比重、城镇养老保险社会综合覆盖率、农村养老保险社会综合覆盖率、城镇居民医疗保险社会综合覆盖率、城镇职工医疗保险社会综合覆盖率、新型农村合作医疗社会综合覆盖率、失业保险社会综合覆盖率、工伤保险社会综合覆盖率、生育保险社会综合覆盖率
社会救助	居民最低生活保障社会综合覆盖率、农村居民最低生活保障社会综合覆盖率、贫困户救助率、社会救助率
社会安抚	抚恤、补助优抚对象社会综合覆盖率、每万人口优抚安置单位数、退伍军人安置率
社会福利	每万人口社会福利企业数、每万人口收养类的社会福利机构数、社会福利综合覆盖率、人均社会福利费
社会保障的投入水平	人均社会保障支出、社会保障占财政支出的比重、人均城乡社区事务支出、城乡社区事务支出占财政支出的比例、人均财政性社会保障支出额
社会保障的能力水平	每万人口社区服务设施数、参加城镇基本养老保险人数占城镇人口比例、参加城镇基本医疗保险人数占城镇人口比例、参加城镇失业保险人数占城镇人口比例、参加农村社会养老保险人数占农村人口比例、农村低保标准、城市低保标准、每百万人口社区服务设施数、医疗保险参保率、养老保险参保率、城市低保人数
社会保障的效果水平	参加城镇基本养老保险人员人均基金支出、年末领取失业保险金人数占年末参加失业保险人数比例、参加城镇基本医疗保险人员人均基金支出、领取农村社会养老保险金人数占年末参保人数

（四）就业指数

就业指数的一级指标有公共就业的程度、公共就业的发展水平、公共就业的服务水平、公共就业的效果水平。其中，公共就业的程度的二级指标有就业率、城镇失业率、人均就业财政资金投入，公共就业的发展水平的二级指标有平均工资、失业保险综合覆盖率、工伤保险综合覆盖率，公共就业的服务水平的二级指标有每万求职人口职业介绍机构、每万求职人口职业介绍工作人员数、职业介绍成功率、每万求职人口职业培训机构、每万求职人口职业培训工作人员数、职业培训结业率、每万求职人口职业技能鉴定机构数、每万求职人口职业技能工作人员数、职业技能鉴定通过率，公共就业的效果水平的二级指标有城镇登记失业率、就业人员平均工资、职业介绍机构本年度介绍成功人数占本年登记求职人数的比重、第一产业就业人员比例。具体请见表 6 - 29。

表 6 - 29　就业指数

一级指标	二级指标
公共就业的程度	就业率、城镇失业率、人均就业财政资金投入
公共就业的发展水平	平均工资、失业保险综合覆盖率、工伤保险综合覆盖率
公共就业的服务水平	每万求职人口职业介绍机构、每万求职人口职业介绍工作人员数、职业介绍成功率、每万求职人口职业培训机构、每万求职人口职业培训工作人员数、职业培训结业率、每万求职人口职业技能鉴定机构数、每万求职人口职业技能工作人员数、职业技能鉴定通过率
公共就业的效果水平	城镇登记失业率、就业人员平均工资、职业介绍机构本年度介绍成功人数占本年登记求职人数的比重、第一产业就业人员比例

（五）住房保障指数

住房保障指数的一级指标有住房保障水平、住房保障受益范围、住房保障投入水平。其中，住房保障水平的二级指标有城镇人均住房面积、农村人均住房面积，住房保障受益范围的二级指标有城镇开工建设保障性住房套数、农村危房改造套数，住房保障投入水平的二级指标有人均财政性住房保障支出额。具体请见表 6 - 30。

表6-30　住房保障指数

一级指标	二级指标
住房保障水平	城镇人均住房面积、农村人均住房面积
住房保障受益范围	城镇开工建设保障性住房套数、农村危房改造套数
住房保障投入水平	人均财政性住房保障支出额

（六）公共文化指数

公共文化的一级指标可以用公共文化受益范围和公共文化投入水平表示，公共文化受益范围的二级指标可以用广播覆盖率和电视覆盖率表示，公共文化投入水平的二级指标有公共图书馆数、公共图书馆藏书量、体育场数量、人均财政性文化经费支出额。具体请见表6-31。

表6-31　公共文化指数

一级指标	二级指标
公共文化受益范围	广播覆盖率、电视覆盖率
公共文化投入水平	公共图书馆数、公共图书馆藏书量、体育场数量、人均财政性文化经费支出额

（七）公共安全指数

公共安全指数的一级指标可以分为公共安全投入水平、公共安全能力水平和公共安全效果水平。其中，公共安全投入水平的二级指标有人均公共安全支出、公共安全支出占财政支出比例，公共安全能力水平的二级指标有每万人口从事公共安全财政供给人员数，公共安全效果水平的二级指标有人口火灾发生率、万元GDP火灾损失率、人口交通事故发生率、万元GDP交通事故损失率。具体请见表6-32。

表 6 - 32　公共安全指数

一级指标	二级指标
公共安全投入水平	人均公共安全支出、公共安全支出占财政支出比例
公共安全能力水平	每万人口从事公共安全财政供给人员数
公共安全效果水平	人口火灾发生率、万元 GDP 火灾损失率、人口交通事故发生率、万元 GDP 交通事故损失率

（八）基础设施指数

　　基础设施指数的一级指标可以用基础设施的投入水平、基础设施的能力水平和基础设施的效果水平。其中，基础设施的投入水平的二级指标有农村人口人均农林水事务支出、人均交通运输、人均文化体育与传媒支出、城乡社区事务支出、文化体育与传媒支出、农林水事务支出、交通运输支出、城乡社区事务支出占财政支出的比例、污水处理率、生活垃圾无害化处理率、人均拥有公园面积，基础设施的能力水平的二级指标有灌溉面积占耕地面积比例、农村人均用电量、每平方公里铁路线长度、每平方公里公路线长度、人均铁路线长度、人均公路线长度、高速公路占公路的比重、每万人邮电营业网点数量、城市用水普及率、城市燃气普及率、每万人拥有公交交通车辆、人均城市道路面积（平方米），基础设施的效果水平的二级指标有每公顷粮食作物播种面积粮食产量、铁路客运密度、公路客运密度、铁路货运密度、公路货运密度、人均邮电业务量、城镇人口人均公共交通客运量。具体请见表 6 - 33。

表 6 - 33　基础设施指数

一级指标	二级指标
基础设施的投入水平	农村人口人均农林水事务支出、人均交通运输、人均文化体育与传媒支出、城乡社区事务支出、文化体育与传媒支出、农林水事务支出、交通运输支出、城乡社区事务支出占财政支出的比例、污水处理率、生活垃圾无害化处理率、人均拥有公园面积

续表

一级指标	二级指标
基础设施的能力水平	灌溉面积占耕地面积比例、农村人均用电量、每平方公里铁路线长度、每平方公里公路线长度、人均铁路线长度、人均公路线长度、高速公路占公路的比重、每万人邮电营业网点数量、城市用水普及率、城市燃气普及率、每万人拥有公交交通车辆、人均城市道路面积（平方米）
基础设施的效果水平	每公顷粮食作物播种面积粮食产量、铁路客运密度、公路客运密度、铁路货运密度、公路货运密度、人均邮电业务量、城镇人口人均公共交通客运量

（九）国家和地区层面的公共服务指数

国际和地区层面的公共服务指数的一级指标有基本教育指标、公共卫生指标、社会保障指标和基础设施指标。基本教育指标的二级指标有普通小学师生比、普通中学师生比，公共卫生指标的二级指标有每万人口医疗机构床位数、每万人口卫生技术人员数，社会保障指标的二级指标有基本养老保险参保率、失业保险参保率、基本医疗保险参保率，基础设施指标的二级指标有城市用水普及率、城市燃气普及率、人均拥有道路面积。具体请见表6-34。

表6-34　国家和地区层面的公共服务指数

一级指标	二级指标
基本教育指标	普通小学师生比、普通中学师生比
公共卫生指标	每万人口医疗机构床位数、每万人口卫生技术人员数
社会保障指标	基本养老保险参保率、失业保险参保率、基本医疗保险参保率
基础设施指标	城市用水普及率、城市燃气普及率、人均拥有道路面积

（十）公共服务指数总结

公共服务均等化指数的一级指标也可由社会保障、住房保障、医疗卫生、文化教育、公共安全、资源环境保护和基础设施建设七个方面来概括，其中社会保障可以由最低生活保障、医疗保险、养老保险和失业保险来作为测量的具体测量科目，住房保障可以由廉租房作为测量的具体科目，医疗卫生可以由公共卫生、公共医疗作为测量科目，文化教育可以由义务教育、就业培训和文化事业作为测量科目，公共安全可以由消费安全、生产安全和社会安全作为测量科目，资源环境保护可以由水资源环境保护和空气环境保护作为测量科目，基础设施建设可以由交通设施和通信设施作为测量科目。这些测量科目的绝对指标和效果指标可以见表 6 – 35 表示。

表 6 – 35　公共服务均等化指数

一级指标	具体测量科目	绝对指标	效果指标
社会保障	最低生活保障	低保补助支出	低保水平
	医疗保险	医疗补助支出	受益范围与程度
	养老保险	养老补助支出	受益范围与程度
	失业保险	失业补助支出	失业人口受益程度
住房保障	廉租房	财政住房投资	居民住房保障程度
医疗卫生	公共卫生	公共卫生支出	公共卫生质量
	公共医疗	公共医疗支出	人均病床数
文化教育	义务教育	义务教育支出	人均教育经费
	就业培训	就业培训支出	人均培训经费
	文化事业	文化事业支出	人均文化经费
公共安全	消费安全	消费安全管理支出	消费质量
	生产安全	安全生产管理支出	生产安全保障程度
	社会安全	公共安全支出	生命财产安全程度
资源环境保护	水资源保护	水资源保护支出	地表水质量生态环境质量
	空气环境保护	空气环境保护支出	空气环境质量
基础设施建设	交通设施	交通设施投资	人均交通里程
	通信设施	通信设施投资	电视普及率

三　农民工市民化指标汇总

2 亿多的农民工是我国城市流动人口的主体，农民工的市民化问题在流动人口社会融合中占据主体地位，农民工问题历来受到党和国家的高度重视。农民工的市民化是在我国迅速城镇化过程中出现的现象，在这个过程中大量农村人口进城完成从农民到城市居民身份的转换。这一过程首先涉及城镇化维度的构建和一、二级指标的确立，其次还涉及农民工自身市民化能力、意愿和保护，同时这一过程还涉及城乡统筹、政治统筹、社会统筹、经济统筹等各种问题，因此农民工市民化是一个非常复杂的过程。

其中，城镇化的一级指标有人口就业、经济发展、社会发展、人民生活、资源环境、城乡统筹、基础设施和可持续发展；城镇化指标的确定还可以按照省域层面和城市层面的差异来划分，可分为省域尺度的城镇化质量指标和城市尺度的城镇化质量指标，其中省域尺度的城镇化质量指标可以分为经济发展、城乡统筹、区域协调和环境保护三个一级指标，城市尺度的城镇化质量指标可以分为居住环境、生态环境、社会和谐、社会安全、经济发展与资源节约五个一级指标；农民工市民化政策评价指标有转户水平要素的评价指标、管理机制要素的评价指标、财政支持要素的评价指标、城市规模和特色要素的评价指标；城镇化的层次（总体层、系统层、目标层和指标层）的一级指标对应于城镇化发展的动力系统、发展质量系统、发展公平系统；城镇化统筹的一级指标有社会统筹、政治统筹、经济统筹、环境统筹；农民工市民化的一级指标可以分为市民化能力、市民化保障和市民化意愿；农民工市民化政策评价指标的一级指标有转户水平要素的评价指标、管理机制要素的评价指标和财政支持要素的评价指标；农民工市民化可以分为城市层面的融合和个体层面的融合。

（一）城镇化一般指标

农民工市民化是中国社会城镇化的一个伴生现象。了解中国城镇化的过程、方向有助于我们了解和把握农民工市民化的方向、过程、途径及市民化程度。城镇化的一级指标包括人口就业、经济发展、社会发展、人民生活、资源环境、城乡统筹、基础设施建设和可持续发展八个方面，在表 6-36 中分别对这些一级指标作了具体的限定。

表 6-36　城镇化的一般指标

一级指标	二级指标
人口就业	人口城镇化率、城镇就业人员比重、非农就业人员比重
经济发展	人均 GDP、GDP 增速、第三产业比重、人均公共财政预算收入、人均规模以上工业增加值
社会发展	乡镇级以上 4G 覆盖率、电影票房收入全国占比、万人拥有卫生技术人员、学龄儿童入学率、人均公共图书馆藏书量、科研机构数、城镇住户每百户汽车拥有量、城镇住户人均年可支配收入、城镇住户人均住宅建筑面积
人民生活	居民消费价格指数、人均社会消费品零售额
资源环境	人均水资源、森林覆盖率、地表水监测断面水质达标率
城乡统筹	城镇住户人均年可支配收入与农村住户人均年纯收入比、城镇住户与农村居民人均住房面积比、城镇居民与农村居民消费支出比、城镇与农村每百户拥有移动电话比
基础设施	人均固定资产投资、用水普及率、人均公共车辆（汽车、电车）运营数、人均道路面积
可持续发展	工业用水重复利用率、万元 GDP 耗水量、生活垃圾无害化处理率、污水处理率

（二）省域尺度和城市尺度的城镇化质量指标

城镇化指标的确还可以按照省域层面和城市层面的差异来划分，可分为省域尺度的城镇化质量指标和城市尺度的城镇化质量指标，其中省域尺度的城镇化质量指标可以分为经济发展、城乡统筹、区域协调和环境保护三个一级指标，城市尺度的城镇化质量指标可以分为居住环境、生态环境、社会和谐、社会安全、经济发展与资源节约五个一级指标，这些一级指标的具体二级指标请见表 6-37。

表 6 – 37　省域尺度和城市尺度的城镇化质量指标

维度	一级指标	二级指标
省域尺度的城镇化质量指标	经济发展	综合实力、能源应用、研发投入、资源利用
	城乡统筹	城乡收入差距、城乡教育差距、城乡医疗差距、城乡文化差距、城乡基础设施差距
	区域协调和环境保护	财力水平、国土保护、水环境、垃圾指数
城市尺度的城镇化质量指标	居住环境	住房与社区、市政基础设施、交通出行、公共服务
	生态环境	城市生态、城市绿化、环境质量
	社会和谐	社会保障、老龄事业、残疾人事业、外来务工人员保障、公众参与、历史文化与城市特色
	社会安全	城市管理与市政基础设施安全、社会安全、预防灾害、城市应急
	经济发展与资源节约	收入与消费、就业水平、资金投入、节约能源、节约水资源、节约土地

（三）城乡统筹指标

城镇化的发展是一个城乡统筹的过程，城乡统筹包括城乡统筹的协调度、城乡统筹的特色度和城乡统筹的融合度三个维度，其中城乡统筹的协调度主要是指社会统筹和政治统筹，城乡统筹的特色度主要的一级指标有经济统筹、环境统筹、景观特色和文化特色，城乡统筹的融合度主要一级指标有城乡社会发展融合程度、城乡经济发展融合程度以及城乡生态环境融合程度。这些一级指标的二级指标具体请见表 6 – 38。

表 6 – 38　城乡统筹指标

维度	一级指标	二级指标
城乡统筹协调度	社会统筹	城乡人均居住面积比、城乡人均消费支出比、城乡恩格尔系数比、城乡每万人医生数比、城乡每万元工农产业科技投入比、城乡每千人口科技人员比
	政治统筹	城乡参与选举人数比、城乡涉农议案比、城乡人均国内生产总值比

续表

维度	一级指标	二级指标
城乡统筹 特色度	经济统筹	城乡人均可支配收入比、城乡人均第三产业产值比
	环境统筹	城乡绿化覆盖率比、城乡污水处理率比
	景观特色	城乡传统地方特色建筑率比、城市现代化景观与乡村田园景观比
	文化特色	城乡特色文化活动举办数量比
城乡统筹 融合度	城乡社会发展融合程度	城乡最低生活保障覆盖率、城乡大学普及率、城乡每万人拥有医生数及农村合作医疗覆盖率、城乡居民恩格尔系数、城乡居民人均居住面积和农民居住质量指数、城乡居民文化娱乐消费支出的比重、城乡居民信息化实现程度、人口城市化率、非农就业人口占就业总人口的比重
	城乡经济发展融合程度	城乡居民人均收入比、城乡人均国内生产总值比、三次产业结构比及农业增加值比重、农村非农产业产值占农村社会总产值比、第三产业增加值占 GDP 比重、现代化服务业占第三产业的比重
	城乡生态环境融合程度	城乡安全饮用水普及率、城乡森林覆盖率

（四）农民工市民化一般指标

农民工的市民化包括农民工的市民化能力、市民化保障和市民化意愿三个一级指标，市民化能力具体指农民工的经济能力和个人素质，市民化保障具体指农民工市民化过程中所受到的教育公平、就业公平、社会保障和住房保障，市民化意愿是指农民工的留城意愿、家庭完整、社会融合以及政治参与。具体请见表 6 - 39。

表 6 - 39　农民工市民化一般指标

一级指标	二级指标
市民化能力	经济能力、个人素质
市民化保障	教育公平、就业公平、社会保障、住房保障
市民化意愿	留城意愿、家庭完整、社会融合、政治参与

（五）农民工市民化政策评价指标

农民工市民化政策评价指标的一级指标有转户水平要素的评价指标、管理机制要素的评价指标和财政支持要素的评价指标。其中，转户水平要素的评价指标包括进城农民工等人员市民化率和征地移民农民市民化率两个二级指标，管理机制要素的评价指标包括农民工等人员市民化管理的宏观政策和农民工等人员市民化管理的配套政策两个评价指标，财政支持要素的评价指标包括农民工等人员市民化（转户）人群中就业岗位数（或比例数）、市民化（转户）人群在公办学校就学人数（或比例数）、市民化（转户）人群参加城镇医疗保险人数（或比例数）、市民化（转户）人群养老保险（比市民化前）增加人数（或比例数）和市民化（转户）人群居住公租房、廉租房等政府优惠性住房人数（或比例数）五个二级指标。具体请见表6－40。

表6－40　农民工市民化政策评价指标

一级指标	二级指标
转户水平要素的评价指标	进城农民工等人员市民化率、征地移民农民市民化率
管理机制要素的评价指标	农民工等人员市民化管理的宏观政策、农民工等人员市民化管理的配套政策
财政支持要素的评价指标	农民工等人员市民化（转户）人群中就业岗位数（或比例数）、市民化（转户）人群在公办学校就学人数（或比例数）、市民化（转户）人群参加城镇医疗保险人数（或比例数）、市民化（转户）人群养老保险（比市民化前）增加人数（或比例数）和市民化（转户）人群居住公租房、廉租房等政府优惠性住房人数（或比例数）

（六）城市层面和个人层面的农民工市民化指标

农民工市民化指标也可以从城市层面的融合以及个体层面的融合两个维度来测量和解释。其中，城市层面的融合的一级指标包含农民工城市融合的政策指数和农民工城市融合的整体指数，个体层面的融合的一级指标包含农民工城市融合的个体指数。农民工城市融合的政策指数这个一级指标可以细化为劳动力市场、子女教育、户籍融合、社区参与、反歧视五个二级指标，农民工城市融合的整体指数包含经济融合、制度融合、社区融合、社会保护和社会接纳五个二级指标，农民工城市融合个体指数包括经济融合、制度融合、社区融合、社会关系融合、社会保护五个二级指标，具体请看表6-41。

表6-41　城市层面和个人层面的农民工市民化指标

维度	一级指标	二级指标
城市层面的融合	农民工城市融合的政策指数	劳动力市场、子女教育、户籍融合、社区参与、反歧视
	农民工城市融合的整体指数	经济融合、制度融合、社区融合、社会保护、社会接纳
个体层面的融合	农民工城市融合的个体指数	经济融合、制度融合、社区融合、社会关系融合、社会保护

四　小结

（一）本部分指标体系和前面部分的指标体系之间的区别和联系

本部分指标体系与前面部分的指标体系之间是存在区别和联系的。从联系上看，前面部分的指标体系大体上是国内学者在借鉴国外关于移民融合的相关理论的基础上来研究国内的流动人口问题和社会融合问题的，特别是农民工的社会融合问题，这些研究为更清晰地研究流动人口和农民工的社会融合提供了一个较好的理论框架，也为我们从制度层面和个体层面立体地剖析问题提供了启发，然而，这些研究作为一个理论框架，其具体的评价标准和操作方法还需要进一步开发。而本部分的指标体系恰恰是补充和说明了前面的指标体系指标操作化水平的不足，这两部分的指标恰好从学者和政府两个角度完整地构建了社会融合指标的学术体系和应用体系。本部分指标体系采用了如下的方式讨论指标体系的构建，首先是对一些有关社会融合的变量划分维度，然后对这些维度进行一级指标和二级指标的分析和建构，为社会融合指标的操作化确立了基础。

这两个指标体系也是有区别的，区别之处有两点。从指标体系建立的立场上看，本部分的指标体系是站在政府的角度为方便政府促进社会融合工作而建立的一系列政策指标，这些指标的建立往往伴随着政策的出台而被建立的，因此这些指标有明显的实用性倾向；而前面部分的指标体系则是站在学者的角度为促进学者高效、准确、客观的准确把握社会融合的现实而建立的一系列指标，这些指标是在借鉴国外相关学者关于移民融合的相关理论和指标体系基础上构建的，因此这些指标有明显的学术性倾向。从指标体系的内容上看，本部分指标体系从政府、社会、个人三个角度对流动人口社会融合的各维度都进行了详细的指标确定，内容涵盖全面；前一部分的指标体系则是学者从经济融合、社会融合、文化和心理融合、政治融合几个维度对流动人口社会融合的维度和指标进行的界定，在此指标体系中，学者只是选取了社会融合的核心变量对社会融合进行定义，内容上简洁凝练。

（二）政策指标汇总

流动人口社会融合的政策指标是从政府出台的一系列规范流动人口社会融合的规章、制度、办法中摘取的一系列指标。这些指标从政府、社会、个人三个角度对社会融合的指标进行了详细的界定，这也反映了政府对流动人口社会融合结果的责任，即在发挥政府协调整合功能的基础之上，同时承担对社会和个人的责任。中国政府在政策制定上有关流动人口社会融合的主要关注点，在于流动人口的劳动力市场和劳动力就业、社会保障、教育与教育融合、居住融合、流动人口的户籍融合、社会参与、对流动人口的社会保护和人员保护、政府对流动人口的宏观管理、不同社会群体的收入分配（流动人口与本地居民）、流动人口社会融合的平台建设及社会融合试点工作、政府对流动人口的工作机制、政府对流动人口社会融合的机构保障，以及反歧视工作；社会方面则是在于加强对流动人口的社会接纳以及促进流动人口的社会参与；个人方面则在于保障流动人口在劳动力就业状况、居住融合、社区环境、社会接纳、社会心态、家庭生活安全、社会支持和社会关系、对城市的评价、价值观、对城市的文化适应、对自身的身份认同、社会参与、个人和家庭困难状况、社会保护等方面努力和城市本地居民做到一致。

（三）公共服务均等化的指标汇总

公共服务均等化指标是指政府为保障流动人口享受和本地居民同等的权益、权利并进而促进流动人口的社会融合而建立的一系列指标体系。公共服务均等化是政府工作平等、公平、正义价值观的重要体现，事关流动人口社会融合方向和目标的大局。公共服务均等化的本质内涵在于在基本的权利保障方面使得流动人口从客观上不受种种社会现实的障碍和约束。公共服务均等化的核心指标包括教育、医疗与公共卫生、社会保障、就业、住房保障、公共安全、基础设施等方面，这些指标事关流动人口生存和生活，也是流动人口良好健康的在城市生活的基础。

（四）农民工市民化指标体系

2亿多的农民工是流动人口的主体，30多年来为我国城市和经济建设做出了巨大的努力。农民工是流动人口的主体，是城镇化的主体，也是流动人口社会融合的主体。从历史的背景看，农民工的社会融合是伴随着中国城镇化的过程出现的，在此过程中，大量的农民工在城市安家落户。农民工的市民化过程包括市民化意愿、市民化能力、市民化保障，既包括农民工市民化的文化和心理基础以及融入城市生活意愿的主观方面，又包括农民工经济、社会关系等融入城市生活的客观方面，还包括城市对农民工保障的方面。但同时，我们还应该看到农民自身独特的文化、经济、社会特征，这对于我们更好地制定流动人口市民化指标体系提供了借鉴和帮助。

第三部分 | 研究篇

·第七章·
相关调查与分析方法

在流动人口社会融合的实际研究中，研究者可以获得较多来源的数据。这些数据有来自国家层面的，也有来自省市层面的，还有来自各课题组的专项调查。不同层级和单位实施的调查，其内容、研究目的各有差别，需要根据研究者的研究确定使用的数据以及分析方法。本章将汇总以往研究中使用的几类调查数据，分析这些数据是通过怎样的抽样方法搜集的，并根据研究目的的不同将研究方法进行归纳汇总，从总体上对流动人口社会融合的实证研究方法进行把握。

一 国内有关流动人口的调查

目前国内关于流动人口的调查较多，来源也比较广泛。例如，有研究者对1992年至2012年中国关于流动人口定量研究的320篇论文中使用的数据进行分类，分为普查数据、流入地调查数据、流出地调查数据、汇总数据四类，并就数据类型和期刊类型之间的关系进行交互统计，统计结果如表7-1所示。研究发现，使用流入地数据进行的研究较多，使用普查数据或抽样调查数据的论文数与使用汇总数据的论文数大致相当，但二者都大大低于使用流入地调查数据的论文数（张展新、杨思思，2013）。本章将从研究问题的类别出发，对已有研究中所使用的数据进行归类，以便了解当前流动人口社会融合研究的数据使用状况。

表 7 - 1　代表性论文的数据类型

数据类型	期刊类型			累计
	人口学	经济学	社会学	
普查数据或 1% 抽样调查数据	28	1	0	29
普查数据、调查数据合用	4	1	1	6
流入地调查数据	170	15	44	229
流出地调查数据	10	2	4	16
流入地数据、流出地数据合用	8	0	1	9
汇总数据、其他数据合用	23	6	2	31
合计	243	25	52	320

（一）用于描述性分析的数据

在实际研究中，有部分研究者使用了人口普查或全国 1% 人口抽样调查进行流动人口数量、结构、分布状况的研究。人口普查和全国 1% 人口抽样调查数据与其他数据相比，在样本量上有优势，但这类数据只能运用在流动人口的判断、规模、流向、流出原因、年龄结构、分布状况等描述性统计中。通过这类数据我们能够对流动人口的概况有所了解，但无法进行进一步流动人口社会融合的分析。

以第六次人口普查为例，普查的全部数据中户口登记地在外乡镇街道的人口、户口登记地在外省的人口、离开户口登记地的时间、户口登记地在外省的人口受教育程度、户口登记地在外省的人口迁移原因这些指标都可以用于流动人口判断及其相关特征的研究。普查的数据中户口登记地在外省的人口从事的职业、按户口登记地和孩次分的有过生育的妇女人数等指标可用于流动人口相关研究。

以 2005 年全国 1% 人口抽样调查为例，全国按现住地、户口登记地分的户口登记地在外乡镇街道的人口，全国按现住地、离开户口登记地时间分的户口在外乡镇街道人口，全国按现住地、户口登记地、性别、迁移原因分的户口在外乡镇街道人口（省外），全国按现住地、户口登记地类型分的迁移人口等指标可以运用到流动人口的研究中来。

为准确反映全国农民工规模、流向、分布等情况，国家统计局 2008 年建立农民工监测调查制度，在农民工输出地开展监测调查。调查范围是全国 31 个省（自治区、直辖市）的农村地域，在 1527 个调查县（区）抽选了 8906 个村和 23.6 万名农村劳动力作为调查样本。采用入户访问调查的形式，按季度进行调查。该调查以农村住户为调查对象，通过访问农村住户中的户主或了解情况的家庭成员获得农民工的有关情况，反映农民工的总量及流向，以及外出农民工本人在外工作及生活的各种情况。根据历年农民工监测调查报告，可以得知农民工的总量、流向、社会人口学特征、就业状况、行业分布、技能培训、经济收入、消费支出、参保状况、权益保护等多个方面的信息。

（二）用于解释性分析的数据

用于流动人口社会融合解释性分析的资料来源较为多样，国家层面、省市层面以及各研究机构和课题组所做的调查都能运用于流动人口社会融合影响因素、社会融合后果的研究中。其中国家层面比较有代表性的是流动人口动态监测调查、农民工监测调查等。省市层面的调查主要是各地区为了解当地流动人口状况而展开，例如各省均有来自卫计委的分省流动人口动态监测数据，部分地区为推进当地流动人口服务，进行了有针对性的本地调查。专题调查则是由高校、科研机构以及课题组展开，从研究问题出发，集中搜集关于某一研究问题的数据。

在国家层面的调查中，最具有代表性的是流动人口动态监测调查，在实际研究中，有较多的研究者采用这一数据进行研究。2009 年国家人口计生委在北京、上海、深圳、太原、成都五城市开展了流动人口动态监测试点工作，取得了预期效果。从 2010 年开始，国家人口计生委在全国范围内设立

106 个监测点，普遍开展流动人口动态监测工作。此项工作旨在依托人口计生网络，深入了解流动人口生存、发展状况，及时反映流动人口结构、流动与迁移趋势、公共服务政策落实等情况，综合分析流动人口服务管理中存在的问题，提出相关政策建议，不断提升流动人口服务管理水平。该调查从2009 年开始试点以来，坚持每年进行调查，截至目前共有 2010～2015 年六年的监测数据可以使用。

2014 年全国流动人口卫生计生动态监测调查的社会融合与心理健康个人问卷是针对流动人口的社会融合专门设置的问卷，其中比较有代表性的问卷题目有："近三年中，您在本地接受过政府提供的免费培训吗？""您目前居住在什么样的社区中？""您的邻居主要是谁？""您目前在本地是否是以下组织的成员？""您对本地话的掌握程度如何？""如果与本地市民存在差别您通常采取什么样的态度或行动？""您认为自己是不是本地人？""按当地政策，您是否愿意把户口迁入本地？"等。社会融合模块中的调查问题涉及流动人口经济状况、住房状况、文化适应、社区参与、居留意愿、身份认同多个维度，为流动人口社会融合提供了较为详细的信息。

各省市地方对其辖区内的流动人口也展开了一些统计调查，有的是承接国家关于流动人口的调查任务，负责本辖区内的流动人口调查，例如河北省于 2009 年进行了省内流动人口统计工作，对离开户籍地县域 30 日以上（流出人口），流入现居住地 30 日以上或 30 日以下有常住趋势的（流入人口），以工作、生活为目的的成年流动人口和随其一起流动的未成年流动人口进行统计。

湖南省总工会 2012 年在省内进行了湖南省农民工"三融入"状况调查，该调查抽样总体为湖南省地级市所有流动农民工，即从农村流动到城市从事非农职业但还是农村户籍、以工资收入为主要生活来源的劳动者。这项调查涵盖了湖南 6 个地级市（长沙、株洲、湘潭、岳阳、娄底、衡阳）和 1 个自治州（湘西州），共得到有效样本 9094 个。其中关于农民工社会融入的问卷问题主要包括农民工在日常生活中是否与本地居民有交往、交往时长、交往意愿等。

关于流动人口社会融合的专题调查也有很多，例如2010年10月，国家人口计生委对北京市、郑州市、成都市、苏州市、中山市和韩城市6个城市组织实施了"流动人口社会融合专题调查"。该调查不仅包括了常规的教育、收入等人力资本和社会融合指标，还包括了培训、技术职称、岗位工作年数等丰富的人力资本信息，社会参与等客观融入指标，以及意愿、观念等主观融入指标。为研究流动人口社会融合提供了较为丰富的资料。

2014年国家卫生和计划生育委员会在北京市朝阳区、青岛市、嘉兴市、厦门市、深圳市、中山市、郑州市、成都市八个城市或地区进行了"流动人口社会融合与心理健康调查"。该调查选取的调查地点均为国家卫生和计划生育委员会流动人口社会融合试点城市，地理区位、发展水平、人口构成等多个要素具有很强的异质性。调查结果显示，流动人口社会融合总指数得分为63.7分，其中文化交融得分最高，经济立足得分其次，身份认同再次，社会接纳得分最低，说明流动人口基本实现在流入地立足。但新生代（90后）农民工的社会融合总指数（包括经济立足、社会接纳、文化交融、身份认同四指标）仅为55.7分，明显低于1980年前和1980~1990年出生的农民工。

中国人民大学人口与发展研究中心于2009年进行了"中国流动人口问题研究调查"。该调查选取位于珠江三角洲的广东省、长江三角洲的浙江省和京津地区的北京市作为流入地调查点，在此基础上，将流入地中流入人口相对集中的来源地作为对比调查的流出地，并相应选取了中部的河南省和湖南省、西部的贵州省等人口输出的重点地区作为流出地。该调查形成了流入地－流出地的连接。

在当前已有的研究中，各课题组做了不少地市层面的专题调查。例如"绍兴市人口流动与城市发展的综合研究"课题组于2008年在浙江省绍兴市开展流动人口社会融合和影响因素调查，主要测量了流动人口的本地化社会资本和社会融合的相关状况。其中与流动人口社会参与有关的题目包括："是否曾参加所在社区委员会组织的活动？""是否曾参加过当地城市组织的庆祝活动等大型活动？""是否希望能够在本地城市参加政治选举?"。"社会信任"所涉及的主要问题为"是否认为当地人是值得信赖的?"，"是否觉得自己在当地受到歧视?"，"和当地人相处是否融洽?"。"社会交往"所涉及的主要问题包括，"是否经常和来到当地以后认识的朋友交往?"，"遇到困难的时候是否向当地政府和社区寻求帮助?"。通过以上问题构建了流动人口本地化社会资本指标。西安交通大学人口与发展研究所于 2005 年开展了"深圳市外来农村流动人口调查"，2009 年进行了 X 市农民工调查。在 X 市农民工调查中，使用了 5 级 Likert 量表来测量农民工对"家乡文化保持的态度"，具体问题包括：①遵守家乡的风俗习惯（比如婚、丧、嫁、娶的风俗）对您来说是重要的；②按照家乡的习惯办事对您来说是重要的；③您的孩子应该学会说家乡话；④保持家乡的生活方式（如饮食习惯）对您来说是重要的。使用"现代性"和"对当地语言的掌握"来测量农民工的文化融合。通过如下 5 个题项测量现代性：①您经常从报纸或互联网上获得新闻和信息吗（1 = 从不，2 = 偶尔，3 = 经常）；②与女孩相比，应该让男孩多读些书（1 = 赞成，2 = 无谓，3 = 反对）；③您认为一个人的成功主要靠什么（1 = 主要靠运气，2 = 一半努力一半运气，3 = 主要靠自身努力）；④您在多大程度上愿意提前安排自己在工作和生活上的事情（1 = 事情来了再说；2 = 仅在很少几件事情上做事先计划；3 = 大多数事情都事先仔细地安排）；⑤您与朋友约好时间见面，您认为朋友多少分钟后不到就算迟到（1 = 半小时以上，2 = 五分钟到半小时，3 = 五分钟以下）。通过月均收入、房产拥有和职业阶层 3 个指标来测量社会经济融合。利用"感知融合量表"和"非农身份"来测量农民工的心理融合。"城市归属感"量表包括以下 3 个题项，使用 5 级 Likert 量表进行测量：①我感觉我是属于城市的；②我觉得我是城市的成员；③我把自己看作城市的一部分。社会距离量表包括 5 个题项，使用 5 级 Likert 量表进行测量：①您愿意与市民共同居住在一个街区（社区）；②您愿意市民做您的同事；③您愿意市民做您的邻居；④您愿意市民做您的朋友；⑤您愿意市民做您（或您子女）的配偶。这一调查较为详细地测量农民工各维度的社会融合情况。

此类调查还包括中国人民大学人口与发展研究中心在流动人口密集的海淀区四季青镇和朝阳区太阳宫所做的"来京人口就业、权益保障及其子女就学状况调查",王培刚等在武汉市进行的"流动人口健康状况调查",李平等 2014 年在山东省内所做的"山东省流动人口调查",南开大学"农村劳动力转移就业的社会政策研究"课题组于 2006 年在广州、昆明、上海、沈阳和天津五大城市进行的抽样调查,复旦大学和西安交通大学于 2002 年开展的"浦东新区外来人口调查"等。

二　国内有关流动人口社会融合的调查

以上回顾了国内针对流动人口的资料来源,可以看出资料来源较为多样,覆盖面较广,能够满足研究者的研究需求。接下来将对国内有关流动人口社会融合的调查涉及的研究对象、抽样方法、测量工具进行总结归纳,这有助于研究者了解流动人口社会融合数据的具体来源方式,便于研究者有针对性地选择数据进行实证研究。

(一)　研究对象(总体)

国内针对流动人口社会融合的调查以流动人口为研究对象,同时还包括了农民工和城市新移民群体。在已有的调查中,部分调查只涉及了流动人口群体,有的调查同时访问了流动人口和流入地的本地居民。例如流动人口动态监测调查就是以流入地的流动人口作为研究对象,也有研究测量了本地居民对于流动人口的态度、评价等,将本地居民与流动人口纳入研究,可以进行这两类人群之间的比较,为流动人口社会融合研究提供更为丰富的信息。

根据国家统计局的定义,人户分离人口是指居住地与户口登记地所在的乡镇街道不一致且离开户口登记地半年以上的人口。流动人口是指人户分离人口中不包括市辖区内人户分离的人口（市辖区内人户分离的人口是指一个直辖市或地级市所辖的区内和区与区之间，居住地和户口登记地不在同一乡镇街道的人口）。

根据《全国流动人口管理新条例》，流动人口是指离开户籍所在地的县、市或者市辖区，以工作、生活为目的异地居住的成年育龄人员。但是，下列人员除外：①因出差、就医、上学、旅游、探亲、访友等事由异地居住、预期将返回户籍所在地居住的人员；②在直辖市、设区的市行政区域内区与区之间异地居住的人员。

根据国家统计局的定义，农民工是指户籍仍在农村，在本地从事非农产业或外出从业6个月及以上的劳动者。其中，本地农民工是指在户籍所在乡镇地域以内从业的农民工；外出农民工是指在户籍所在乡镇地域外从业的农民工。

"城市新移民"这一概念由廉思提出，指的是年满16周岁且1980年以后出生，在城市工作、生活而没有取得该城市户籍的中国大陆地区居民。这里的"新"是指"青年"，即1980年以后出生的人。"移"是社会群体变动的状态与结果，是一种相对于初始位置的变动。在我国，取得当地户口（城市）标志着个体移民过程的结束，从一个外来人变为"市民"（廉思，2014）。这一群体具备"双重边缘人，难融入城市，难重回乡土""群体规模庞大，内部分层且联系紧密""舆论表达锐化，争取话语权利""住房条件较差，聚居特征明显"等特征，明显区别于城市青年和农村青年。

（二）抽样方法

在已有的流动人口社会融合研究中，研究者使用了多种抽样方法。根据研究对象的特点，大部分调查使用了随机抽样的方法，也有使用多阶段、PPS等抽样方法，还有应答推动等非概率抽样方法。在使用随机抽样方法时，研究者希望被调查对象总体中的每个个体都能以均等的机会被抽中，这一调查方法被广泛使用。当总体单元的数量大、分布广时，实施全面调查的工作量将非常大，这时研究者会使用多阶段抽样的方法，简化抽样过程中的组织工作，提高工作效率。在多阶段抽样中，各阶段使用的抽样方法可以不同，因此多阶段抽样的具体实施形式可以多种多样，需要研究者根据研究需要进行抽样设计。另一种经常被使用的抽样方法是成比例的概率抽样（PPS抽样），其抽样单位规模越大，被抽中的概率也就越大，这种抽样方法适用于研究对象内部存在差异性的情况。以上抽样方法都涉及概率抽样，但是在针对流动人口的实际调查中，抽样框的明确具有一定难度，因此有些调查使用了非概率抽样的方法，使进入调查范围的对象框定在研究者的研究范围内，使调查结果具有针对性，这类抽样方法有配额抽样、应答推动抽样等。下面将依次介绍各抽样方法及其在流动人口调查研究中的实际运用。

1. 随机抽样

随机抽样法就是调查对象总体中每个部分都有同等被抽中的可能，是一种完全依照机会均等的原则进行的抽样调查，被称为是一种"等概率"抽样方法。按照随机的原则，保证总体中每一个对象都有已知的、非零的概率被选入作为研究的对象，保证样本的代表性。随机抽样有四种基本形式，即简单随机抽样、等距抽样、类型抽样和整群抽样。

在流动人口的调查中，随机抽样是经常被使用的一种抽样方法，其中简单随机抽样和整群抽样使用的频率较高。在实际研究中，例如流动人口动态监测调查使用了随机抽样的方式在全国 31 个省市以及新疆生产建设兵团展开调查。南开大学"农村劳动力转移就业的社会政策研究"课题组于 2006 年在广州、昆明、上海、沈阳和天津五大城市采用随机抽样的方式进行调查，最终获得样本 2509 个。西安交通大学人口与发展研究所于 2005 年展开的"深圳农民工专项调查"在散居和聚居类人群均采用随机抽样，其中散居类样本采用随机抽样，而聚居类样本采用整群抽样，最终获得有效样本 1739 个。

2. 多阶段抽样

多阶段抽样是指将抽样过程分阶段进行，每个阶段使用的抽样方法往往不同，即将各种抽样方法结合使用。其实施过程为，先从总体中抽取范围较大的单元，称为一级抽样单元，再从每个抽得的一级单元中抽取范围更小的二级单元，依此类推，最后抽取其中范围更小的单元作为调查单位。

例如湖南省 2012 年农民工"三融入"调查使用了多阶段概率抽样方式。此调查涵盖 6 个地级市（长沙、株洲、湘潭、岳阳、娄底、衡阳）和一个自治州（湘西州），随机抽取 10000 个样本，最终获得有效样本 9094 个。2002 年复旦大学和西安交通大学合作的"浦东新区外来人口调查"采取两阶段抽样法，第一阶段从浦东新区 24 个街道与乡镇中随机抽取 4 个，再将抽取出的 4 个街镇的流动人口登记名册作为抽样框，利用简单随机抽样方法由计算机进行抽样，最终获得样本 1015 个。

在多阶段抽样中，两个阶段采取的抽样方法也可以不同。例如 2014 年国家卫生和计划生育委员会展开的"流动人口社会融合与心理健康调查"，在城市层级采取非随机抽样，城市内部进行随机抽样。王培刚等在武汉市开展的关于流动人口健康状况的抽样调查主要采用概率抽样与非概率抽样结合的办法，区一级抽样单位由随机抽样产生，在三个辖区内根据流动人口工种分布特点使用整群抽样和立意抽样，回收有效问卷 769 份，有效回收率 91.33%。

2005 年 4 月西安交通大学人口与发展研究所组织"深圳市外来农村流动人口调查"，聚居类样本的抽样分别在深圳市的南山区、龙岗区和宝安区进行。依据研究目标在上述 3 个区抽取了三类不同特征农民工群体（男性为主、女性为主和男女比例相当）的 5 个公司。首先，对每个公司的目标人群进行编码，形成 5 个公司的整体网络边界；其次，采用名单识别法让被访者在相应的抽样名单中挑选与自己有社会支持和社会讨论关系的其他被访者。调查共发放聚居类问卷 551 份，获得有效问卷 547 份。

3. PPS 抽样

PPS 抽样调查法（Probability Proportionate to Size Sampling），又称按规模大小成比例的概率抽样/PPS 抽样，属于概率抽样中的一种。在多阶段抽样中，尤其是二阶段抽样中，初级抽样单位被抽中的概率取决于其初级抽样单位的规模大小，初级抽样单位规模越大，被抽中的机会就越大，初级抽样单位规模越小，被抽中的概率就越小。

例如 2010 年华东师范大学流动人口课题组在上海市松江区、奉贤区、宝山区、闵行区、普陀区、静安区、崇明县等 18 个区县进行的流动人口调查，各个区县的计划生育委员会采用 PPS 抽样调查法选取符合条件的流动人口进行问卷自填。问卷调查对象 3219 人，有效问卷 2978 份，有效回收率达到 92.5%。

4. 配额抽样

配额抽样也称"定额抽样"，是指调查人员将调查总体样本按一定标志分类或分层，确定各类（层）单位的样本数额，在配额内任意抽选样本的抽样方式。配额抽样有两种：独立控制配额抽样和相互控制配额抽样。独立控制配额抽样是指调查人员只对样本独立规定一种特征（或一种控制特性）下的样本数额的抽样方式；相互控制配额抽样是指在按各类控制特性独立分配样本数额基础上，再采用交叉控制安排样本的具体数额的抽样方式。

例如西安交通大学人口与发展研究所于 2009 年 11 月底与 X 市合作组织实施的农民工调查，调查对象是 15 周岁以上、持有农村户口的 X 市外来务工人员。在调查实施过程中研究者试图覆盖农民工从事的所有典型行业，调查采用宽松的配额抽样方法，预定的样本量为 1500 个，每类农民工的最低样本要求为 200 个，最终获得有效样本 1507 个。

5. 应答推动抽样（RDS）

针对难以接近的人群的调查，Douglas D. Heckathorn 在 1997 年提出应答推动抽样方法（Respondent-driven Sampling）。应答推动抽样方法是在社会网络分析方法的基础上将经典的滚雪球等链式推举法（Chain-referral Sampling）改良而形成的，在推荐研究对象的过程中，研究对象被选中的概率与其在社会网络中的节点度有密切关系。具体操作方法是，在目标人群中，选取符合纳入标准的研究对象作为"种子"，定义为第 0 级抽样人群，随后由"种子"推荐符合纳入标准的同伴进入研究形成 1 级抽样人群，再由1级抽样人群推荐符合纳入标准的同伴进入研究，形成2级抽样人群，以此类推，直到样本特征趋于稳定。每人可推荐的人数是有限制的，这样可避免某一特征人群的过度抽样。通常在达到5~6级抽样人群时样本会趋于稳定。这一抽样方法不仅具有概率抽样特性，而且能借助社会网络分析方法对研究对象的社会网络特征进行分析（Heckathorn，1997；邱培媛、杨洋、袁萍等，2009）。

在流动人口相关调查中，2007年上海城市新移民调查数据采用了应答推动抽样方法来抽取新移民的样本。有研究者在成都市进行的流动人口调查中也使用了应答推动抽样方法，考虑年龄、性别、从业等特征，从符合纳入标准的成都市流动人口中选取12人作为"种子"，再由"种子"推荐其他符合纳入标准的应答者进入研究，作为1级抽样人群。依此类推，直至样本人群的性别、年龄和职业等特征指标构成趋于稳定。此调查共有5~6级抽样人群，最终有效样本数为1270个（张聪、陈家言、马骁，2015）。

（三）测量工具

1. 测量维度

社会融合是一个综合性的概念，不同学者根据相关理论、实证数据对社会融合概念进行了分解，现有研究基本达成共识，将社会融合分解为经济融合、文化适应、行为适应、心理融合以及身份认同这几个维度（张文宏、雷开春，2009；杨菊华，2010；周皓，2012）。下面具体来看各个维度的分解。有研究根据2007年上海城市新移民调查数据，采用探索性因子分析方法，对城市新移民社会融合的结构及其现状进行了探讨。其研究将社会融合分解为文化融合、心理融合、身份融合和经济融合四个因子。研究结果表明，城市新移民社会融合的总体水平偏低，但在社会融合各个维度上的表现有所差别。城市新移民在心理融合和身份融合方面的速度较快，而文化融合和经济融合的步伐相对较慢，并且身份融合的差异性最大，心理融合的离散性最小（张文宏、雷开春，2008）。

从社会融合的维度构成来看，社会融合包括经济融合、文化适应、社会适应、结构融合和身份认同这五个维度。经济融合的主要标志是有固定的住所及稳定、平等的经济收入。文化适应主要表现在流动人口适应迁入地的文化，如语言、外表、饮食等。社会适应维度指的是迁入人口逐步调整由迁移所带来的心理问题及在迁入地的各种满意度。结构融合指的是社会交往圈的扩大、居住社区的搬迁、更多的政治诉求以及与迁出地之间的联系。身份认同指的是流动人口在与本地居民交往互动的过程中，逐渐对自己的身份形成新的认同，并得到当地居民的认同，是一个双向接纳和认可的状态（周皓，2012）。

在我国，乡－城流动人口是流动人口的主要组成部分，乡－城流动人口在流入地的社会融入指标体系由三级因素构成，每一级逐步细化，最终通过一些具体的条目来测量社会融合的相应维度。具体来看，第一层包括四个维度，即经济整合、行为适应、文化接纳、身份认同；第二层共有 16 个指标，分别属于每个维度；第三层为更加具体的变量。其中经济整合是指流动人口在流入地经济结构方面面临的挑战及在劳动就业、职业声望、工作条件、经济收入、社会福利、居住环境、教育培训等方面的融入情况，是个体经济地位的综合反映。行为适应是指流动者不仅理念上认同，而且行为上按照流入地认可的规矩和习俗办事。文化接纳是指流动者对流入地文化、风土人情、社会理念的了解和认可程度，包括价值观念、人文理念等指标。身份认同是指流动者与本地人及家乡人之间的心理距离、归属感及对自己是谁、从何处来、将去往何处的思考及认知。基于上述思路，参照流动人口在经济、文化、行为、身份等方面的适应程度，可以将流动人口在流入地的社会融入结果提炼为五种模式：隔离型、多元型、融入型、选择型、融合型（杨菊华，2010）。

2. 测量指标

根据已有的对社会融合概念进行维度分解的研究，可以对社会融合各维度的操作化进行归纳总结，下面将结合已有的流动人口社会融合研究，对经济融合、文化融合、行为适应、心理融入和身份认同这几个维度的指标操作化进行归纳。

经济融合是各研究中普遍使用的一个维度，主要考察的是流动人口的经济收入、职业状况和住房状况。这一维度经常使用的测量指标有工资收入、月均收入、房产拥有、职业类别、培训与工作经历、社会保障参与等（杨菊华，2009；悦中山、李树苗、靳小怡等，2011；余运江、孙斌栋、孙旭，2014；晏月平、廖爱娣，2016）。经济融合水平的测量是将流动人口的社会经济地位状况与当地居民进行比较，与当地居民经济水平差距越小，说明经济融合的状况越好。

文化融合指的是流动人口理念上接受流入地文化习俗的过程。其测量指标主要有是否掌握当地语言、对当地文化的了解、本地风俗熟悉程度、各种价值观念（如：婚姻观念、生育观念、教育理念、健康理念）等（杨菊华，2009；悦中山、李树苗、靳小怡等，2011；余运江、孙斌栋、孙旭，2014）。对本地文化的熟悉程度越高，价值观念上越接近本地人，说明流动人口的文化融合越好。

行为适应是指流动者不仅理念上认同而且行为上能够按照流入地认可的规矩和习俗办事，言行举止向当地人靠拢。主要进行测量的指标有：人际交往、社会网络、婚育行为、生活习惯（如衣着打扮、饮食习俗、闲暇方式、消费行为）、社区参与、健康和教育行为、行为失范、休闲方式等（杨菊华，2009；晏月平、廖爱娣，2016）。流动人口的行为举止与本地人越接近，与本地人进行社会交往越多，说明其社会融合的行为适应维度越好。

身份认同是流动人口社会融合中的一个重要组成部分，经济融合、行为适应可以用客观的指标来衡量，而身份认同维度则是从主观认知的角度来看流动人口对自己属于哪个群体的心理定位。通常使用的指标有：是否认为自己是本地人、认为自己属于哪个群体、与流入地人群的心理距离、与老家人群的心理距离等（杨菊华，2010）。流动人口越认为自己是本地人，并且与本地人的心理距离越小，说明流动人口的身份认同越好。

心理融合指的是移民群体逐渐在心理和感情上对迁入地社会成员身份的认同，并建立起对迁入地社会的归属感。这一维度的融合不仅涉及流动人口对自身身份的评价，还包括对流入地的归属感评价，是一个更加综合性的指标。主要使用的测量指标有：非农身份、是否愿意与本地人做邻居、是否愿意与本地人交朋友、是否愿意与本地人结婚、本地人对自己的接纳程度、本地人与自己的交往意愿以及居住意愿等（悦中山、李树茁、靳小怡等，2011；余运江、孙斌栋、孙旭，2014；唐丹，2015）。流动人口在流入地与本地人的交往越密切，受到的歧视越少，越愿意居住在流入地，说明流动人口的心理融合越好。

以上五个维度是流动人口社会融合实际研究中较常使用的分析框架，不同研究根据研究目的的不同会对其中某一个或几个维度更加关注。通过对流动人口社会融合指标维度的分解，将社会融合这一综合性的概念划分成了由物质基础到心理认同的不同层次，有助于研究者对社会融合的体系构建、现状、影响因素，以及相关后果进行进一步的研究。

（四）评述

目前关于流动人口社会融合的资料来源较多，国家层面主要有人口普查数据、全国1%人口抽样调查数据、流动人口动态监测数据、农民工监测调查数据以及各省市相关部门所做的地方性流动人口调查数据。人口普查和1%人口抽样调查范围广，针对性强，这类数据在样本量上具有优势，但只能对流动人口的数量、结构、分布等做出描述；流动人口动态监测数据和农民工监测调查数据瞄准的是流动人口群体，从流出地和流入地两个角度对流动人口的状态进行调查，这类数据的优点是针对性强，关于流动人口的信息丰富，调查轮数较多，时间跨度较长，可以通过各年份的对比来研究流动人口的内部变化，有针对性地对流动人口的相关问题展开研究。

各高校、科研机构以及课题组所做的专题调查以流动人口为调查对象，在调查对象的选择上针对性较强，以流动人口、农民工或城市新移民作为调查对象，能够获取研究者想要的信息。同时也有调查将流动人口与城镇本地居民一同纳入调查范围，可以在后续分析中进行流动人口与本地居民在各维度指标上的对比研究，但这类调查变量数较为有限，调查范围较小，多集中于个别城市。也有一些调查选取了国内有代表性的多个城市作为调查点，考虑了地区的异质性。

各高校、科研单位所做的综合性社会调查数据也可以运用到流动人口的研究中，例如中国综合社会调查（CGSS）、中国社会状况综合调查（CSS）、中国家庭追踪调查（CFPS）、中国劳动力动态调查（CLDS）等。这类调查并不是以流动人口为研究对象，但可以通过数据中户口所在地和现居住地信息筛选出流动人口，再针对这部分流动人口进行相关问题的研究。这类数据的优点是覆盖面较广，信息类别较多，但是由于针对性不强，在进行流动人口研究时样本量会大大减少，同时与社会融合相关的变量数较少，分析较为受限。

总体来看，国内关于流动人口的调查来源较为广泛，覆盖面较广，涉及的研究问题类别丰富，抽样方法较为多样，为流动人口的社会融合研究提供了丰富的资料来源。

三 分析方法

在流动人口社会融合的研究中，研究者运用了多种模型与方法，讨论了流动人口的融合指标构建、融合现状、社会融合影响因素以及融合的后果等多方面的问题，涵盖了流动人口社会融合研究的多个方面。针对流动人口社会融合研究的不同维度，其使用的具体方法也有所差别。从研究目的来看，主要有流动人口社会融合指标体系构建研究、社会融合影响因素研究和社会融合的后果研究几类。根据不同的研究目的，下面将介绍比较常见的多元线性回归、Logistic 回归、分层线性模型、因子分析、结构方程模型以及探索性空间数据分析方法。

（一）指标构建方法

根据已有的流动人口社会融合理论研究，流动人口的社会融合是一个多维度的综合性概念，如何将理论上的维度进行操作化，并计算出流动人口社会融合的相应指数，是流动人口社会融合指标构建研究的重点。这一过程中涉及指标的筛选、标准化、权重确定以及指标构建这几个步骤，较为常用的有赋值法、主成分分析法、层次分析法、熵值法、因子分析以及结构方程模型方法等，下面对主要使用的方法进行介绍。

1. 德尔菲法

德尔菲法主要运用于指标筛选阶段，其本质上是一种反馈匿名函询法。在研究者确定指标体系之前，应使用德尔菲法向专家群体进行咨询，在对所要预测的问题征得专家的意见之后，进行整理、归纳、统计，再匿名反馈给各专家，再次征求意见，再集中，再反馈，直至得到一致的意见。

德尔菲法在流动人口社会融合研究中的工作步骤是：①聘请专家，组成专家咨询组；②初拟评价指标体系；③确定专家条件及遴选专家；④制定专家函询表；⑤开展专家咨询活动；⑥统计学方法确定每项指标最终的组合权重；⑦综合函询结果确立评价指标体系。根据研究需要，这一过程可重复多轮，直至专家组给出的意见趋于集中。

2. 主成分分析法

主成分分析法是一种数学变换的方法，它把给定的一组相关变量通过线性变换转成另一组不相关的变量，这些新的变量按照方差依次递减的顺序排列。

3. 层次分析法

层次分析法在流动人口社会融合研究中的工作主要有：①计算判断矩阵每一行各元素的乘积 M；②计算 M 的 n 次方根；③规范化处理的特征根 W；④近似计算判断矩阵的最大特征根；⑤进行一致性检验。

4. 熵值法

熵值法是用来判断某个指标的离散程度的数学方法，用于确定各指标权重。在信息论中，熵是对不确定性的一种度量。信息量越大，不确定性就越小，熵也就越小；信息量越小，不确定性越大，熵也越大。根据熵的特性，我们可以通过计算熵值来判断一个事件的随机性及无序程度，也可以用熵值来判断某个指标的离散程度，指标的离散程度越大，该指标对综合评价的影响越大。

5. 因子分析

因子分析是指研究从变量群中提取共性因子的统计技术。因子分析可在许多变量中找出隐藏的具有代表性的因子。将相同本质的变量归入一个因子，可减少变量的数目，还可检验变量间关系的假设。因子分析的方法约有10多种，如重心法、影像分析法、最大似然解法、最小平方法、阿尔法抽因法、拉奥典型抽因法等。以上因子分析的方法可以分为两类，一类是探索性因子分析法，另一类是验证性因子分析法。探索性因子分析不事先假定因子与测度项之间的关系，而是让数据"自己说话"，主成分分析和共因子分析是其中的典型方法。验证性因子分析假定因子与测度项的关系是部分知道的，即哪个测度项对应于哪个因子，虽然研究者尚且不知道具体的系数。

在流动人口社会融合研究中，因子分析是常用的一种方法。社会融合是一个综合性的概念，主要由经济融合、文化融合、行为适应、心理融入和身份认同等多个维度组成。在实际调查中，每个维度会有多个问题要进行测量，这时研究者就会使用因子分析的方法对数量较多的测量条目进行降维，提取出与社会融合几个维度相对应的因子，达到简化模型的目的。这些因子可以作为因变量来探究社会融合的影响因素有哪些，也可以作为自变量来讨论社会融合影响了流动人口的哪些方面。

6. 结构方程模型

结构方程模型也是研究者经常使用的进行指标构建的方法。在实际研究中，有时需处理多个原因、多个结果的关系，或者会碰到不可直接观测的变量（即潜变量），这些都是传统的统计方法不能很好解决的问题。20 世纪 80 年代以来，结构方程模型迅速发展，弥补了传统统计方法的不足，成为多元数据分析的重要工具。与传统的回归分析不同，结构方程分析能同时处理多个因变量，并可比较及评价不同的理论模型。

在流动人口社会融合的研究中，社会融合是个多维度的概念，如果仅凭对单个指标进行均值、方差是很难得到一个关于社会融合的综合判断的。因此，使用结构方程模型建立指标与潜变量，通过指标与潜变量之间的关系来探讨社会融合的生成及其决定因素。

（二）分析性方法

在实际研究中，研究者经常需要对流动人口社会融合的影响因素、社会融合的后果进行研究。在这类研究中，需要探索变量之间的关系，特别是社会融合变量与流动人口的社会人口学特征、受教育程度、家庭结构、健康状况、生活满意度等变量之间的关系。在这类研究中主要使用的有多元线性回归、Logistic 回归、分层线性模型以及探索性空间数据分析方法等，下面将逐一介绍这些方法及其应用。

1. 多元线性回归

多元线性回归方法是流动人口社会融合中经常使用的一种方法，多用于以连续型指数测量的社会融合水平作为因变量的研究中。使用多元线性回归模型的研究主要是在回答什么因素影响了流动人口社会融合水平这一研究问题。

在现实问题研究中，因变量的变化往往受多个重要因素的影响，此时就需要用两个或两个以上的影响因素作为自变量来解释因变量的变化，当多个自变量与因变量之间是线性关系时，所进行的回归分析就是多元线性回归。多元线性回归对因变量的要求是定距等级变量，对自变量的测量等级没有特定要求。在流动人口的社会融合研究中，多元线性回归模型的因变量多为定距等级的社会融合水平，自变量的涉及范围较广，包括社会人口学信息、受教育程度、社会资本、家庭结构特征等。

2. Logistic 回归

Logistic 回归是一种广义的线性回归分析模型，其因变量为二分类的分类变量或某事件的发生率。如果将因变量为二分变量或分类变量的模型套用多元线性回归方法，会造成方程两边取值区间不同和非直线关系，导致估计失真。Logistic 回归将事件发生的概率进行转换，使得方程两边呈现线性关系。转换后的模型表达式为：

$$\log(\frac{p}{1-p}) = \beta_0 + \beta_1 x_1 + \cdots + \sum_{l-1}^{x-1} \beta_{jl} D_{jl} + \beta_p x_p$$

Logistic 回归多用于社会融合后果的研究，关注社会融合的不同维度对流动人口的影响。例如流动人口是否愿意将户籍迁入本地、是否与本地人进行交往、是否参加了社会保险等。这些都是二分类的因变量，因此需要使用 Logistic 回归进行估计。

3. 分层线性模型

在实际研究中，调查得来的数据往往具有层次结构（嵌套结构）的特点，即某一结果会受到来自不同层级的变量的影响，在这种情况下平常使用的多元线性回归就不再适用，这时应使用分层线性模型来进行进一步的解释。

分层线性模型的适用范围非常广，凡是具有嵌套和分层的数据均可使用分层线性模型进行分析。在层次结构数据中，不仅有描述个体的变量，而且有比个人更高一层的变量，例如社区、城市、省区层面的变量。在使用分层线性模型时，应将传统回归分析中的误差分解为两部分，一部分是个体间差异带来的误差，另一部分是更高一个层级的差异带来的误差。在流动人口社会融合研究中，除个体特征变量外，当涉及城市、省区层次的变量时，应使用分层线性模型进行估计，以获得不同层级因素对流动人口社会融合水平的影响。例如有研究使用来自中国统计年鉴中省一级的基础教育、基本医疗卫生、公共就业、基本社会保障的汇总数据来构建基本公共服务均等化指标，作为二层变量来考察流入地基本公共服务均等化水平对流动人口迁移意愿的影响。

4. 探索性空间数据分析方法

探索性空间数据分析方法（Exploratory Spatial Data Analysis，ESDA），以空间关联测度为核心，注重研究数据的空间依赖性与空间异质性，通过对事物空间分布格局的描述与可视化，揭示空间关联特征与模式。传统的 OLS 回归模型把数据看成孤立、随机的单元，忽略了数据的空间属性，而空间回归模型能够很好地解释数据的空间相互作用，在研究中加入了空间的维度。

这一方法主要运用在城市人口的空间分布研究中。在流动人口社会融合研究中，可以使用该方法对流动人口社会融合水平在各个区县的空间变化进行研究，揭示社会融合水平的空间集聚性和空间关联性，并基于此分析流动人口社会融合水平空间差异的影响因素。例如有研究使用来自上海市的数据，运用探索性空间数据分析方法进行了上海市流动人口社会融合水平的热点分析，并对流动人口社会融合水平的空间差异的影响因素进行了研究（余运江、孙斌栋、孙旭，2014）。

四　小结

本章对国内流动人口社会融合研究的相关调查和分析方法进行了总结和归纳。从相关调查的角度来看，国内关于流动人口社会融合的调查来源较多，主要有国家层面的调查、省市地方的调查、各高校研究机构以及相关课题组所做的调查。不同层级和单位的调查数据是基于不同的研究目的进行搜集的，国家层面的数据中以流动人口动态监测数据为代表，反映了流动人口的生活和发展状况，可用于综合分析流动人口结构、规模以及流动趋势的变化，为流动人口公共政策落实提供数据支撑；各省市地方的数据主要针对某一地方的流动人口进行调查，反映地方特点；各高校科研机构以及课题组所做的调查比较具有针对性，围绕着流动人口社会融合的某一方面展开调查，是对某一具体问题的回答。调查问卷中涉及的有关流动人口社会融合的问题主要围绕着经济融合、心理融合、行为适用、文化融合、身份认同等几个方面展开。研究目的主要包括流动人口社会融合指标构建研究、流动人口社会融合现状描述、流动人口社会融合状况的影响因素以及流动人口社会融合的后果研究。

从各调查所使用的抽样方法来看，使用随机抽样的调查较多，还有的调查使用了多阶段抽样、PPS 抽样的方法，将抽样过程分为不同的阶段，在多阶段抽样中将概率抽样与非概率抽样结合起来，以获得所需的样本。由于流动人口的特点，在流入地进行的调查面临着调查对象比较难接触和识别的困难，因此有的研究使用了非概率抽样的方法来尽可能多地纳入调查对象，所使用的抽样方法有配额抽样、应答推动抽样等。不同的抽样方法反映了研究者不同的研究思路，在流动人口社会融合的实际研究中根据研究目的不同，使用恰当的抽样方法，有助于做出具有信服力的研究成果。

流动人口社会融合的研究对象较为一致，大部分是针对流动人口的研究，也有相当一部分研究是以农民工为研究对象，还有少量的研究以城市新移民为研究对象。流动人口的范围较广，指的是人户分离人口中不包含使辖区内人户分离的人口，没有年龄和从事活动的限制；农民工是流动人口中到外地进行工作的劳动年龄人口，其范围进一步缩小；城市新移民是近年来新提出的一个概念，指的是在城市中工作、生活却没有取得城市户籍的青年人，并有一系列特征，这一概念更加具体、更具有针对性。

在流动人口社会融合研究中，使用的方法是多种多样的。在流动人口社会融合指标构建的过程中，有德尔菲法、主成分分析法、结构方程模型、层次分析法、熵值法等；在对流动人口社会融合影响因素和社会融合的后果进行因果分析时，使用的方法有多元线性回归、Logistic 回归、分层线性模型、探索性空间分析方法等。针对研究问题选用合适的研究方法，有助于进一步加深对流动人口社会融合问题的理解。

第八章

社会融合的影响因素研究

一 影响因素研究概述

随着市场化的不断发展和城市化的不断推进，城市中流动人口的数量正在急剧增加。20世纪90年代后，到城市就业的农民工人数开始超过到发达农村地区寻找就业的人数，也就是说城市成了吸纳农民工的主要地方。随着时间的推移，老一代农民工的子女也开始进城务工，加上在城市出生的老一代农村流动人口的子女，新生代的流动人口群体正在逐渐成长起来，这进一步扩展了流动人口的年龄结构、家庭结构。

流动人口在城市中面临的一个重要问题就是社会融合。流动人口的社会融合状况不仅关乎其自身的生活与发展，同时也是影响城市繁荣与稳定的重要因素。一方面流动人口为城市的经济发展做出了重要贡献，另一方面流动人口在城市的生活和工作中确实会遇到社会融合上的阻碍。而好的社会融合水平有助于解决流动人口在流入地生活上、工作求职上以及随迁子女入学上可能会遇到的问题。那么流动人口的社会融合可以分解为哪几个维度？哪些因素影响了流动人口在流入地的社会融合水平？有一部分流动人口目前已经具备了较好的社会融合水平，这些成功的案例会带给我们哪些经验和启示？

对这些问题的研究有助于帮助我们理清流动人口在融入城市的过程中遇到哪些问题，以及有哪些成功的经验可以借鉴，进而更好地为流动人口提供社会服务。影响流动人口社会融合的因素较多，流动人口社会融合涉及的层次也比较多，本部分将从迁入地社区、移民与迁出地社区的联系、移民在迁入地的社会支持网络、移民在迁入地的家庭形式和移民的个人特征与背景这五个层次来进行梳理。

（一）迁入地社区

迁入地社区的影响因素可以从宏观和微观两个层面来看。宏观层面的影响因素包括流入地经济发展程度、社会保障制度建设等，微观层面的影响因素包括在当地参与社会保险、签订劳动合同的情况、流动状态、居住状况等。这一层级的因素影响的多是社会融合中的心理融合和身份认同维度。

1. 迁入地社区的地区发展水平

迁入地的经济发展水平是吸引流动人口前来就业的重要因素之一，同时，地区经济发展水平的不同也会造成流动人口在社会融入水平上的差异。例如，针对北京市流动人口调查数据的研究发现，与苏州、郑州等其他五个城市的流动人口相比，北京市的流动人口主观融入意愿更强烈，但是感受到的排斥也更显著（宋月萍、陶椰，2012）。这表明较其他城市而言，北京市在经济水平和其他资源条件方面有较大的优势，从而吸引了大量流动人口，并且这些流动人口总体上有较强的融入期望。但是在实际生活中，在京流动人口遭遇了来自不同方面的阻碍，使得社会融合较为困难。

从流动人口的居留意愿和户口迁移意愿来看，流动人口的长期居留意愿与流入地的经济社会发展程度等密切相关。与中西部城市相比，流动人口在东部大城市长期居留的意愿较弱，但是迁入户口意愿较强。产生这一现象的原因是中西部城市的生活成本虽然较东部大城市低，但社会公共服务、社会保障等仍与东部大城市有差距，所以流动人口更愿意将户口迁至东部大城市，以享受更优质的社会服务。流入地城市显著影响了流动人口的身份认同，给流动人口的长期居留打算、城市归属感和本地人身份认同带来巨大障碍，从而出现"居留意愿低"、"融入于地低"和"本地人身份认同度低"的"三低"特征（杨菊华、张娇娇、吴敏，2016）。

流动人口的社会融合状况不仅在城市间存在差异，在特大城市内部也存在着区域上的差异。以上海市 18 个区县的流动人口调查数据为例，运用 ESDA 方法（探索性空间数据分析方法），对流动人口的社会融合水平进行了分析。通过绘制流动人口社会融合热点图，可以发现在上海的不同行政区内流动人口的社会融合水平存在空间差异。流动人口的社会融合水平在静安、黄埔、虹口、闸北等中心城核心区形成了较为显著的"冷点"区域，即社会融合水平较低；而在宝山、嘉定、闵行、松江四个区形成了显著的"热点"区域，浦东新区、奉贤区和普陀区形成了较为显著的"热点"区域，也就是说在这些区域流动人口的社会融合水平较高。以上研究结果表明，上海市流动人口在近郊区和中心城边缘区形成了热点区域，中心城区反而出现了社会融合的冷点区域。进一步分析社会融合水平空间差异的影响因素可知，空间地理因素和制度因素对外来人口社会融合水平空间差异有显著影响，制度条件好，经济条件好的地区，社会融合水平也较高。这说明制度因素在社会融合水平空间差异的过程中起着重要作用（余运江、孙斌栋、孙旭，2014）。

从流入地地区层面上来看，农民工所在流入地的城市层次对其社会融入有显著影响。城市层次对农民工社会融入的影响呈现"两头高、中间低"的状态，即相比于省级城市，在地级市的农民工社会融入度显著较低，而在县级城市的社会融入度则显著较高，而且随着融入度的提高，这一效应也随之增大（王震，2015）。这一结果表明，对农民工而言，他们在大城市和小城市的融入度较高，而在地级的中等城市的融入度较低。对此可能的解释是，省级大城市有较高的公共服务水平和社会管理水平，能够为农民工的社会融入提供制度保障和更完备的社会服务，同时大城市的各项资源也更丰富，可以为农民工的生活提供更好的支持。而县级小城市的生活成本较低，农民工可以承受较小的经济压力，从而实现较好的经济融合，进一步提升社会融合水平。

区域的经济发展情况对农民工社会融合的不同维度产生的影响不同。经济越发达的地区越有助于促进农民工的经济融合，但是同时农民工在这里会遭遇更大的竞争压力，因此认同感和接纳程度越低（褚清华、杨云彦，2014）。具体来看，东部经济相对发达，是农民工的主要流入地，在东部就业的农民工的就业融合相对较好，从而促进了经济融合水平的提升。但经济发展水平较高同时意味激烈的市场竞争，农民工在东部城市中的相对竞争力较弱，面临着较强的岗位竞争，这一现象会对群体的行为适应产生不利影响，进而导致农民工群体较低的认同和接纳水平，不利于农民工的心理融合。

2. 迁入地的社会保障因素

迁入地的社会保障因素也显著影响了流动人口的社会融合状况。从宏观制度层面来看，流动人口对户籍制度带来的社会福利及社会保障的需求比较强烈，因此较好的社会保障体系和措施能够提升流动人口的身份认同和居留意愿（杨菊华、张娇娇、吴敏，2016）。

从宏观层面的因素来看，地区层面的社会公共服务水平也影响了流动人口的社会融合水平。有研究使用2012年全国流动人口动态监测结果和反映31个省市基本公共服务均等化的指标数据，运用分层线性模型的方法，发现在省级层面的变量中，流入地区的基础教育、医疗卫生、公共就业及基本社会保障水平越高，流动人口的社会融合水平越高。具体来看，基础教育因子增强了户口性质、本地人接受程度、收入情况与流动人口社会融合的关联作用；医疗卫生因子则对流动人口的社会融入意愿和本地人接纳程度影响显著；社会保障因子增强了自我融入意愿、本地人接受程度与流动人口社会融合的关联作用（薛艳，2016）。

有研究从制度保障的角度讨论了制度因素和农民工社会融合之间的关系，研究发现制度因素对农民工社会融合有高度显著的正向影响，这说明户籍、教育和社保等制度的完善对农民工的社会认同会产生非常重要的正面作用（黄小兵、黄静波，2015）。农民工在向市民转变的过程中，最关注的利益是后代的教育和自身的社会保障，而户籍本身与教育和社会权益息息相关。户籍制度造成了分割状况，阻碍了农民工进一步获取城市的一系列公共服务，进而减缓了农民工融入城市的进程。

　　宏观层面因素关注的是流入地社会保障体系的建设水平，以及流动人口获取这些社会服务的可能性。从流动人口个体的微观角度来看，是否参与到流入地的社会保障体系中，以及其参与程度也是影响社会融入的重要因素。

　　浙江省绍兴市流动人口社会融合和影响因素调查数据的研究结果显示，是否办理暂住证、有无医疗或养老保险、有无劳动合同对流动人口社会融入有显著影响（任远、乔楠，2010）。有社会保险的流动人口社会融入水平更高，但办理了居住证以及有劳动合同的流动人口，其社会融入水平反而显著降低。研究者认为，暂住证这一身份证明明显地区分了本地人和外地人群体，使得获取了暂住证的流动人口加强了自身的非本地人认同，从而产生负面影响。而签订劳动合同的流动人口可能大多数在规模较大的工厂做工，这些工厂一般工作时间较为严格、工作环境较为封闭，居住形态以工厂工棚为主，反而不利于流动人口和社会的接触以及流动人口的社会融入。

　　基于上海市流动人口问卷调查资料发现，新生代乡－城流动人口的社会融合水平受到流入地制度安排因素的影响。拥有居住证、办理社会保险、签订劳动合同、对基本公共服务满意与社会融合度都呈现正相关，特别是社会融合度与社会保险的相关度最高（余运江、高向东、郭庆，2012）。具体来看，拥有居住证的流动人口社会融合程度更高，参加社会保险的流动人口其社会融合程度要高于未参加社会保险的流动人口，签订劳动合同对社会融合水平并没有显著的影响。上海市属于东部沿海地区的特大城市，居住证制度避开了户籍制度的壁垒，为吸引外来人才提供了相关保障，在一定程度上对高学历、高层次的人才具有吸引力，同时对这一类型的流动人口在上海市的社会融合起到促进作用。

社会保险对农民工有显著的正向影响。农民工在农村或没有社会保险，或农村的社会保险水平过低，这使得农民工一旦拥有所居城市的社会保险，他们对未来就有了较强的安全感；与之相反，城镇流动人口在迁出地比较容易获得社会保险，因此所居城市的社会保险对他们的城市融入度的影响不大（王震，2015）。社会保障数量越多，农民工对城里人的接纳程度越高（李培林、田丰，2012）。保险参与状况会对农民工的社会融合产生影响。相对于农民工的收入水平而言，社会保险的缴费支出较高，加之办理程序复杂，异地办理困难，这些因素导致了农民工的参保率较低，他们未能平等地享有城市公共医疗健康服务，缺乏应对生活风险与疾病的基本保障，难以真正融入城市（刘建娥，2011）。

3. 迁入地的居住状况

流动人口在迁入地的居住形式是社会融合进程中一个非常重要的方面。以上海市流动人口为例，农民工"大分散、小集中"的分布特征，总体上不利于农民工与城市社会的融合。农民工居住状况与城市本地居民的显著差异和鲜明对比，也不利于农民工的社会融合（王桂新、张得志，2006）。上海市居民自有房屋的比例较高，但流动人口基本没有自有产权的房屋，多为租赁住房或住在宿舍、工棚等，居住条件和地点上的差异使得流动人口在空间上与社会交往上与本地人隔离开来，加剧了本地人对流动人口的排斥，从而对流动人口的社会融合产生负面影响（朱宇、杨云彦、王桂新等，2005）。

对农民工来说，住房不仅是日常生存的物质空间，也反映了群体的生活环境和交往空间，更影响群体获得城市社会资源，促进或限制群体人力资本和社会资本的积累以及获取在城市的发展机会。具有稳定的住房不仅是新生代流动人口融入城市的重要前提，而且是社会地位在空间上的显性表现。与本地市民相比，新生代流动人口从居住的区位聚居模式、房屋状况等方面来看，其都处在一个空间分异、社会隔离的状态（余运江、高向东、郭庆，

2012）。

　　较多的研究显示，住房状况越好，新生代流动人口的社会融合度越高。拥有住房对农民工的城市融入有显著正向效应，且这一效应随着城市融入度的提高而逐渐增大；但是拥有住房对城镇流动人口的融入度却没有显著影响。城镇流动人口在迁出地城镇所拥有的住房可能是导致这一结果差异的原因。相反，对农民工而言，在城市拥有住房意味着他们可以在城市定居下来，从而对所居城市有较高的融入度。

　　在居住形式方面，拥有自己住房的流动人口的社会融合状况更好。与住单位宿舍相比较，自有住房对心理融合有显著积极影响，中国人向来讲究"安居乐业"，有了稳定的住所，才能有安全感，才有更高的心理融合水平（李振刚、南方，2013）。租赁房屋对于流动人口的城市认同有显著的负面影响，但能够提高流动人口的社会适应能力。流动人口居住在租赁的房屋里，虽然与社会主流距离较近，但这样也可能更加被歧视或遭受不公平对待，从而更加不认同自己的城市身份（褚荣伟、熊易寒、邹怡，2014）。租赁私房对农民工的日常生活限制较少，农民工可以自由地与城市社会接触，降低了集体住宿对农民工的内在约束，因此该部分农民工在城市的行为适应能力较强。但租住私房支付的房租对农民工来说是较重的负担之一，农民工又很难享受政府提供的廉租房、公租房及其他保障性住房，从而导致农民工的认同和接纳程度下降（褚清华、杨云彦，2014）。

　　对北京"城中村"进行的调查发现，居住条件会对农民工的劳动力产出产生影响。研究发现，"城中村"中移民的劳动力产出增长速度明显低于普通住房社区中的移民，恶劣的居住环境阻碍了农民工劳动力产出的提高，对经济增长有负面影响。也就是说，在居住条件较差的住宅区居住的农民工劳动力产出情况较差，对其经济融合水平有负面的影响。大量农民工住房存在过度拥挤、环境恶劣和居住分割等问题，不利于农民工积累人力资本和社会资本，限制了他们信息的获取和获得机会，也阻碍了他们融入城市主流生活，从而加剧了社会分割和贫富分化。完善农民工住房条件和农民工聚居区居住环境的公共政策将有利于实现农民工的社会融合（郑思齐、曹洋，2009）。

从住房的类别来看，以买房为参照组，居住在出租房、工作场所或集体宿舍的农民工，其社会融入度受到显著的负向影响（刘建娥，2011）。农民工居住环境的封闭性与边缘化，不利于他们融入城市社会，城市房价较高是制约农民工改善住房状况的因素之一。

居住时间也是影响流动人口社会融合的重要因素之一。相关研究发现，在所居城市的居住年限对农民工的城市融入有显著的正向效应，且这一效应随着城市融入度的提高而逐渐增大。在所居城市的居住时间也对城镇流动人口的城市融入有显著的正向效应，且也随城市融入度的提升而增大（王震，2015）。居住的时间越长，城市认同的可能性越大（褚荣伟、熊易寒、邹怡，2014）。流动人口在流入地的居住时间对经济融合、身份融合和文化融合均具有显著的积极影响，居住时间越长，社会融合程度越好（张文宏、雷开春，2008）。

4. 本地居民对流动人口的态度

流动人口在流入地会感受到当地居民对他们的态度，本地人对待流动人口的态度也是影响流动人口社会融合的一个重要因素。城市居民对流动人口的接纳意愿可以分成对流动人口的社会群体期望和对流动人口的切身评价两个层面。对流动人口的社会群体期望指的是本地居民对于流动人口这一群体的认知和评价，考察本地居民对流动人口群体的接纳意愿；对流动人口的切身评价则是在实际生活中与流动人口产生社会交往时，本地人所持有的态度（宋月萍、陶椰，2012）。

研究结果显示，社会经济地位较高的城市居民对待流动人口的态度往往体现"宏观上欢迎、微观上歧视"的特征。随着本地居民受教育程度的提高、收入的提高，其对流动人口群体期望因子的得分显著提高。但在对流动人口的个体评价上，高收入、高教育层次的城市居民对流动人口的个体评价显著降低。社会经济地位较低的城市居民对流动人口的态度体现"群体性排斥、个体性共通"的特征（宋月萍、陶椰，2012）。流动人口受到的社会歧视程度对社会融合的负面作用非常显著。从总体上来看，城市居民对流动人口整体持肯定态度，流动人口群体在客观上为城市的经济发展做出了贡献，也成为城市公共服务相关行业的劳动者，促进了城市的发展。但在日常交往中本地居民对流动人口仍疏离甚至持排斥的态度，这一情况使流动人口在流入地受到排斥和被拒绝接纳，从而进一步影响流动人口融入城市（褚荣伟、熊易寒、邹怡，2014）。

5. 流动类型

有研究指出，不同流动类型的流动人口在社会融合上有不同的表现。在身份认同维度上，流动距离会对流动人口的身份认同产生影响。与市内跨区县流动人口相比，跨省流动人口产生拒绝型和矛盾型身份认同的可能性会增加。省内流动者本地融入得分高于跨省流动者，且省内流动者认同自己是"本地人"的比例高于跨省流动者。流动人口生活的城市类型对其身份认同也存在影响：生活在一线城市的乡－城流动人口产生拒绝型身份认同模式的可能性要高于城－城流动人口（侯亚杰、姚红，2016；杨菊华、张娇娇、吴敏，2016）。与市内跨县相比，省内跨市的农民工自我身份的认同感较低，与本地人相处也较差（石智雷、朱明宝，2014）。

流动所跨越的行政区划越大，流动人口的经济社会水平越低，其中跨省流动的劣势最为明显；相反，离家时间越长，融入水平越高。尽管无法获知流动人口在现居地的确切居住时间，不能对居住时间与因变量做因果关系推论，但现有结果显示，流动时间与融入水平呈显著正相关关系。城－城流动人口的绝对经济社会地位和相对融入水平都显著低于本地市民，进一步分析发现，城－城流动人口与本地市民的差别主要表现在社会保障和住房方面（杨菊华，2012）。

从流动距离上来看，跨乡镇流动农民工和跨县市流动农民工的相对收入显著高于本乡镇流动农民工，其经济融入水平也更好，但本乡镇流动农民工在社会融入水平上要优于跨乡镇流动农民工和跨县市流动农民工。跨乡镇流动农民工和跨县市流动农民工更有可能将自己认同为城里人（李培林、田丰，2012）。

以上研究结果一方面说明流动距离会对流动人口的身份认同产生影响，另一方面也说明流入地与流出地经济水平、文化等方面的差异也会在流动人口中产生异质性的影响。具体来看，与跨省流动者相比，省内流动者由于流入地和流出地的地理距离接近，流动人口面临的制度区隔阻碍更小，其文化特征等也比较接近，本地人对其接纳程度更高，有利于流动人口产生积极的社会融合，流动人口也更有可能认为自己属于本地人。与城市到城市的流动模式相比，由乡村流动到城市并在一线大城市生活的流动人口，更有可能产生拒绝型身份认同，也就是说城乡流动的模式会给流动人口在城市中的融入带来一定的困难。

（二）移民与迁出地社区的联系

流动人口经历了从家乡到流入地的迁移过程，在流入地的生活过程中，流动人口与流出地社区或多或少还保持着联系，这种联系包括与还在流出地的亲属的联系，与流出地文化上的联系、经济上的往来等。流动人口与流出地社区的联系成为社会融合水平的影响因素之一。

基于 2012 年流动人口动态监测数据，使用"与老家（流出地）相比，您现在是否感觉幸福"和"您是否打算在本地长期居住（5 年及以上）"这两个问题测量了流动人口本人对于自己未来归宿的看法，及对本地城市的归属感。研究结果显示，乡－城流动人口对城市的归属感要比城－城流动人口低，流动人口在流入地城市居留时间越长越认为自己是当地人，也有更强的居留意愿（侯亚杰、姚红，2016）。这说明从农村地区进入城市的流动人口，其本身带有流出地文化和生活方式的印记，而农村的文化和生活方式与城市存在着较大的不同，这一点可能会造成乡－城流动人口在身份认同等维度上不及城－城流动人口。

流动人口流动前的经济状况也会影响流动人口在流入地的就业状况。就职行业、工作收入等指标通常用来衡量流动人口经济融合水平，而经济融合也是流动人口社会融合的基础，好的经济融合能够为其他维度的社会融合提供支持。具体来看，因女性流动人口的工资较低，因此对就业岗位的挑剔性较弱，可以获得更多的就业机会。来自不同流出地区的流动人口，在就业过程中也会有不同的策略（宋月萍、陶椰，2012）。来自中西部地区的女性流动人口，在劳动力市场上接受工作的可能性要高于来自相对富裕的东部地区的女性流动人口。这说明流动人口的户籍归属地影响着流动人口在流入地的就业状况，进而影响流动人口的经济融合和社会融合水平。

综合研究全国5大城市的问卷抽样调查数据以及天津华章里社区的典型个案可以发现，在社会交往方面，农民工的社会关系主要基于老乡、家庭与工友的非正式网络关系，与城市居民在生活上的交集较少，没有产生较好的互动。半数农民工仍然与家庭、亲属等初级群体保持着密切联系，与当地人的互动和交流较少，社会交往比较封闭，并没有很好地融入城市社会中，从而导致较低的社会融入水平（关信平、刘建娥，2009）。

居留意愿也是影响社会融合的一个重要因素。居留意愿代表了流动人口与流入地的结合程度，以及与流出地联系的强弱。对浙江省已进城农民工的问卷调查数据进行分析，发现进城1~2年的居民回农村的欲望最强烈，随着进城时间的延长，有回农村想法的人越来越少，进城时间达到10年以上者的农转非的意愿较为强烈（黄祖辉、钱文荣、毛迎春，2004）。流入时间与社会融合水平是一个交互影响的过程，农村流动人口在刚进城时抱有转变为城市人的希望，但随着时间的推移，在社会融合的过程中受到一些阻碍，这一愿望并没有实现，流动人口有较强的回乡意愿。而在流入地居住10年以上的流动人口，其各方面的融合水平都较好，与流出地农村的联系逐渐减弱，更加把自己看作是城市人，其居留意愿也更加强烈。

（三）移民在迁入地的社会支持网络

社会支持网络包括流动人口在流入地的社会交往、社会活动参与、社会资本等一系列行为和资源，这些要素影响着流动人口各个维度的社会融合。从总体上来看，社会支持网络对社会融合具有正向的促进作用，流动人口在流入地的社会支持网络越好，其在流入地的社会融合状况越好。

从经济融合的维度来看，社会资本对流动人口的就业选择和职业层级都产生了影响。例如有研究在湖北省江陵、云梦、随州、宜城对450位返乡过年的农民工进行了问卷调查，以列举拜年网络的形式测量了农民工所拥有的社会网络规模和质量。通过对调查数据的分析发现，农民工群体的社会网络规模与城市居民相比较小，社会关系网络的构成以亲缘和地缘关系为主，业缘等其他关系较弱（刘传江、周玲，2004）。湖北四城市调查的结果显示，社会资本的使用在农民工的就业中起到十分重要的作用，社会资本的使用帮助农民工缩短了搜寻工作的时间，同时为求职者提供了信息来源渠道。市民非亲属关系对于农民工的社会经济融合维度中的职业阶层具有显著正向影响，但影响幅度有限（悦中山、李树茁、靳小怡等，2011）。从流动人口的社会网络规模和质量上来看，其社会网络规模较小，社会网络的异质性较差，社会网络主要由身边的亲戚、熟人等构成，这一类社会关系能够为流动人口在城市中就业提供相关信息，从而帮助流动人口进入就业市场。但是由于流动人口自身受教育水平较低、职业技能比较缺乏等原因，其无法进入更高层级的劳动力市场，依靠亲属和熟人的社会资本在推进流动人口进一步提升自己的社会经济地位上作用有限。但不可否认的是，社会资本在经济维度上有助于流动人口实现社会融合，特别是对其首份工作的帮助很大，同时社会资本也会促进流动人口生活观念、思想方式、行为习惯的转化，使其逐渐转变为一个真正意义上的城市居民。

社会支持网络对流动人口的文化融合有正向影响。拥有市民非亲属关系的农民工的现代性程度显著高于没有这种社会资源的农民工，前者在城市归属感方面显著高于后者（悦中山、李树茁、靳小怡等，2011）。文化融合程度越好，越有助于流动人口适应流入地的文化环境、生活环境，同时对流入地文化的认可程度也有所提升，从而使自己在生活行为、文化习惯上更加接近本地人，从而促进进一步的社会融合。

从心理融合的角度来看，在流入地与当地人的交往有助于增强流动人口的身份认同和居留意愿。非市民关系对农民工现代性和对非农身份的认同产生显著影响，非市民关系规模较小的农民工对非农身份的认同程度更高（悦中山、李树苗、靳小怡等，2011）。对社区集体活动关注程度高的流动人口的主观融入意愿和客观融入评价都更高，这说明流动人口提高社区集体活动参与度，增加与城市居民的接触和互动，有助于提高其融入意愿，并能够提升切实的生活感受（宋月萍、陶椰，2012）。乡 - 城流动人口与本地人的交往对其身份认同有正向作用，这说明流动人口在流入地的社会交往活动对其社会融合具有促进作用（侯亚杰、姚红，2016）。有研究以工作外的主要交往对象来反映农民工的社会网络，研究发现主要交往对象为户籍人口同乡的农民工的就业融合程度最高，但主要交往对象为其他本地人的农民工的认同和接纳状况最好（黄小兵、黄静波，2015）。这既反映了农民工的求职渠道依赖传统社会网络的情形比较普遍，在城市交往中获得的新型社会资本的质量水平有待提高，同时也说明与城市居民的更多交往会促进群体的心理融合。

从综合性的社会融合来看，社会支持网络也有正向促进作用。社区交往、社区组织、社区参与是构成移民主要的社会支持网络的三个重要维度，对移民的社会融入有重要影响（刘建娥，2010）。与本地居民交往频次较高的流动人口相比，与本地居民交往频次很少以及偶尔获得邻居帮助的流动人口的社会融入状况较差。与本地居民的交往会增进流动人口的社会融入，获得邻居的帮助也反映了流动人口社会交往的一个方面，并且有人际关系的实际运用的含义，良好的邻里关系和邻里互动有助于进一步提升移民融入当地社会的程度。有研究发现，经常来往的朋友数量、遇到困难的求助对象是影响社会融入的主要因素。经常往来的朋友数量越多，以及遇到困难时有人提供帮助，都提升了流动人口的社会融合水平（任远、乔楠，2010）。

社区活动为流动人口提供了一个社会交往的平台，积极参与社区活动的流动人口能够通过这个平台认识更多的人，拓展自己的社交范围，进而促进自身的社会融合。参与社区选举与被选举是一种更高级的社会融合活动，这在一定程度上表现了流动人口对社区发展和自我发展的关心程度。在样本分析中，大部分的流动人口没有或者很少参与这样的活动，这也说明当前流动人口在社区权利和利益表达上仍然缺少一定的途径（李平、朱国军、季永宝，2015）。农民工与当地市民的社会互动和在迁入地的居住时间有利于他们习得城市社会文化，社会互动和社会参与有力地促进了农民工的社会融合（悦中山、李卫东、李艳，2012）。与本地居民的交往以及邻里的帮助能够促进农民工的社会融入，无论是农民工之间的交往还是农民工与当地居民之间的交往，都会加强农民工融入当地社会的程度（刘建娥，2011）。

从社区活动的角度来看，参加社区公益活动、卫生健康教育活动、选举活动对流动人口的社会融合具有显著影响（陈湘满、翟晓叶，2013）。参加各类社区活动的流动人口比不参加的具有更高的社会融合度。选举权和被选举权是公民基本政治权利之一，参加选举活动是流动人口主人翁地位的体现，可以增强流动人口的社区建设责任感，提升其对社区乃至城市发展的关注度，使其更加积极融入当地生活和文化。

对来自绍兴市的流动人口调查数据使用多元线性回归、路径分析，使用"是否认为自己已经是绍兴人"这一问题对社会融合的身份认同维度进行测量，并使用"本地化社会资本"这一概念分析流动人口在当地的融入状况。研究结果显示，流动人口对当地居民的信任程度越高，感受到的社会歧视越少，越容易融入当地社会，同时社会参与程度更高的流动人口的社会融合程度也就越高（任远、陶力，2012）。社会参与不仅让流动人口直接参与到城市社区的具体事务中来，增进了流动人口与本地人的交流与信任，并且在这一过程中培养了流动人口的主人翁心态，有助于实现流动人口与当地社会的融合。同时，在参与社区活动、公共事务的过程中，本地人也更加了解了流动人口这一群体，从而提升了他们对流动人口的接纳程度。流入地本地居民对流动人口的接纳包容态度有助于流动人口较快地融入新的生活环境，并促使流动人口形成城市居民的身份认同。

参加单位活动有助于城市认同感的提升，与不同人群的交友意愿有不同的影响，与老乡交朋友并不会增强乡村认同，而与本地人交朋友则会显著提高城市认同。在这里，我们发现农民工与其他省市的人交朋友的意愿显著降低了城市认同，增强了乡村认同。所以，社会资本的构建在迁移之初可能依赖于同乡或其他外来人员，但到后来真正实现融合则需要摒弃这种网络（李培林、田丰，2012；褚荣伟、熊易寒、邹怡，2014）。

农民工参与休闲活动对社会融合产生正向影响，这说明休闲活动的参与对农民工社会融合存在明显促进作用。社会交往因素对农民工社会融合有高度显著的正向影响。农民工在城市的工作生活单调枯燥，而参与休闲活动可以丰富他们的业余文化生活，积累本地社会关系资本，增强在城市生活的幸福感，进而有利于提升农民工的社会融合程度。社会交往的作用机制体现在两方面：一是农民工的"初始"交往范围越广，越有利于降低搜寻工作的时间和成本，并加速对新环境的适应；二是农民工的本地社会网络越广，从本地社会获得的情感支持和社交支持越多，越有益于增强其在城市的归属感和身份认同（黄小兵、黄静波，2015）。

从求职途径反映的农民工社会资本看，通过强关系获得工作的农民工比通过弱关系获得工作的农民工行为适应更好，但认同和接纳程度反而要低。由于农民工社会网络的同质性较高，农民工在选择性融合策略下，群体成员间的相互学习、交流增强了个体的行为适应能力，但心理融合反而会降低（褚清华、杨云彦，2014）。

有研究使用访谈的方法，从交友和社区参与两个维度对农民工的社会融合状况进行了讨论。从交友状况来看，可以认为农民工在城市中开始拥有一定的市民朋友。但是对于农民工来说，"朋友"的定义需要从宽泛的意义上来看待，例如房东、车间负责人和工厂老板等都可能涵盖在"朋友"的概念当中，因此农民工的市民朋友在亲密度、信任度上仍然较弱，基于弱关系的朋友关系能为农民工提供的社会支持非常有限（叶鹏飞，2012）。

农民工是否能获取有效的信息也是影响其社会融合的一个重要方面，有效信息的获取反映了农民工社会资本的质量。基于此，有研究者对农民工的信息融合进行了研究，主要考察的是农民工信息化能力对社会融合各个维度的影响。随着信息化在社会发展中越来越重要的作用，有研究认为信息融合是新生代农民工城市融入不可或缺的重要组成部分，信息化的发展对促进新生代农民工城市融入具有重要支撑作用。随着信息网络技术的发展，除了依靠传统的地缘、血缘关系获取就业信息外，新生代农民工越来越倾向于从互联网、广播电视等媒介获取就业信息。这种交互性的信息获取途径为新生代农民工开拓稳定的就业空间提供了支撑。同时农民工信息化可以使他们更快地了解工伤保险、医疗保险、养老保险、失业救助的具体办理信息，从而提升社会保障的参与程度，进一步从制度层面促进农民工的社会融合（李全喜、蔡慧慧，2012）。

（四）移民在迁入地的家庭形式

随着流动人口规模的扩大，其迁移流动模式也在发生着变化，由单个人的迁移流动逐渐向举家迁移转变。流动人口在流入地的家庭形式也会影响到其社会融合状况，家庭形式主要包括流动人口的婚姻形式、其随迁子女的安置、家中老人的照料、生育状况等，主要影响的是心理融合、身份认同等方面。

研究显示，婚姻状况会显著影响流动人口的社会融合状况，但社会融合的维度的不同，婚姻状况的影响方向也有所区别。有部分研究发现，已婚对于流动人口的综合社会融入水平有正向影响。针对山东省流动人口调研数据的分析显示，相对于未婚和离异，已婚人群的社会融合程度更高（李平、朱国军、季永宝，2015）。也有研究指出，已婚农民工，特别是已婚且与配偶共同居住的农民工，他们的城市融入度显著高于单身者（王震，2015）。但是也有研究发现，未婚的流动人口在社会融合上的表现要优于已婚流动人口（余运江、高向东、郭庆，2012）。有研究指出，与未婚者相比，已婚的移民社会融入状况较差，这可能与已婚者和未婚者的社会交往圈子有关，已婚者更可能与家乡人交往，未婚者更可能与市民交往（刘建娥，2011）。针对未婚农民工的社会融合程度显著高于已婚农民工的这一研究发现，可能的解释是由于配偶和子女在原居住地，已婚农民工在情感上非常依赖这种"强关系"，而且，城市高昂的生活成本再加上在城市无法获得教育资源使得他们对融入城市"望洋兴叹"，进而会削弱在城市的社会融合，而未婚农民工却没有这种关系的束缚，因而更愿意融入当地社会（黄小兵、黄静波，2015）。

从社会融合的经济维度来看，在家庭层面上，中等家庭经济水平的农民工社会交往受劳动时间的影响下降明显（潘泽泉、林婷婷，2015）。从个体层面来看，婚姻状况对流动人口就业的影响存在着性别差异，对于女性流动人口来说，已婚状态对流动人口的就业的影响显著，而对于男性流动人口来说，婚姻状况的影响并不显著。流动人口的子女是否跟随流动也影响着流动人口就业状况，并且这一影响也存在着性别差异。如果女性流动人口携带6岁以下的子女随同流动，其找到工作的概率将显著降低10%；而男性将显著增加8.6%（宋月萍，2010）。

从身份认同的角度来看，婚姻状况显著影响进城农民的自我角色认同，已婚的进城农民更有可能保持原有的身份认同，对城市身份的认同度较低。与已婚进城农民相比，未婚进城农民的自我角色认同更可能是"市民"，未婚进城农民自我角色认同为"市民"的比例为23.2%，显著高于已婚进城农民的17.9%。已婚进城农民自我角色认同更倾向于"农民"，比例为62.0%，这一比例远远高于未婚进城农民（邓大松、胡宏伟，2007）。也有研究指出，已婚新移民在经济融合和身份融合方面显著高于未婚者，而在文化融合方面却显著低于未婚者（张文宏、雷开春，2008）。

从心理融合来看，已婚者比未婚者心理融合程度低。这可能是由于已婚群体中大部分有小孩，其经济压力较大，当有小孩在老家时，会增加流动父母对其的挂念，因此降低了在流入地的融合水平（李振刚、南方，2013）。

从以上研究中可以看出，流动人口的婚姻状况会显著影响女性流动人口的经济融合状况，同时也会对流动人口的身份认同产生影响。从经济维度来看，已婚并带子女流动的女性流动人口会有较少的就业机会；而男性则几乎没有受到婚姻状况的影响，男性流动人口携带子女流动反而会增加其就业机会。对此可能的解释是流动人口在流入地的家庭也受到传统劳动分工的影响，女性在婚后可能会将更多精力投入到家庭生活和养育子女上，而男性则承担了更多支持家庭经济的责任，需要更努力地寻找工作，因而家庭形式因素对流动人口经济融合的影响体现出明显的性别差异。从身份认同维度来看，婚姻会改变流动人口的生活模式，会使得个人将更多的精力放到家庭生活中来，进而减少了个人对城市生活的追求。

家庭化迁移有利于农民工家庭成员间的照顾与情感交流。以随迁家庭同住人数反映农民工的家庭化迁移程度，可以看出，家庭化迁移程度越高，认同和接纳得分越高。但家庭成员迁移往往削弱了农民工与家庭外成员的交流，影响其在城市的行为适应；同时，家庭化迁移，特别是家庭成员的非劳动力的迁移，加重了流动家庭的生活负担，以人均指标反映的就业融合程度降低（褚清华、杨云彦，2014）。

（五）移民的个人特征与背景

从个体的层面来看，流动人口的个人特征是影响社会融合水平的重要因素之一，主要涉及的具体影响因素有年龄、性别、户口、教育程度、职业和收入、健康水平等，影响因素的种类较多。这些因素中发挥主要作用的是教育程度、收入、就业部门等。

1. 年龄

首先来看年龄的影响，从总体上来看，年龄的增加对社会融合具有促进作用。在现有的研究中，研究者根据流动人口的年龄将其分为老一代流动人口和新生代流动人口，并比较了这两类流动人口之间社会融合水平的差异。研究发现，年龄越大，流动人口主观融入愿望越强（宋月萍、陶椰，

2012）。新生代流动人口产生拒绝型和矛盾型的身份认同模式的可能性均显著大于老一代流动人口，即新生代农民工的身份认同状况差于老一代农民工。年龄越大的农民工社会融合程度越高，这与年龄大的农民工比较成熟稳重的性格和较长时间的城市工作生活有关（黄小兵、黄静波，2015）。

也有研究指出，年龄与流动人口的社会融合水平并不是完全的线性关系。从分年龄段的角度来看，20岁以下和50岁以上的进城农民工自我角色认同为市民的人较少，20~50岁进城农民工自我认同为"市民"的比例约占60%（邓大松、胡宏伟，2007）。从代际的角度来看，新生代农民工的年龄与心理融合呈现"U"形曲线关系，即低年龄和高年龄段的新生代农民工较中间年龄段的心理融合度高。低年龄段的新生代农民工，外出打工时考虑的问题少，开拓冒险精神强，其心理融合度高；高年龄段的新生代农民工，经过多年打拼，基本能够适应城市生活，能够立足城市，其心理融合度也高；而中间年龄段的新生代农民工面临着结婚、生子等诸多问题，常常徘徊于"留城"或"返乡"之间，其心理融合度低（李振刚、南方，2013）。

从经济融合的角度来看，年轻人比其年长者的总体经济社会状况差，因为年轻人刚进入城市，工作技能和工作经验较为缺乏，职业发展处于起步的状态。随着年龄的增加，男性流动人口的就业机会也将会增加，这将促进流动人口的经济融合（宋月萍，2010）。从总体上来看，新生代农民工的城市社会融入度低于老一代农民工，相比于老一代农民工，虽然新生代农民工对城市更加熟悉，有一部分新生代农民工出生、成长在城市，但他们不仅对城市的疏离感更强，同时也距离农村更远，成为城市社会中最为边缘的群体。这与大部分在城市长大的新生代农民工自小就受到的社会排斥有极大关系（王震，2015）。也有研究表明，在新生代农民工群体中，收入水平越高，在城市的生活和居住状况就越好，越有利于融入城市，对城市的归属感和自我角色的认同也会随之提高，行为和心理上就更有可能从农民转变成为市民（余运江、高向东、郭庆，2012）。新生代流动人口与老一代流动人口相比，思维更加活跃，城市融入意愿也更强，适应性也更强，一旦经济融合水平有所提升，各维度社会融合水平也会随之提高。

从总体上来看，刚进入城市的青年流动人口由于没有工作经验和技能，缺乏对流入地的了解，容易进入自我身份认同的低谷。但随着年龄的增长和流动经历的增加，流动人口在流入地的工作经历、职业收入、生活方式等发生了变化，经济收入、文化适应等方面有所提升，从而提升了社会融合程度。随着年龄的进一步增大，如果此时流动人口还未获得稳定的工作和收入，随着劳动能力和竞争力的日益下降，这一部分流动人口的社会融合情况会经历一个下降的过程。

2. 性别

相关研究结果显示，流动人口的社会融合水平存在着性别差异。在总体社会融合维度上，女性比男性的社会融合意愿更强烈，女性较男性的社会融入程度更高，即女性更易融入城市社会。男性农民工的城市融入程度显著低于女性（刘建娥，2010；余运江、高向东、郭庆，2012；王震，2015）。

从经济融合来看，女性新移民在经济融合方面显著高于男性新移民（张文宏、雷开春，2008）。但是从经济融合的质量上来看，男性优于女性流动人口。宋月萍的研究指出，虽然女性流动人口在搜寻工作时花费的时间较少，但由于与男性相比女性面临着的受教育程度较低的状况，女性更愿意接受搜寻时间相对较短的低收入的职业，而男性虽然搜寻工作的时间更长，但就业后其收入相对更高（宋月萍，2010）。但也有研究指出，从身份认同和居留意愿来看，男性比女性更愿意认为自己是城里人，也更愿意在务工城市长期居住（石智雷、朱明宝，2014）。

3. 户口

户口作为一项先赋型因素，在流动人口的社会融合中也发挥了作用。从总体上来看，农业户口的流动人口在城市中面临着融合的障碍和困境。从融入意愿来看，农业户口流动人口的主观融入意愿较高，但本地人对其评价水平较低，这说明农业户口流动人口更易受到城市居民的排斥和歧视，这将不利于农村流动人口在城市的社会融合。从文化融合来看，来自城市的新移民的文化融合水平显著高于来自于农村的新移民。从经济融入的角度看，本地市民和城－城流动人口的经济社会地位得分显著高于乡－城流动人口的得分，由农村来到城市的流动人口在经济社会地位上处于弱势地位，经济融入水平较低（张文宏、雷开春，2008；宋月萍、陶椰，2012）。

4. 人力资本

人力资本包括了正规教育、职业培训、技术职称、岗位工作年数等一系列与教育和职业经历相关的要素，这些要素在流动人口的社会融合过程中起到非常重要的作用。从总体上来看，人力资本的质量越高，流动人口在流入地的社会融合水平越高。

从经济融合的角度来看，流动人口的人力资本积累越多，就越可能得到更为公平的待遇，获得基于个体能力付酬的岗位，取得更高的收入（赵延东、王奋宇，2002；李春玲，2006；李树茁、任义科、靳小怡等，2008）。有研究表明，受教育程度对流动人口在流入地的经济融入状况影响最为显著，受教育程度影响社会融合度主要是通过影响流动人口自身素质和在劳动力市场中的地位来实现的（杨菊华，2012）。对流动人口来说，在流入地的劳动力市场中，提升人力资本有助于提升收入水平，并且教育程度越高，工资的增速也越高，同时，流动后获得的劳动技能和工作经验等人力资本也对收入水平具有正向作用。随着受教育程度的提升，由受教育程度带来的经济收益会逐渐增大，因此，通过提升受教育水平可以提高流动人口的社会经济地位，逐步减小与本地工人在收入上的差距，进而促进其实现较好的社会融合。

从融合意愿的角度来看，随着人力资本质量的提升，流动人口的融入意愿也逐渐增强。随着文化程度的提高，流动人口客观融入的评价也越高，其身份融合也有积极地提升，进城农民自我角色认同为"市民"的比例不断提高（邓大松、胡宏伟，2007；张文宏、雷开春，2008；宋月萍、陶椰，2012）。受教育程度越高的农民工更倾向于认同自己是城里人

（李培林、田丰，2012）。从具体的受教育程度来看，中等教育（高中、中专、技校）能对移民的社会融入产生正向影响，高等教育（大专、本科以上）的正向影响作用更为显著（刘建娥，2010）。有研究发现，只有高中及以上教育程度者的社会融入水平显著较高，较高的教育水平对农民工的社会融入具有显著的正向效应（王震，2015）。工作经验相关因素也对流动人口的融入意愿产生影响，参加就职培训提高了流动人口对本地文化的接纳程度和居留意愿。随着流动人口工作年数的增加，其社区参与、文化认同、观念接纳以及长期居留的意愿均有所提高（杨菊华、张娇娇，2016）。

受教育程度因素对社会融合的影响显著为正，这说明受教育程度与农民工的社会融合程度成正比。这种现象源于文化水平较高的农民工拥有更好的职业发展并且更希望后代能够接受更好的教育（黄小兵、黄静波，2015）。教育程度的提高有利于农民工对当地语言的掌握和与当地人关系的增进（石智雷、朱明宝，2014）。更高的受教育年限，有利于农民工获取更好的工作机会和更高的工资收入，促进群体就业融合。同时，更高的受教育程度，意味着农民工的素质越高，学习和适应城市生活方式的能力更强，从而行为适应较好。从现职工作年限反映的人力资本来看，在同一岗位时间越长，越可能掌握更好的技术或技能，从而促进就业融合；在城市工作时间越长，在城市的社会参与机会越多，行为适应相对也越好；同时，时间越长，与城市社会接触越多，被城市社会认识和理解的可能性越大，从而获得更好的心理接纳，也会促进农民工的身份认同（褚清华、杨云彦，2014）。

李振刚等的研究发现，在控制了其他因素后，城市文化资本对新生代农民工的心理融合有显著的影响。城市文化资本的积累途径包括教育年数、城市生活经历、各类培训、读书看报等，农民工通过城市文化资本的积累实现较好的心理融合。可以通过培训和大众传媒提高新生代农民工的城市文化资本，采取其他配套综合措施，促进新生代农民工的社会融合（李振刚、南方，2013）。

5. 就业与收入

就业和经济收入是流动人口在流入地进行生活的物质基础，收入水平的高低、生活环境的好坏，都直接影响流动人口的生存状况，从而对流动人口的社会融合产生影响。从总体上来看，经济条件越好的流动人口的社会融合程度越好，非农职业的流动人口的社会融合状况更好。

从收入的角度来看，随着收入水平的提高，流动人口的社会融合程度也在提高。经济收入对流动人口的心理融合、自我认同、被接纳程度以及定居意愿都有显著的积极影响。具体来看，随着收入水平的提高，进城农民工自我角色认同为"市民"的比例不断增高；家庭人均月收入提高，流动人口的社会经济地位随之提升，更容易被城市居民接纳（张文宏、雷开春，2008；宋月萍、陶椰，2012）。当流动人口的经济水平有所提高时，其居住状况也更加舒适，具有足够经济实力的流动人口会在流入地购买住房。有研究指出，以买房为参照组，在出租房、工作场所或集体宿舍居住，对移民的社会融入度有显著的负向影响，这说明稳定住房是移民融入城市重要的经济物质基础（刘建娥，2010）。收入因素显著为正，这表明收入水平与农民工社会融合程度正相关，因为收入越高，在城市的生活和居住环境更好，流动人口对"市民"身份的认同感也会提高，因而会促进社会融合程度的提高（黄小兵、黄静波，2015）。从事技术工作的农民工和男性农民工的相对收入及经济融入程度要高，工作年限越长，社会融入程度也越高（李培林、田丰，2012）。

从就业状况来看，有工作的流动人口的社会融合状况要优于没有工作的流动人口；与农业就业人员相比在非农部门工作的流动人口的社会融入状况更好（余运江、高向东、郭庆，2012）。相关研究表明，与农业就业人员相比，从事非农职业的流动人口在社会经济地位评分上更高，在商业和政府机构中工作的流动人口与本地市民的差异更小（杨菊华，2012）。在具体的职业分类中，在制造业和建筑业工作对流动人口的社会融入产生了显著的负向影响，从事制造业和建筑业的进城农民工自我角色认同为"市民"的比例要低于从事商业、卫生和餐饮类行业的进城农民工，同时这一部分流动人口将自己定位成"农民"的"边缘人"的比例也较高（邓大松、胡宏伟，2007；宋月萍，2010）。与从事技术工作的农民工相比，从事半技术半体力工作和从事体力工作的农民工认同自己是城里人的可能性也显著更低（李培林、田丰，2012）。这种现象出现的原因可能是当前建筑业和制造业的工作条件较为恶劣、劳动强度较大，工资水平却并不高，而商业、服务业、餐饮业等的工作环境较好，同时这类农民工接触城市文化更频繁，因此更容易产生城市归属感（邓大松、胡宏伟，2007）。同时也有研究显示，流动人口所从事的工作行业社会越认可，工作性质越稳定，福利待遇越优越，社会融合度会越高（陈湘满、翟晓叶，2013）。与住宿餐饮业相比，批发零售业的农民工更有可能认为自己是城里人，对当地语言的使用也更熟悉，而建筑业和制造业的农民工在务工地长期居住的意愿较弱（石智雷、朱明宝，2014）。从职业角度，办事人员、商业人员和从事服务性工作的农民工，他们的城市融入度显著高于其他职业的农民工，也显著高于专业技术人员和管理层人员。而专业技术人员和管理人员的城市融入度是较低的，甚至低于无固定职业者。职业的这一效应还随着城市融入度的提高而提高。其中的一个解释是专业技术人员和管理人员属于高层职业，他们对单位的依赖程度较大，对单位活动的参与度高及心理认同度高，从而降低了他们对社区参与和对所居城市的心理认同。与没有明确职业发展目标者相比，职业发展目标是业务骨干的农民工的社会融入程度较高（王震，2015）。

从行业来看，农林牧渔和采掘业的农民工的工作方式与农村接近或远离城市社会，导致该部分群体在城市的行为适应最差，但就业融合程度要优于在建筑业、批发零售、住宿餐饮和社会服务等行业的农民工。建筑业是农民工就业最重要的行业之一，但由于行业特性，这些行业的农民工往往与"环境脏、外表脏"等联系在一起，群体的认同和接纳得分最低（褚清华、杨云彦，2014）。相较于生产和运输设备操作人员，从事服务性行业或管理性工作的农民工更加认同城市（褚荣伟、熊易寒、邹怡，2014）。与制造类工作相比，服务类和自雇及其他类工作对农民工的心理融合有着显著的正向影响。这可能是制造类工作条件相对较差，工作时间较长，农民工与城市居民互动较少；而与之相比较，服务类和自雇及其他类，工作条件相对好且体面，农民工与城市居民互动机会和频率较高，所以心理融合度较高（李振刚、南方，2013）。

从流动人口就业的稳定性角度来看，就业区域的稳定性对农民工增强自身"城市人"的身份认同感和在务工城市的长居意愿具有显著的促进作用，这说明农民工在一个城市连续务工的时间越长，他们越有可能认为自己是城里人。同时，就业区域稳定性和就业职业稳定率能有效帮助农民工了解和掌握当地语言，促进农民工的文化融合，签订劳动合同对增强农民工长居意愿有显著的正向影响。同时，就业区域稳定性和就业职业稳定性对人力资本存量较低的农民工的社会融合都具有显著的促进作用（石智雷、朱明宝，2014）。

6. 语言使用

农民工对流入地方言的熟悉和使用情况会对其社会融合程度产生影响。农民工语言同化的越好，越有助于实现社会融合（黎红，2015）。农民工的语言同化能够增强农民工的城市发展能力、提高经济收入、改善生活条件，并加快其社会融合过程。农民工的城市语言适应对其个人的流入地归属感、身份认同、价值观念塑造都起到重要作用，农民工可以利用语言资本的积累实现个人认同进而实现群体认同。因此农民工对流入地的语言掌握得越好，越会对其社会融合过程有促进作用。

从文化态度方面看，对本地文化价值观的接受能够显著增加城市认同的可能性。上海市是流动人口大量聚集的城市之一，对上海市流动人口调查数据的分析发现，上海话的流利程度也显著影响城市认同的概率，这种作用可能通过两种机制发挥作用：第一，流利的方言可以帮助他们获得更好的工作机会；第二，流利的方言可以帮助他们更好地与本地人交流，但普通话的流利程度则没有影响（褚荣伟、熊易寒、邹怡，2014）。

7. 健康状况

还有一些因素也对流动人口的社会融合产生影响。例如流动人口的健康状况会显著影响社会融合程度。以"健康状况不好"为参照组，"健康状况良好"对移民的社会融入度有显著的正向影响，健康状况良好的移民能够避免昂贵的医疗成本，且有更多的就业机会，更易于融入社会。健康状况越好，农民工的社会融入水平越高（刘建娥，2010，2011）。

8. 消费行为

消费行为因素显著为正，说明消费水平的提高会促进农民工的社会融合水平，消费水平越高的农民工，其在城市的社会融合程度越高（黄小兵、黄静波，2015）。这是因为，消费是认同的显现，个人总是选择与其身份相适应的消费，身份可以通过消费方式表现出来，消费方式是进行身份建构和维持的重要手段。随着城市化进程的推进，农民工在务工城市的消费水平、结构和行为越来越接近城市居民的消费特征，农民工消费行为的这种转变会促进农民工对其在城市"市民"身份的认同，提升其在城市的社会融合程度。

消费行为的影响存在代际差异。消费水平对新一代农民工的社会融合会产生显著促进作用，但是对老一代农民工的社会融合不存在显著影响。由于成长的时代环境和外出务工经历迥异，两代农民工在城市的消费行为存在明显的代际差异。老一代农民工的消费行为依然属于农村传统温饱型的消费方式，表现为家庭积累财富而尽量降低在城市的消费水平，生存资料消费在消费结构中占据绝对主导地位，这种传统消费行为与老一代农民工在城市较低的社会融合程度是相符的；而新生代农民工的消费行为具有现代的市民化消费特征，表现为较高的消费水平，不断增加的个人享受和发展的支出，追求品牌的炫耀型消费行为，新生代农民工的这种类似城市消费者的消费行为反映了他们对自身"农民"身份的否定以及成为城市消费者和生活者的愿望，因而会促进其在城市的社会融合（黄小兵、黄静波，2015）。

9. 体育锻炼

有研究指出，农民工的社会融合受到体育锻炼的影响，体育锻炼越频繁，社会融合程度越高（张艳，2012）。农民工通过参与体育活动获得了社会交往的机会，增加了个体的社会资源和社会资本，从而促进农民工与城市市民之间的文化交流和沟通。有研究通过对南京市农民工体育锻炼现状的分析发现，农民工的体育锻炼参与度与农民工的文化融合程度成正相关的关系，即体育锻炼参与越多的农民工越容易接受城市现代文化，城市融合程度越深。

二　国内相关研究的主要成果总结

我国的人口流动正由"候鸟式"向"定居式"转变，"举家迁移"现象越来越普遍，有近70%的流动人口与家人共同流动，在现居住地户均规模达到2.5人。随着流动人口在流入地居住时间的增长，其对自身在流入地的发展状况更加关注，在经济发展、政治参与、公共服务、文化认同等方面融入当地社会的需求日益增强。对流动人口社会融合影响因素的考察将有助于了解流动人口的社会融合现状，了解流动人口在社会融合过程中遇到的困境，并提出有针对性的解决方案，从而进一步促进流动人口的社会融合。

社会融合是一个综合性的概念，主要有经济融合、文化适应、行为适应、心理融合以及身份认同这几个维度，各维度之间相互联系，构成社会融合的整体。现有的国内研究指出，新生代流动人口的社会接纳度最高，其次是经济适应度，文化适应与心理融合度最低。这说明新生代流动人口在经济、社会适应方面速度最快，在文化与心理融合方面速度最慢（余运江、高向东、郭庆，2012）。

从流动人口的社会融合影响因素来看，流动人口的社会融合受到多层次的因素的影响。从宏观层次来说，流入地的经济发展水平以及社会保障制度影响着流动人口的社会融入，地区之间的差异对流动人口的社会融合影响显著。经济越发达的地区，流动人口的经济融合会越好。在流入地社会保障参与更好的流动人口，其社会融合水平也更好。从中观层次来说，流动人口与流出地的联系、在流入地的家庭形式，也会显著影响社会融合的各个维度。在流入地居住时间越长，其居留意愿越强，社会融合状况越好。由农村流向城市的流动人口，其社会融合水平不及城－城流动人口。流动人口的社会资本质量越高，其社会融合状况也会越好。从微观层次来看，流动者个体的各项特征也对社会融合的各个维度产生影响。从年龄来看，年龄较大的流动人口的社会融合状况较好。女性的社会融合意愿更为强烈，但男性的身份认同和居留意愿更强。更高的教育程度有利于流动人口的社会融合。所在行业层级越高，社会融合状况越好。健康状况越好，社会融合状况越好。由此可见，流动人口社会融合的影响因素来自不同的层次，社会融合的结果是各方面因素共同作用的结果。

现有研究对就业状况、人力资本、社会资本，以及个人特征对流动人口社会融合的影响机制较为关注。这几个方面的影响因素也是与流动人口切身相关的，流动人口社会融合程度的提升可以从这几个方面进行着手。下面就这几个影响维度的作用机制做一总结。

流动人口的就业状况是影响其社会融合的重要因素，就业状况与流动人口在城市中生活的物质基础息息相关，较好的经济基础，会促进农民工各维度社会融合的提升。但是流动人口在进入城市后面临着市场性与制度性的"双重边缘化"（石智雷、朱明宝，2014），也就是说流动人口进入城市后，一方面受其人力资本的限制，大多只能从事一些低收入的工作，另一方面，流动人口在务工地所拥有的社会关系主要以亲缘、地缘为主，甚至孤身一人。同时，流动人口也无法很好地参与到社会保障体系中来。因此，流动人口想要缩小与城市社会之间的距离、提高社会融合程度，首先需要拥有一份稳定的工作，较为稳定的经济来源可以帮助流动人口在流入地更好地生活。在城市工作多年并有了一定积蓄的流动人口可以在城市买房，在流入地有了稳定居所后可以进一步扩大交际范围，并且拉近与市民的实际生活距离，生活方式与习惯也逐渐向市民靠近；同时，较好的经济状况也能使流动人口参与到社会保障体系中来，帮助流动人口从制度、心理、行为、身份认同等多个维度更好地适应城市生活，进一步提高其社会融合水平。

进一步来看，流动人口内部也存在就业行业上的差异，这种差异也会影响流动人口的社会融合水平。研究发现，从事建筑业的流动人口普遍社会融合程度较低。建筑业是农民工就业最重要的行业之一，但由于行业特性，这些行业的农民工往往与"环境脏、外表脏"等联系在一起，这一群体的社会融合程度和被接纳程度都较低。而从事服务业、白领工作的流动人口的社会融合程度较高。行业间社会融合水平的差异值得关注。

个人特征也会影响流动人口的社会融合水平。从性别看，女性由于从事相对稳定的职业较多，女性的就业融合相对男性要好；但男主外、女主内的家庭分工使男性与城市社会交流更多，男性行为适应相对要好，但男性较好的发展期望与现实反差导致其认同和接纳度偏低。从婚姻状况看，已婚意味着更广的社会网络，从而使流动人口在求职中获得优势，同时已婚以及夫妻一同迁移有利于农民工的身心健康，对保持自身健康资本尤为重要，所以已婚的农民工的就业融合相对要好；但与婚姻有关的家庭责任，削弱了农民工与城市的交往，影响了群体的行为适应。较好的就业融合与存在落差的发展期望，加上子女在城市接受教育面临诸多困难、与子女分居等现实使得已婚农民工的认同和接纳度相对要低（褚清华、杨云彦，2014）。

三　社会融合后果研究

（一）概述

社会融合是一个交互过程，社会融合既被不同层级的因素所影响，其本身也会作为影响因素对流动人口生活的各个方面产生影响。流动人口来到新的社会环境中，一方面通过提高经济收入、接受当地文化、在当地定居等方式实现自己的社会融合；另一方面，在实现社会融合的过程中，社会融合的不同维度也对他们的自我认同、生活方式、生活行为等产生了影响。本章要讨论的是社会融合是如何对流动人口产生影响的。

国内针对社会融合对流动人口影响的研究从多个角度展开，研究发现，社会融合在自我认同、定居意愿、幸福感、流出地、社会参与、身心健康以及婚育行为等维度上对流动人口均产生了影响。因此流动人口既参与社会融合的过程，又被社会融合所影响，在个体与社会融合的相互作用中流动人口逐渐向城市人转变，其现代性不断增加。

（二）国内研究的主要结果

1. 定居意愿

从心理层面来看，社会融合的不同维度对流动人口的自我认同以及定居意愿都产生了影响。定居意愿是指流动人口进入流入地并在当地生活工作一段时间后，对将来是否在当地长期生活的想法，是流动人口社会融合的较高层次，也是衡量能否真正实现社会融合的重要指标之一。农民工是否打算居留城市，不仅关系农民工自身的发展，而且对我国的城镇化进程有重要影响。从总体上来看，研究结果比较一致，社会融合程度越好，流动人口的自我认同感越强，也更愿意留在流入地，成为当地居民。

对2005年深圳农民工专项调查数据的研究发现，深圳的农民工的社会融合状况总体良好，生活满意度较高，农民工感受到的歧视较少，行为融合和情感融合的现实对农民工交友意愿和未来打算均有显著影响。农民工的情感支持网规模越大，就越不会受到歧视，越有可能与市民进行社会交往，社会交往的扩展将进一步促进农民工在当地定居和发展（李树苗、任义科、靳小怡等，2008）。进一步对全国范围内的流动人口分析发现，文化融合、经济融合、社会参与、心理融合、个人特征和流动特征都对流动人口的城市居留意愿产生影响，其中经济融合对农民工的发展意愿具有最重要的、最具决定性的影响，同时文化融合、经济融合和心理融合对农民工"打算"居留城市有显著正向影响（李树苗、王维博、悦中山，2014）。

浙江省、四川省流动人口专题调研的数据结果显示，流动人口参加社会养老保险的意愿不高，对此现象进一步分析发现，流动人口在当地社会融合水平不高、城市归属感不强是导致社会养老保险参与程度较低的原因之一（孙涛、谢东明，2016）。浙江省的问卷结果显示，超过一半的受访者愿意在就业地养老，但依然有一定比例的人对此持犹豫或否定的态度。四川省的问卷调查结果显示，对在流入地养老持犹豫和否定态度的受访者的比例明显偏高。问卷结果显示，流动人口的定居意愿不高，进一步导致社会养老保险的参与程度较低。流动人口在流入地各维度的社会融合水平较低，是重要原因之一。具体表现在收入水平与本地差距较大，流动人口的收入水平较低，经济融合状况较差，无力承担养老保险的费用；同时部分受访者仍然表示对耕地的眷恋，心理融入的水平较低，在流入地的定居意愿不高，因此在流入地参与社会养老保险的积极性不高。

2012年广州市流动人口动态监测数据的研究结果显示，经济融入、社会交往以及心理融入程度更好的流动人口有着更强烈的定居意愿。从经济融入角度来看，较高收入水平、拥有自购住房、享有城镇职工养老保险的流动人口更愿意在广州长期居住。从社会交往角度来看，经常与本地人交往、积极参与社区活动的流动人口的长期居留意愿也更加强烈。从心理融入的角度来看，愿意融入本地生活以及生活幸福感越强的流动人口有更强烈的长期居留意愿。从总体上来看，在新型城镇化的背景下，社会融合程度的不断提高可以增强流动人口的居留意愿（张华初、曹玥、汪孟恭，2015）。

2013年流动人口社会融合专题调查数据的研究结果显示，在经济融合方面，收入越高，自雇者、自有住房者的居留意愿越强，这说明随着经济融合水平的提高，新生代农民工的居留意愿在增强。在制度融合方面，办理了医疗保险以及办理了居住证的新生代农民工的居留意愿更强。在文化融合方面，与本地人交往、会讲本地话提升了新生代农民工在流入地长期居留的意愿（李振刚，2014）。

从户籍迁入意愿来看，对来自广东、浙江、江苏和上海的微观调查数据分析结果显示，流动人口社会融合度的提高对其户籍迁移城市意愿有显著的正向影响；从职业方面来看，从事较高端职业和拥有高收入的流动人口的社会融合状况对其户籍迁入城市意愿的影响大于从事低端职业和低收入的流动人口，随着社会融合程度的提高，户籍迁入意愿也就更强；从社区参与来看，在本地经常参与文体活动、社会公益活动、计生协会活动、业主委员会活动以及选举评先进活动等的流动人口，有着更积极的户籍迁入意愿（张鹏、郝宇彪、陈卫民，2014）。

还有较多的研究得出了较为一致的结论，即经济融合条件较好、社会参与程度较高、心理融合较好的流动人口的定居意愿和户籍迁入意愿较强。上海、天津、广州、沈阳、昆明五城市农民工调查数据的分析结果显示，参保了城市养老保障的农民工更倾向于迁移到城市，与城市居民交往较多的农民工定居城市的意愿更强（黄乾，2007）。对大连市流动人口调查数据的研究发现，随着收入的提高、已购买住房的流动人口长期居留在流入城市的意愿在增强；认为自己的身份与本地人更近的流动人口永久居留意愿比认为身份地位与当地居民"差异很明显"的流动人口要强，没有感受到歧视的流动人口有更强的长期居留意愿（卢小君、王丽丽、赵东霞，2012）。对2010年在沪农民工的问卷调查数据进行分析后发现，经济融合程度越高、文化融合程度越高，农民工对上海的认同程度就越高，也会更愿意留在上海发展。以上研究说明，经济融合、心理融合的提升都有利于提升流动人口在流入地的长期居留意愿，社会融合程度越好，农民工定居城市的意愿越强烈（褚荣伟、肖志国、张晓冬，2012）。

社会融合的多个维度都对流动人口的定居意愿产生了影响，其中主要的影响因素是经济融合，经济融合状况越好，流动人口的定居意愿也就越高。拥有较好的经济条件的流动人口能够在物质条件方面与本地人更为接近，也可以负担起在城市生活的开支。处于好行业、高端职业和高收入职业的外来人员在所在城市的地位较高，工作环境和氛围较好，使外来人员更容易积累社会资源，从而增强了居留意愿。只有当流动人口在城市找到一份相对稳定的工作，有了稳定的收入和得以安身的居所时，他们才能在经济层面上定居城市，当进一步解决了养老等社会保障问题时，其定居城市的意愿才更加强烈。

文化融合状况也影响着流动人口的定居意愿，文化融合对流动人口的居留意愿具有积极的影响。流动人口文化融合程度高说明他们对城市的风俗习惯、社会人情、周围环境有深刻的了解，他们能够主动融入城市，在城市扎根的愿望自然就比较强烈。随着生活在城市的流动人口的归属感的提升，其居留意愿也在进一步上升。能够与城市社会较好融合的流动人口，其定居城市的意愿也很强，因为流动人口只有真正融入城市，感觉到自己是城市的一分子时，才可能有强烈的意愿定居于城市。在实际参与方面，社区参与较高反映了流动人口在社会参与上和当地人能够融为一体，和本地人一起参与本地事务的讨论，这将会对户籍迁入意愿产生积极作用。

政治融合对农民工在当地的发展意愿有正向影响。政治融合指的是流动人口在城市社会的政治生活中，逐渐与城市居民享有同等权利的过程。政治融合主要包括农民工群体是否能享受同等的市民权，如选举权、投票权和听证权等。政治融合意味着市民权在农民工群体中的实现，一般来说，市民权会影响人们参与城市公共活动、城市管理的热情和效率（褚荣伟、肖志国、张晓冬，2012）。

2. 生活满意度

生活满意度是个体对于生活中多个维度的评价，是一种综合性的感受，个体的生活满意度会受到多种因素的影响。现有研究发现，流动人口的社会融合状况会对其生活满意度产生显著的影响。从总体上来看，社会融合状况越好的流动人口其生活满意度也越高，且社会融合的各个维度也对流动人口的生活满意度产生影响。

经济融合和社会交往是影响流动人口在流入地生活满意度的重要因素，经济融合程度越高，城市生活满意度越高。社会认同也对满意度有正向影响（褚荣伟、肖志国、张晓冬，2012）。对2005年深圳农民工专项调查数据的研究发现，社会融合的经济维度和社会交往维度对流动人口的生活满意度有显著影响。在经济维度方面，月收入越高，农民工的生活满意度越高。在社会交往维度方面，社交支持网规模和居住模式对农民工生活满意度的影响显著。社会网络规模越大，农民工生活满意度越高，与散居者相比，聚居者的生活满意度更高。而实际支持和情感支持网的影响并不显著（李树茁、任义科、靳小怡等，2008）。

对山东省流动人口调查数据的研究发现，在排除了个体特征和地区差异因素后，由经济融合、文化融合、社会适应、结构融合和身份认同五个维度综合而成的社会融合指数对流动人口的幸福感有显著的正向作用（季永宝、高敬云、杨俊，2016）。这说明在我国经济社会转型期，流动人口的幸福感是受社会融合因素影响的，流动人口幸福感随社会融合程度的加深而提高。

具体来看，经济融合与社会适应两种社会融合程度对幸福感的边际贡献最大。在流动人口逐步融入所在城市生活的过程中，其交流和依靠的社会网络会逐渐建立起来，这会在很大程度上提高流动人口的幸福感，并且幸福感的程度与社会融合程度正相关。随着社会融合维度数量的增加，流动人口经历了各方位的社会融入的过程，各维度的社会融合指标越好，幸福感的评价也就越高。这说明社会融合不仅仅是单一方面影响流动人口的主观幸福感，而是一个多维度影响的过程，并且随着各维度融合程度的加深，流动人口的幸福感也会提升（季永宝、高敬云、杨俊，2016）。

城市归属感对农民工的生活满意度有显著的正向影响，心理融合和文化融合程度的提高有利于农民工心理健康状况的提升（李树茁、悦中山，2012）。但农民工现代性水平的提升反而导致了生活幸福感评价的下降，这可能是因为较高程度的文化融入水平会增加个人的不协调感或导致家乡文化和城市文化发生冲突，农民工尝试着在两种文化中找到一种平衡，可能会经历更多的心理焦虑，最终对移民的心理健康造成损害。

3. 对流出地的影响

流动人口虽然身处异乡，但还是与流出地存在千丝万缕的联系，主要表现在流动子女对仍在家乡的老人的照料和经济支持上。

流出地和流入地的社会经济和文化环境以及流动人口的流动经历等会对流动人口产生不同程度的影响，流动人口在适应城市生活上也表现不一样。

流动人口与现代城市社会的融合程度深浅不一，从而导致他们的养老观念和养老行为的转变也表现出诸多的不同。流动人口的外出以血缘关系和地缘关系形成的流动链条为主，使得外出人员在某些特定的流入地不断积聚。但是通过这种群体方式外出的人员在流入地仍旧处于血缘和地缘关系网络的包围中，传统的家庭观念和生活方式存在很大程度的保留，原有的习俗仍具有很大的约束力，因此他们履行传统养老责任的可能性大大增加。但这部分群体流动人口还局限在流出地的社会环境中，无法充分融入城市生活中，社会融入水平较低无法通过新的社会资本获益，因此其改善生活状况的能力较弱，从而降低了他们为父母提供经济帮助的水平。与未决定去留的人群相比，明确表示不打算长期在流入地居住的子女为父母提供经济帮助的可能性较低，这或许是由于其对目前的生活状态更不满意，从而降低了其提供经济支持的能力（张文娟，2012）。

但是外出打工在提高流动人口经济赡养能力与承担其对父母的传统养老责任方面存在冲突。在流动人口的经济状况获得改善的同时，他们与流入地社会的融合削弱了其原有的养老意愿，对老人的照料和劳务帮助有很大程度的下降。外出务工会提高流动人口的经济水平，在城市融入得越好，其经济水平也会越好。但是群体式外出的流动人口仍然局限于流出地的文化圈，其社会资本的扩展十分有限，但一方面他们接触了新的城市文化，另一方面与父母距离较远，因此会产生在流入地生活与传统养老观念之间的矛盾。这一矛盾将乡土情结比较强的流动人口推上了一个两难的境地，一方面社会融合可以提高流动人口经济收入水平，另一方面仍在流出地的流动人口的父母对代际支持的需求也更加强烈。

4. 交友意愿及社会参与

流动人口在流入地的交友意愿和社会参与状况都会受到社会融合的影响。具体表现为社会融合状况越好，其交友意愿越强，社区参与程度越高。

针对深圳外来农民工调查数据的研究显示，社会融合现状对交友意愿会产生影响。具体表现在，情感支持网的规模越大，农民工越可能与深圳市民交往；社会支持网中没有弱关系，即交往对象全是强关系的农民工，则其更愿意与家乡人或一起外出打工的外乡人交朋友，经常受歧视的农民工，越可能与家乡人或一起打工的外乡人交往。这说明在流入地社会网络质量越好的流动人口的交友意愿越强，其交往的范围越广，也更愿意与当地人进行交往。而社会网络比较单一，以强关系为主的流动人口则不太愿意与本地人交往，其社会交往的范围和交往对象的异质性都大大减弱（李树茁、任义科、靳小怡等，2008）。这说明社会融合的社会资本对流动人口在当地的社会交往产生了显著的影响。

从经济融合的角度来看，职业处于中上层这个因素对新生代农民工的社区文化参与产生了显著影响。对于新生代农民工来说，其社会经济地位越高，社区文化参与的可能性也越大。职业处于中上层的新生代农民工社区文化参与的可能性较职业处于中下层的新生代农民工有大幅度的提升。收入程度越高，其社区文化参与程度越高。与收入不能保障生活的新生代农民工相比，勉强可以保障生活的新生代农民工和完全可以保障生活的新生代农民工社区文化参与的可能性都有大幅度提高。从代际的角度来看，对于第一代农民工来说，签订劳动合同和给加班费有助于提高他们的社区文化参与，缴纳保险也有助于提高他们的社区文化参与。对于新生代农民工来说，社会经济地位越高、收入越能够保障生活，社区文化参与的可能性越大。

从社会交往的角度来看，与没有同当地居民交往的新生代农民工相比，无论是偶尔进行交往还是经常与当地居民进行交往的农民工，都显著地提升了他们参与社区文化活动的可能性。同时，与打工人口的交往活动能够促进新生代农民工的社区文化参与行为。因此可以看出，社会交往对新生代农民工的文化参与行为具有正向的推进作用（陈旭峰、钱民辉，2012）。

从心理融合的角度来看，认同自己是半个城里人的第一代农民工社区文化参与的可能性反而不如认同自己是农村人的第一代农民工。可能的原因是，对于认同自己是半个城里人的第一代农民工来说，他们徘徊在融入与隔离之间，对流入地的社会融入程度还不高，正是这种不确定的社会融入状态降低了他们的社区文化参与（陈旭峰、钱民辉，2012）。

5. 个人身心健康

社会融合还会影响流动人口的身心健康状况。身心健康是进行工作、生活的重要支持因素，特别是对于流动人口来说，好的健康水平意味着能够在劳动力市场中搜寻到更好的工作机会，从而能够获得高收入。社会融合在流动人口的身心健康方面起到显著的影响作用。

社会资本是流动人口在城市中生活工作的一个重要因素。针对武汉市的调查数据显示，社会资本通过积极作用于社会融合，提升了流动人口的健康获得水平，社会融合在社会资本对健康获得的影响机制中发挥着完全中介效应，社会融合对生理健康和心理健康的影响效应是一致性的。流动人口的社会资本质量显著地影响了其社会融合水平，而社会融合会显著地影响流动人口的生理健康和心理健康，社会融合状况越好，个体的生理健康和心理健康状况也会越好（王培刚、陈心广，2015）。

在珠江三角洲地区九个城市展开的关于农民工的问卷调查，通过劳动力市场融入、劳动权益保护融入、住房融入三个方面测量了流动人口的社会融入水平；使用 Hopkins Symptoms Check List（HSCL）量表的简化版测量了农民工的精神健康，并探讨了流动人口的社会融合状况与其精神健康之间的关系。研究结果显示，在经济融合方面，流动人口的经济收入状况越好，其面临的经济生活压力越小，其精神健康状况越好。找工作越容易者，其精神健康状况越好。职业流动也有助于流动人口精神健康的提升。虽然农民工的职业流动频繁，多数的职业流动并没有带来职业地位的上升，但越能够实现职业流动者，越能够排解其职业倦怠，实现自我价值，其价值感越强，自我焦虑较少，精神健康状况较好。住房质量的提升有助于农民工获得更好的精神健康。人均住房面积越大、住房质量越高，其精神健康状况越好。拥挤局促的居住环境，不利于流动人口构建和谐的人际关系，并无形之中给他们增加心理压力，从而不利于流动人口的精神健康（聂伟、风笑天，2013）。

社会交往也对流动人口的精神健康产生影响。在与本地人的交往中，农民工与本地人增进相互了解，有助于消除原来由经济、社会、文化心理差异带来的隔离，面临的社会排斥感较弱，精神健康状况可能较好。对当地语言掌握得越好，精神健康状况也就越好。组织参与越多，农民工的精神健康状况越好，党组织、工会、共青团、女工组织在一定程度上能够为其成员提供社会支持或服务，同乡会对农民工起到物质支持和精神慰藉的作用，有助于缓解心理压力，促进精神健康（聂伟、风笑天，2013）。

通过使用结构方程模型方法对成都市流动人口调查数据进行分析发现，流动人口群体的经济融合水平对其社会适应存在正向影响，社会适应对流动人口的自评健康有正向影响。这一研究结果说明，流动人口的经济融合促进了其社会适应程度，并由社会适应促进其自评健康水平，因此流动人口的经济融合通过社会适应这一中介变量对其自评健康产生了正向效应。在经济融合的基础上实现社会适应，对流动人口的自评健康有促进作用（张聪、陈家言、马骁，2015）。

还有研究指出，体育锻炼参与和社会文化融合之间呈现正相关关系。农民工更加积极地参与到体育锻炼中来，有助于提升其自身的身体健康水平（张艳，2012）。大众体育参与为个体之间的相互了解交流提供了一个很好的平台，农民工通过体育参与提升个体之间的相互熟悉和信任水平，从而更好地进行文化交流，提高人际信任水平，从而进一步促进农民工社会融合水平的提升。

6. 婚姻及生育行为

流动人口进入城市后，在行为、观念等方面都会受到城市文化的影响，观念和行为与当地文化越接近的，其心理融合和行为适应就越好。其中流动人口的婚姻态度、初婚年龄和生育行为显著地受到社会融合因素的影响，社会融合程度越高的农民工的婚恋观念更容易趋同于城市市民。

通过对2013年全国流动人口动态监测调查数据的分析发现，少数民族新生代流动人口无论男女，其初婚年龄都高于汉族，这可能是由于少数民族受流动地域与文化差异的影响更为明显，需要更长的时间进行融合。城乡流动的新生代流动人口初婚年龄更多受通婚圈、配偶教育等社会融合因素的影响（刘厚莲，2014）。

农民工的社会网络会对其婚姻观念产生影响。例如来自深圳市的农民工调查数据显示，社会融合程度越高的农民工的婚恋观念更容易趋同于城市市民。与深圳市民和外地人混合居住的生活环境有利于农民工婚恋观念现代性的增强，同时，文化融合更好的农民工对未婚先孕的态度也表现出宽容的一面（靳小怡、任峰、悦中山，2008）。

女性流动人口的社会融合水平还会对其避孕措施使用、初婚年龄产生影响。例如对上海市浦东新区的流动妇女的调查显示，方言掌握较好的妇女其避孕行为更易发生转变。方言掌握体现了个人的城市化和社会融合程度，会说方言的妇女更易受城市文化的影响，方言掌握得越好，其文化融合程度也就越高，进而影响其避孕行为的转变（杨绪松、李树苗、韦艳，2005）。上海市浦东新区流动妇女初婚状况的研究结果显示，居住环境对实际初婚年龄有显著影响，与散居的妇女相比，混居和聚居的妇女更倾向于早婚，其中，聚居妇女的初婚风险最大，最可能早婚。居住环境对流动妇女的理想婚龄、实际婚龄和初婚风险都有显著影响，与混居和聚居的妇女相比，散居妇女的理想婚龄和实际婚龄最大，初次流动后5年内结婚的风险最小。已婚妇女的理想平均婚龄明显高于实际平均婚龄，这说明流动妇女的婚姻观念有融合于城市市民的趋势，尽管这种观念的改变不能再对其婚姻行为产生影响，但可以影响到周围和家乡的未婚妇女，推动周边农民工婚育观念和行为的转变（靳小怡、彭希哲、李树苗等，2005）。

（三）国内相关研究的主要结果总结

流动人口较好地融入城市社会，成为城市的新居民，有利于加快农村劳动力转移和城市化进程。流动人口的社会融合会影响到其生活的方方面面，其中经济融合是基础，好的物质保障会推进流动人口在流入地生活质量的提高；文化融合有助于流动人口，特别是乡－城流动人口现代性的增强，使其行为和观念与流入城市趋同，不仅形成自身观念、行为的改变，同时也会带动身边的流动人口一起转变观念；心理融合会使流动人口更好地适应流入地的城市生活，提升生活满意度，使流动人口能以主人翁的心态参与到流入地城市的发展建设中来，实现自己的人生价值。从总体上来看，社会融合的各个维度对流动人口的居留意愿、生活满意度、交友意愿、社会参与、个人身心健康以及婚姻生育行为都产生了影响，影响范围较广，涉及流动人口生活的方方面面，使流动人口能够实现在城市的落地生根，进一步实现市民化。

社会融合的经济融合维度、社会参与维度、文化融合维度以及心理融合维度都对流动人口的居留意愿产生影响。经济收入越高、职业越高端、社会保障参与情况越好，流动人口在流入地的长期居留意愿、定居意愿以及户籍迁入意愿也越高。从社会参与维度来看，更加积极参与本地事物的流动人口其居留意愿和户籍迁入意愿也在上升，因为参与社区事务有助于流动人口提升自己的主人翁意识，使其切实感受到自己是城市的一部分。文化融合程度越好，流动人口对流入地的方言掌握、风土人情等的接纳程度也就越高，这能够帮助流动人口从观念上更加接近流入地居民。从心理融合维度来看，认为自己的身份跟本地人更加接近的流动人口，其居留意愿更强。总的来看，社会融合各维度的表现越好，流动人口越愿意在流入地长期居留，甚至更愿意将户籍迁入，希望成为真正意义上的城市居民。

流动人口的生活满意度受到社会融合各维度的影响，社会融合程度越好，生活满意度也就越高。流动人口在流入地的经济收入越高，生活越能得到保障，其生活满意度也就越高。从社会交往维度来看，流动人口在流入地的社会网络规模越大，其生活满意度越高。流动人口社会网络规模和质量的扩展，有利于流动人口与本地居民进行更多的交流，同时流动人口也能获得更多关于本地生活的信息以及日常生活中的帮助，进而提升流动人口的生活满意度。从社会适应的维度来看，流动人口在流入地的社会适应状况越好，越能按照流入地的风俗习惯行事，缩小与本地人在行为、观念上的差异，进而提升生活满意度。从总体上来看，社会融合不会从单一维度对流动人口的生活满意度产生影响，而是从各方面对流动人口产生综合影响，社会融合各维度状况越好，流动人口在流入地的生活满意度也就越高。

社会融合的经济维度、社会资本维度和心理维度都对流动人口的交友行为和社区参与行为产生影响。经济融合状况越好，流动人口越愿意参加社区活动。从社会交往的角度来看，流动人口在流入地的社会网络质量越好，其交友意愿也就越强，交往范围也越大，同时也更愿意与当地人进行交往。同时社会网络质量的提高，也有助于流动人口更加积极地参与社区文化活动。心理融合越好的流动人口，更有可能参与社区活动。从总体上来看，社会融合水平的提高，能够切实提升流动人口的生活质量，进而促进流动人口与当地居民的交往，激发流动人口参加社区活动的热情。

身体健康对于流动人口来说意义重大，好的身体意味着能够从事更高劳动报酬的职业。社会融合的经济融合维度、社会资本维度都对流动人口的身心健康产生了影响，社会融合各维度的表现越好，其身心健康状况也就越好。经济融合方面，流动人口的经济收入状况越好，面临的生活压力越小，其精神健康状况越好。社会资本越好的流动人口，通过与本地人的交往、参加各种社区活动，丰富了自己的生活，进一步融入城市生活，其生理健康和心理健康状况也就越好。

流动人口在流入地的社会融合状况越好，其婚姻和生育行为的现代性也就越高。流动人口的文化融合状况越好，与当地人交往遇到的障碍越少，越容易受到流入地城市文化的影响，从而促进婚姻和生育行为的转变。例如流动妇女的社会融合状况越好，其避孕行为的转变风险也就越高，生育行为的现代性也越高。

综上所述，流动人口通过社会融合这一途径，逐步实现生活方式改变、户籍身份转换、文化理念转变、社会关系融洽等方面的城市现代化。社会融合水平的提升，有助于流动人口从各方面提升自身的现代性，从而使其成为城市生活的一分子。

四　小结

本章对国内流动人口社会融合影响因素和社会融合后果的实证研究进行了总结归纳。流动人口社会融合状况受到多方面不同层次因素的影响，主要归纳为迁入地社区、流动人口与迁出地社区的联系、流动人口在迁入地的社会支持网络、流动人口在迁入地的家庭形式以及流动人口的个人特征与背景这五个层次。从流动人口社会融合的后果来看，社会融合状况对流动人口在流入地的自我认同、幸福感、社会参与、身心健康、行为观念以及婚育行为等都产生了影响。

从影响社会融合的因素来看，各个层级的因素都对其产生了影响。从宏观角度来看，流入地的经济发展水平以及社会保障制度影响着流动人口的社会融合水平。流入地经济越发达，流动人口的经济融合越好；在流入地社会保障参与越好的流动人口的社会融合状况也越好。从中观角度来看，流动人口在流入地的社会支持网络以及家庭形式都影响着其社会融合水平，社会网络质量越好，社会融合状况越好。从微观角度来看，对社会融合产生影响的因素较多，受教育水平是最主要的影响因素之一，受教育程度越好，流动人口的社会融合水平越高。其他影响因素还包括年龄、性别、婚姻状况、健康、所处行业等。

从社会融合的后果来看，流动人口在流入地的社会融合会对其工作、生活的各个方面产生影响。经济融合的提高有助于流动人口在流入地立足；文化融合能够促进流动人口更好地接受城市文化，进而在行为上发生转变，更加适应城市生活；心理融合可以帮助流动人口缩小与城市生活之间的隔阂，提高生活满意度，增强定居意愿，从心理上向城市人靠近。总的来看，社会融合各维度的表现越好，越有助于流动人口现代性的提升，进而促使流动人口真正成为流入地的一员。

本章归纳了各层次因素对流动人口社会融合的影响，以及社会融合对流动人口工作、生活各方面产生的影响。流动人口来到一个全新的环境中，需要通过社会融合来适应，从而获得在流入地立足的基础，社会融合又作用于流动人口的定居意愿、自我认同、日常行为等多个方面，进一步推动流动人口向城市人的身份转换。社会融合是一个长期的过程，其与流动人口之间存在相互作用。总而言之，社会融合水平的提高，有助于流动人口更好地适应城市生活，进而使流动人口成为流入地城市的一分子。

结　语

随着大规模流动人口进城并定居，流动人口社会融合必然成为流动人口关心和要面对的核心问题，而流动人口能否顺利融入城市社会，也必将给我国城市建设、社会建设以及制度公平建设带来巨大挑战。因此，全面、清楚地了解流动人口社会融合问题也就成为解决流动人口社会融合问题的第一步。本书比较系统地归纳和总结了流动人口社会融合问题的几个重要方面，即流动人口社会融合的概念、理论、维度和指标体系、相关调查与分析方法、影响因素。在大量文献研究基础上，对流动人口社会融合问题进行总结和探讨，力求使人们对流动人口社会融合问题有一个全面认识。下面从四个方面对流动人口社会融合问题做一个评价。

一　流动人口社会融合理论评价

目前，人口学界和社会学界对流动人口社会融合理论的研究已经有了初步探索，这些理论从流动人口社会融合问题的某一侧面或者某一维度进行比较有效的分析。但是，由于我国流动人口社会融合问题研究起步比较晚、流动人口社会融合问题极度复杂，再加上国内学者长期借鉴国外尤其是美国研究移民融合、种族融合的一些理论和方法，所以现存的理论和学说更多是国外的理论，目前国内学术界尚未形成比较系统和成熟的并具备自身特色的理论和学说体系。

　　总的来说，研究社会融合的理论范式极多，涉及面极广，理论思考极为复杂。本书从宏观、中观、微观三个层面对社会融合理论进行比较系统地梳理。其中社会融合的宏观理论（社会层面）从制度、阶层、社会形态、社会系统等方面对社会融合问题产生根源进行解释，提供了在宏观社会背景之下理解社会融合及其产生、发展过程的基本视角和思路；社会融合的中观理论（群体层面）主要关注移民与本地居民现实的互动经验，并探讨移民社会融合的影响因素；社会融合的微观理论（个体与心理层面）则从人的心理形成和社会互动实际状况来探究流动人口对自我定位和对城市的认同问题，以及从流动人口本身的素质如人力资本、文化资本等出发探讨流动人口融入城市的准入和限制问题。

　　不难看出，这些理论体现了流动人口社会融合问题的多学科特点，人口学、社会学、经济学、心理学等学科都从各自不同角度对流动人口社会融合问题进行了研究，扩展了此领域的视野。但也应该看到，这些根源于西方发达国家历史与社会实践的流动人口社会融合理论并不完全适用于中国特殊的流动人口问题，因此，发展具有中国特色的流动人口社会融合理论以及建立相应分析框架，是我国学者的重要任务。

二　流动人口社会融合维度和指标体系评价

　　流动人口社会融合维度和指标体系建构是开展流动人口社会融合问题定性和定量研究的至关重要一步。本书首先对国外移民社会融合维度以及指标体系的建构进行了梳理，其次对中国学者有关流动人口社会融合维度以及指标体系进行了系统总结。可以看出，目前我国学者对流动人口社会融合维度以及指标体系的思考已经相当全面和深入。

　　总的来说，国外有关移民融合维度的构建主要集中在对社会融合维度模型的思考上，这些模型包括一维模型、二维模型、三维模型和四维模型等，这些模型随着对移民融合问题研究的深入而逐渐完善和全面。国外的有关移民社会融合指标体系主要是移民流入大国结合本国实情所建立，这些指标体系包括欧盟社会融合指标、欧盟移民整合指标、英国"机会人人共享"指标、美国俄勒冈州阳光系统指标、半球社会融合指数以及巴西圣保罗社会融合/社会排斥指数。国内有关流动人口社会融合维度的建构，主要包含田凯和风笑天的社会适应测量、王桂新和罗恩立的农民工社会融合维度与指标、张文宏和雷开春的城市新移民社会融合维度与指标、杨菊华的社会融入维度、任远和乔楠的流动人口社会融合维度、朱力的农民工社会适应类型与维度、黄匡时和嘎日达的农民工城市融合的多层次模型、周皓的社会融合测量维度总结以及陆自荣的农民工阶层与个体的社会融合维度与指标；国内有关流动人口社会融合指标体系的研究，主要集中在流动人口社会融合指标体系、基本公共服务均等化指标体系以及农民工市民化指标体系上。从内容上看，目前有关流动人口社会融合指标体系已经做出较为细致的研究和探讨，不仅涉及的层面广泛（完全有效地涵盖了所有影响社会融合的层面），而且对指标具体内容深度有一定把握，在一级指标、二级指标以及对这些指标详细的操作化定义方面许多专家学者做出了大量的努力。

这些维度和指标体系已经比较系统，有关社会融合的各因素完全包含在内，但是不足之处在于国内学者并未就流动人口测量维度和指标体系达成共识，只是各说各话，另外有些学者关于流动人口社会融合维度和测量指标体系的构建也显得不够简洁、清楚，跟理论的衔接也做得不够。

三 流动人口社会融合相关调查与分析方法评价

流动人口社会融合研究离不开数据支持，而数据调查正是数据来源。这些数据来自国家层面，来自省市层面，以及来自各课题组的专项调查。不同层级和单位实施的调查，其内容、研究目的各有差别。国家层面主要有人口普查数据、全国1%人口抽样调查数据、流动人口动态监测数据、农民工监测调查数据；各省市相关部门所做的地方性流动人口调查数据；各高校、科研机构以及课题组所做的专题调查数据主要包括中国综合社会调查（CGSS）、中国社会状况综合调查（CSS）、中国家庭追踪调查（CFPS）、中国劳动力动态调查（CLDS）等。

从总体看，国内关于流动人口的调查来源较为广泛，覆盖面较广，涉及的研究问题类别丰富，抽样方法较为多样，为流动人口的社会融合研究提供了丰富的资料来源。但是各种调查甚至普查中也存在一些不足之处，比如有关流动人口的统计口径不一致、有关社会融合的调查项目不统一、调查指标体系不同、调查时点和地域差异等这些都降低了资料信息的可比性。

在流动人口社会融合研究中使用的方法多种多样。在流动人口社会融合指标构建过程中，主要有德尔菲法、主成分分析法、结构方程模型、层次分析法、熵值法等；在对流动人口社会融合影响因素和社会融合的后果进行因果分析时，使用的方法有多元线性回归、Logistic回归、分层线性模型、探索性空间分析方法等。这些方法为流动人口社会融合研究提供了新的视角，丰富了流动人口社会融合的内容，也显示出流动人口研究的交叉学科特征。

四　流动人口社会融合影响因素评价

流动人口社会融合影响因素研究是流动人口社会融合问题的重中之重，这方面研究不仅可以对流动人口社会融合不足问题做出因果性解释，也是流动人口社会融合政策的制定基础。

总的来看，流动人口社会融合状况受到多方面不同层次因素的影响，本书主要将其归纳为迁入地社区、流动人口与迁出地社区的联系、流动人口在迁入地的社会支持网络、流动人口在迁入地的家庭形式以及流动人口的个人特征与背景这五个方面。而从流动人口社会融合的后果来看，流动人口不同的社会融合状况对流动人口在流入地的自我认同、幸福感、社会参与、身心健康、行为观念以及婚育行为等都产生了重大影响。

在上述研究中，国内学者较好地使用了定性或定量的方法对流动人口社会融合影响因素开展研究，但是也有较为明显的不足，主要是与流动人口社会融合理论衔接不紧密、文献综述不充分、社会融合维度和分析框架不明确等有关，优秀的定量研究也明显不够。

参考文献

〔印〕阿玛蒂亚·森:《论社会排斥》,王燕燕摘译,《经济社会体制比较》2005年第3期。

〔英〕埃里克·H.埃里克森:《同一性:青少年与危机》,浙江教育出版社,1998。

〔德〕乌尔里希·贝克:《风险社会》,何博文译,译林出版社,2004。

〔法〕布迪厄:《布迪厄访谈录——文化资本与社会炼金术》,包亚明译,上海人民出版社,1997。

〔美〕布鲁默:《论符号互动论的方法论》,霍桂桓译,《国外社会学》1996年第4期。

陈湘满、翟晓叶:《流动人口社会融合影响因素实证分析——基于湖南省流动人口动态监测调查数据》,《西北人口》2013年第6期。

陈旭峰、钱民辉:《社会融入状况对社区文化参与的影响研究——两代农民工的比较》,《人口与发展》2012年第1期。

陈勇、黄清峰:《外来移民社会融合研究述评》,《西部发展研究》2012年第00期。

褚清华、杨云彦:《农民工社会融合再认识及其影响因素分析》,《人口与发展》2014年第4期。

褚荣伟、肖志国、张晓冬：《农民工城市融合概念及对城市感知关系的影响——基于上海农民工的调查研究》，《公共管理学报》2012年第1期。

刘铮：《人口学辞典》，人民出版社，1986。

陈凤智、曹云明编《人口词汇简编》，山东人民出版社，1985。

王玉君：《中国流动人口的社会融合》，光明日报出版社，2017。

褚荣伟、熊易寒、邹怡：《农民工社会认同的决定因素研究：基于上海的实证分析》，《社会》2014年第4期。

崔岩：《流动人口心理层面的社会融入和身份认同问题研究》，《社会学研究》2012年第5期。

邓大松、胡宏伟：《流动、剥夺、排斥与融合：社会融合与保障权获得》，《中国人口科学》2007年第6期。

丁开杰：《西方社会排斥理论：四个基本问题》，《国外理论动态》2009年第10期。

杜丽红：《中国城市流动人口管理问题研究》，四川大学出版社，2011。

段钢：《人力资本理论研究综述》，《中国人才》2003年第5期。

段学芬：《农民工的城市生活资本与农民工的市民化》，《大连理工大学学报》（社会科学版）2007年第3期。

风笑天：《"落地生根"？——三峡农村移民的社会适应》，《社会学研究》2004年第5期。

〔美〕弗朗西斯·福山：《公民社会与发展》，载曹荣湘选编《走出囚徒困境：社会资本与制度分析》，上海三联书店，2003。

高宣扬：《鲁曼社会系统理论与现代性》，中国人民大学出版社，2005。

〔美〕米尔顿·M. 戈登：《同化的性质》，载马戎编《西方民族社会学的理论与方法》，天津人民出版社，1997。

〔美〕米尔顿·M. 戈登：《种族和民族关系理论的探索》，载马戎编《西方民族社会学的理论与方法》，天津人民出版社，1997。

〔美〕戴维·格伦斯基：《社会分层》，华夏出版社，2001。

辜胜阻：《人口迁移和流动研究》，《武汉大学学报》（社会科学版）1989 年第 2 期。

关信平、刘建娥：《我国农民工社区融入的问题与政策研究》，《人口与经济》2009 年第 3 期。

《关于一九八二年人口普查主要数据的公报》，国家统计局，1982。

《关于一九九〇年人口普查主要数据的公报（第一号）》，国家统计局，1990。

《2010 年第六次全国人口普查主要数据公报（第 1 号）》，国家统计局，2011。

《2015 年全国 1% 人口抽样调查主要数据公报》，国家统计局，2016。

《中国流动人口发展报告 2016》，国家卫生和计划生育委员会流动人口司，2016。

韩俊强、孟颖颖：《农民工城市融合：概念厘定与理论阐释》，《江西社会科学》2013 年第 8 期。

〔美〕赫克特：《内部殖民主义》，载马戎编《西方民族社会学的理论与方法》，天津人民出版社，1997。

侯亚杰、姚红：《流动人口身份认同的模式与差异——基于潜类别分析的方法》，《人口研究》2016 年第 2 期。

胡锦山：《罗伯特·帕克与美国城市移民同化问题研究》，《求是学刊》2008 年第 1 期。

胡荣：《符号互动论的方法论意义》，《社会学研究》1989 年第 1 期。

黄匡时：《社会融合的心理建构理论研究》，《社会心理科学》2008 年第 6 期。

黄匡时、嘎日达：《西方社会融合概念探析及其启发》，《理论视野》2008 年第 1 期。

黄匡时、嘎日达：《社会融合理论研究综述》，《新视野》2010 年第 6 期。

黄匡时、嘎日达：《"农民工城市融合度"评价指标体系研究——对欧盟社会融合指标和移民整合指数的借鉴》，《西部论坛》2010 年第 5 期。

黄匡时、王书慧：《从社会排斥到社会融合：北京市流动人口政策演变》，《南京人口管理干部学院学报》2009 年第 3 期。

黄乾：《农民工迁移意愿影响因素的实证分析》，《江西财经大学学报》2007 年第 6 期。

黄泰岩、张培丽：《改变二元结构，实现城乡发展一元化》，《前线》2004 年第 5 期。

黄小兵、黄静波：《消费行为与农民工社会融合》，《华南农业大学学报》（社会科学版）2015 年第 2 期。

黄晓京：《符号互动理论——库利、米德、布鲁默》，《国外社会科学》1984 年第 12 期。

黄祖辉、钱文荣、毛迎春：《进城农民在城镇生活的稳定性及市民化意愿》，《中国人口科学》2004 年第 2 期。

〔英〕安东尼·吉登斯，《社会的构成》，李康、李猛译，三联书店，1998。

纪泽民：《农民工城市融入问题的多元化路径探析——以天津滨海新区为例》，《农村经济》2014 年第 9 期。

季永宝、高敬云、杨俊：《流动人口的社会融合程度对其幸福感的影响——以山东省为例》，《城市问题》2016 年第 7 期。

〔法〕加布里尔·塔德：《模仿的规律》，载周晓虹主编《现代社会心理学名著菁华》，社会科学文献出版社，2007。

贾春增：《外国社会学史》，中国人民大学出版社，2008。

姜作培：《从战略高度认识农民市民化》，《山东经济》2003 年第 2 期。

靳小怡、彭希哲、李树茁等：《社会网络与社会融合对农村流动妇女初婚的影响——来自上海浦东的调查发现》，《人口与经济》2005 年第 5 期。

靳小怡、任峰、悦中山：《农民工对婚前和婚外性行为的态度：基于社会网络的研究》，《人口研究》2008 年第 5 期。

〔美〕詹姆斯·S. 科尔曼：《社会理论的基础》，邓方译，社会科学文献出版社，1999。

〔美〕刘易斯·A. 科瑟：《社会学思想名家》，石人译，中国社会科学出版社，1990。

〔美〕查尔斯·霍顿·库利：《人类本性与社会秩序》，包凡一等译，华夏出版社，1999。

黎红：《从被动到自觉：新生代农民工的语言环境与同化路径研究——基于社会语言学视角的分析》，《浙江社会科学》2015 年第 2 期。

李春玲：《流动人口地位获得的非制度途径——流动劳动力与非流动劳动力之比较》，《社会学研究》2006 年第 5 期。

李春玲、吕鹏：《社会分层理论》，中国社会科学出版社，2008。

李春霞、陈霏、黄匡时：《融入筑城：中国西部流动人口社会融合研究》，九州出版社，2013。

李建兴：《主体性因素与农民的市民化——关于农民市民化的调研》，《成都理工大学学报》（社会科学版）2006 年第 2 期。

李培林、田丰：《国农民工社会融入的代际比较》，《社会》2012 年第 5 期。

李平、朱国军、季永宝：《转型期异质性流动人口的社会融合影响因素研究——来自山东省流动人口调研数据的经验证据》，《东岳论丛》2015 年第 1 期。

李强：《社会支持与个体心理健康》，《天津社会科学》1998 年第 1 期。

李全生：《布迪厄的文化资本理论》，《东方论坛》（青岛大学学报）2003 年第 1 期。

李全喜、蔡慧慧：《信息融合：新生代农民工城市融入不可忽视的问题》，《图书馆建设》2012 年第 12 期。

李荣时：《对当前我国流动人口的认识和思考》，《人口研究》1996 年第 1 期。

李守身、黄永强：《贝克尔人力资本理论及其现实意义》，《江淮论坛》2001 年第 5 期。

李树苗、任义科、靳小怡等：《中国农民工的社会融合及其影响因素研究——基于社会支持网络的分析》，《人口与经济》2008 年第 2 期。

李树苗、王维博、悦中山：《自雇与受雇农民工城市居留意愿差异研究》，《人口与经济》2014 年第 2 期。

李树苗、悦中山：《融入还是融合：农民工的社会融合研究》，《复旦公共行政评论》2012 年第 2 期。

李友梅、肖瑛、黄晓春：《社会认同：一种结构视野的分析》，上海人民出版社，2007。

李振刚：《社会融合视角下的新生代农民工居留意愿研究》，《社会发展研究》2014 年第 3 期。

李振刚、南方：《城市文化资本与新生代农民工心理融合》，《浙江社会科学》2013 年第 10 期。

联合国国际人口学学会：《人口学词典》，杨魁信等译，商务印书馆，1982。

廉思：《城市新移民群体的主要利益诉求与社会融入》，《探索与争鸣》2014 年第 1 期。

梁波、王海英：《国外移民社会融入研究综述》，《甘肃行政学院学报》2010 年第 2 期。

刘程：《西方移民融合理论的发展轨迹与新动态》，《河海大学学报》（哲学社会科学版）2015 年第 2 期。

刘传江、徐建玲：《第二代农民工及其市民化研究》，《中国人口·资源与环境》2007 年第 1 期。

刘传江、周玲：《社会资本与农民工的城市融合》，《人口研究》2004 年第 5 期。

刘厚莲：《新生代流动人口初婚年龄及其影响因素分析——基于全国流动人口动态监测调查数据》，《人口与发展》2014 年第 5 期。

刘建娥：《乡－城移民（农民工）社会融入的实证研究——基于五大城市的调查》，《人口研究》2010 年第 4 期。

刘建娥：《农民工融入城市的影响因素及对策分析——基于五大城市调查的实证研究》，《云南大学学报》（社会科学版）2011 年第 4 期。

卢国显：《中西方社会距离的研究综述》，《学海》2005 年第 5 期。

〔德〕尼古拉斯·卢曼：《社会系统的自我再制》，载谢立中编《西方社会学经典读本》，北京大学出版社，2008。

卢小君、王丽丽、赵东霞：《流动人口的社会融合对其居留意愿的影响分析——以大连市为例》，《大连理工大学学报》（社会科学版）2012 年第 4 期。

陆自荣：《社会融合理论的层次性与融合测量指标的层次性》，《社会科学战线》2014 年第 11 期。

陆自荣、赵亚兰：《社会融合连续统及对农民工城市融合测度的意义》，《北京交通大学学报》2014 年第 13 期。

罗家德：《社会网络和社会资本》，载李培林、李强、马戎主编《社会学与中国社会》，社会科学文献出版社，2008。

马戎：《西方民族社会学的理论与方法》，天津人民出版社，1997。

马戎：《民族社会学——社会学的族群关系研究》，北京大学出版社，2004。

马雪峰：《社会学族群关系研究的几种理论视角》，《西北民族研究》2007 年第 2 期。

〔美〕罗伯特·K.默顿：《社会理论和社会结构》，唐少杰、齐心译，译林出版社，2006。

倪赤丹：《社会支持理论：社会工作研究的新"范式"》，《广东工业大学学报》（社会科学版）2013 年第 3 期。

聂伟、风笑天：《农民工的城市融入与精神健康——基于珠三角外来农民工的实证调查》，《南京农业大学学报》（社会科学版）2013 年第 5 期。

牛喜霞、谢建社：《农村流动人口的阶层化与城市融入问题探讨》，《浙江学刊》2007 年第 6 期。

〔美〕塔尔科特·帕森斯、尼尔·斯梅尔瑟：《经济与社会》，刘进等译，华夏出版社，1989。

潘泽泉、林婷婷：《劳动时间、社会交往与农民工的社会融入研究——基于湖南省农民工"三融入"调查的分析》，《中国人口科学》2015 年第 3 期。

彭华民：《社会排斥与社会融合——一个欧盟社会政策的分析路径》，《南开学报》（哲学社会科学版）2005 年第 1 期。

钱皓：《美国民族理论考释》，《世界民族》2003 年第 2 期。

秦品瑞：《经济体制改革与人口流动》，《人口与经济》1986 年第 3 期。

邱培媛、杨洋、袁萍等：《应答推动抽样方法在流行病学研究中的应用》，《现代预防医学》2009 年第 23 期。

任远、乔楠：《城市流动人口社会融合的过程、测量及影响因素》，《人口研究》2010 年第 2 期。

任远、陶力：《本地化的社会资本与促进流动人口的社会融合》，《人口研究》2012 年第 5 期。

任远、邬民乐：《城市流动人口的社会融合：文献述评》，《人口研究》2006 年第 3 期。

阮新邦、尹德成：《哈贝马斯的"沟通行动理论"》，载杨善华、谢立中主编《西方社会学理论》，北京大学出版社，2006。

石智雷、朱明宝：《农民工的就业稳定性与社会融合分析》，《中南财经政法大学学报》2014 年第 3 期。

石智雷、朱明宝：《财政转移支付与农业转移人口市民化研究》，《西安财经学院学报》2015 年第 2 期。

宋月萍：《社会融合中的性别差异：流动人口工作搜寻时间的实证分

析》，《人口研究》2010 年第 6 期。

　　宋月萍、陶椰：《融入与接纳：互动视角下的流动人口社会融合实证研究》，《人口研究》2012 年第 3 期。

　　孙炳耀：《转型中的社会排斥与边缘化——以中国大陆的下岗职工为例》，香港理工大学出版社，2000。

　　孙涛、谢东明：《灵活就业流动人口养老保险服务研究——基于社会融合视角》，《南开学报》（哲学社会科学版）2016 年第 4 期。

　　孙玉晶、段成荣：《我国流动人口统计口径的历史变动》，《人口研究》2006 年第 4 期。

　　〔加〕查尔斯·泰勒：《自我的根源：现代认同的形成》，韩振等译，译林出版社，2001。

　　唐丹：《流动人口社会融合心理测量方法与数据的使用——基于 2013 年流动人口动态监测》，《人口与经济》2015 年第 5 期。

　　〔德〕斐迪南·滕尼斯：《共同体与社会》，林荣远译，商务印书馆，1991。

　　田凯：《关于农民工的城市适应性的调查分析与思考》，《社会科学研究》1995 年第 5 期。

　　田凯、卫思祺：《外来农民个体户城市适应性研究——来自新街的考察》，《中州学刊》1998 年第 3 期。

　　童星、马西恒：《"敦睦他者"与"化整为零"城市新移民的社区融合》，《社会科学研究》2008 年第 1 期。

　　〔法〕埃米尔·涂尔干：《社会分工论》，渠东译，三联书店，2000。

　　王春光：《农村流动人口的"半城市化"问题研究》，《社会学研究》2006 年第 5 期。

　　王桂新、罗恩立：《上海市外来农民工社会融合现状调查研究》，《华东理工大学学报》（社会科学版）2007 年第 3 期。

　　王桂新、沈建法、刘传江：《中国城市农民工市民化研究——以上海为例》，《人口与发展》2008 年第 1 期。

王桂新、张得志：《上海外来人口生存状态与社会融合研究》，《市场与人口分析》2006 年第 5 期。

王培刚、陈心广：《社会资本、社会融合与健康获得——以城市流动人口为例》，《华中科技大学学报》（社会科学版）2015 年第 3 期。

王胜今、许世存：《流入人口社会融入感的结构与影响因素分析——基于吉林省的调查数据》，《人口学刊》2013 年第 1 期。

王思斌：《社会学教程》，北京大学出版社，2013。

王震：《农民工城市社会融入的测度及影响因素——兼与城镇流动人口的比较》，《劳动经济研究》2015 年第 2 期。

〔美〕乔治·瑞泽尔：《布莱克维尔社会理论家指南》，凌琪等译，江苏人民出版社，2009。

文军：《农民市民化：从农民到市民的角色转型》，《华东师范大学学报》（哲学社会科学版）2004 年第 3 期。

吴百花：《平等融入：和谐社会视野中的农民工子女义务教育问题——基于义乌的个案研究》，《中共浙江省委党校学报》2007 年第 5 期。

吴军、夏建中：《国外社会资本理论：历史脉络与前沿动态》，《学术界》2012 年第 8 期。

吴瑞君：《关于流动人口涵义的探索》，《人口与经济》1990 年第 3 期。

吴晓林：《社会整合理论的起源与发展：国外研究的考察》，《国外理论动态》2013 年第 2 期。

伍斌：《历史语境中的美国"熔炉论"析论》，《世界民族》2013 年第 3 期。

谢胜华：《区隔与融合：农民工市民化的演化逻辑及其治理机制研究》，华中师范大学硕士学位论文，2013。

熊光清：《欧洲的社会排斥理论与反社会排斥实践》，《国际论坛》2008 年第 1 期。

徐晓君：《"自我"理论—人际传播理论的源头》，《广西大学学报》

（哲学社会科学版）2006 年第 S2 期。

许峰：《农民市民化问题探讨》，《绿色中国》2004 年第 10 期。

薛艳：《基于分层线性模型的流动人口社会融合影响因素研究》，《人口与经济》2016 年第 3 期。

〔英〕亚当·斯密：《国富论》，郭大力、王亚南译，商务印书馆，2015。

晏月平、廖爱娣：《流动人口社会融合状况研究——基于云南省流动人口动态监测数据》，《学术探索》2016 年第 5 期。

杨聪敏：《农民工权利平等与社会融合》，浙江工商大学出版社，2010。

杨菊华：《从隔离、选择融入到融合：流动人口社会融入问题的理论思考》，《人口研究》2009 年第 1 期。

杨菊华：《流动人口在流入地社会融入的指标体系——基于社会融入理论的进一步研究》，《人口与经济》2010 年第 2 期。

杨菊华：《社会排斥与青年乡－城流动人口经济融入的三重弱势》，《人口研究》2012 年第 5 期。

杨菊华：《中国流动人口的社会融入研究》，《中国社会科学》2015 年第 2 期。

杨菊华、王毅杰、王刘飞等：《流动人口社会融合："双重户籍墙"情景下何以可为?》，《人口与发展》2014 年第 3 期。

杨菊华、张娇娇：《人力资本与流动人口的社会融入》，《人口研究》2016 年第 4 期。

杨菊华、张娇娇、吴敏：《此心安处是吾乡——流动人口身份认同的区域差异研究》，《人口与经济》2016 年第 4 期。

杨修菊、杜洪芳：《文化成就区隔——布迪厄阶层理论述评》，《池州师专学报》2007 年第 4 期。

杨秀石：《经济开放中的城市流动人口》，《人口学刊》1985 年第 6 期。

杨绪松、李树茁、韦艳：《浦东外来农村已婚妇女的避孕行为——基于

社会网络和社会融合视角的研究》，《西安交通大学学报》（社会科学版）
2005 年第 1 期。

叶凤莲、高文书：《中国城市流动人口：特征及检验初探》，《市场与人口分析》2004 年第 4 期。

叶鹏飞：《探索农民工城市社会融合之路——基于社会交往"内卷化"的分析》，《城市发展研究》2012 年第 1 期。

余运江、高向东、郭庆：《新生代乡－城流动人口社会融合研究——基于上海的调查分析》，《人口与经济》2012 年第 1 期。

余运江、孙斌栋、孙旭：《基于 ESDA 的城市外来人口社会融合水平空间差异研究——以上海为例》，《人文地理》2014 年第 2 期。

袁小燕：《城市化进程中的农民市民化问题浅探》，《资料通讯》2005 年第 1 期。

悦中山、杜海峰、李树苗等：《当代西方社会融合研究的概念、理论及应用》，《公共管理学报》2009 年第 6 期。

悦中山、李树苗、〔美〕费尔德曼：《农民工社会融合的概念建构与实证分析》，《当代经济科学》2012 年第 43 期。

悦中山、李树苗、靳小怡等：《从"先赋"到"后致"：农民工的社会网络与社会融合》，《社会》2011 年第 6 期。

悦中山、李卫东、李艳：《农民工的社会融合与社会管理——政府、市场和社会三部门视角下的研究》，《公共管理学报》2012 年第 4 期。

〔美〕詹姆斯·汉斯林：《社会学入门——一种现实分析方法》，林聚仁译，北京大学出版社，2007。

张聪、陈家言、马骁：《流动人口社会融合与健康促进》，《现代预防医学》2015 年第 8 期。

张广济：《生活方式与社会融入关系的社会学解读》，《长春工业大学学报》（社会科学版）2010 年第 3 期。

张华初、曹玥、汪孟恭：《社会融合对广州市流动人口长期居留意愿的影响》，《西北人口》2015 年第 1 期。

张劲梅、张庆林：《多维文化适应模型与国外族群关系研究》，《广西民族研究》2008 年第 4 期。

张鹏、郝宇彪、陈卫民：《幸福感、社会融合对户籍迁入城市意愿的影响——基于 2011 年四省市外来人口微观调查数据的经验分析》，《经济评论》2014 年第 1 期。

张庆五：《关于人口迁移与流动人口概念问题》，《人口研究》1988 年第 3 期。

张文宏：《社会资本：理论争辩与经验研究》，《社会学研究》2003 年第 4 期。

张文宏、雷开春：《城市新移民社会融合的结构、现状与影响因素分析》，《社会学研究》2008 年第 5 期。

张文宏、雷开春：《城市新移民社会认同的结构模型》，《社会学研究》2009 年第 4 期。

张文娟：《成年子女的流动对其经济支持行为的影响分析》，《人口研究》2012 年第 3 期。

张艳：《农民工的体育参与与社会融合——南京市农民工体育参与情况调研》，《体育与科学》2012 年第 4 期。

张翼：《社会整合与文化整合——社会学者的整合观》，《兰州商学院学报》1994 年第 1 期。

张展新、杨思思：《流动人口研究中的概念、数据及议题综述》，《中国人口科学》2013 年第 6 期。

章宁：《多因素影响下的社会整合——对北京市 S 区流动儿童社会整合问题的分析》，北京大学硕士学位论文，2004。

赵延东：《社会资本理论的新进展》，《国外社会科学》2003 年第 3 期。

赵延东、王奋宇：《城乡流动人口的经济地位获得及决定因素》，《中国人口科学》2002 年第 4 期。

郑杭生：《农民市民化：当代中国社会学的重要研究主题》，《甘肃社会科学》2005 年第 4 期。

郑思齐、曹洋：《农民工的住房问题：从经济增长与社会融合角度的研究》，《广东社会科学》2009 年第 5 期。

周皓：《流动人口社会融合的测量及理论思考》，《人口研究》2012 年第 3 期。

周林刚、冯建华：《社会支持理论——一个文献的回顾》，《广西师范学院学报》2005 年第 3 期。

周晓虹主编《现代社会心理学名著菁华》，社会科学文献出版社，2007。

周晓虹：《认同理论：社会学与心理学的分析路径》，《社会科学》2008 年第 4 期。

朱力、赵璐璐、邬金刚：《"半主动型适应"与"建构性适应"——新生代农民工的城市适应模型》，《甘肃行政学院学报》2010 年第 4 期。

朱宇、杨云彦、王桂新等：《农民工：一个跨越城乡的新兴群体》，《人口研究》2005 年第 4 期。

庄家炽：《参照群体理论评述》，《社会发展研究》2016 年第 3 期。

〔美〕托马斯·凯思、阿瑟·哈波特：《人口手册》，汤梦君译，中国人口出版社，2001。

〔英〕安乐尼·吉登斯：《现代性与自我认同：现代晚期的自我与社会》，赵旭东等译，三联书店，1998。

Aiken, Michael, Ferman, Louis A. , "Job Mobility and the Social Integration of Displaced Workers," *Social Problem*, Vol. 14 (1), 1966, pp. 48 – 56.

Alba, Richard, Nee, Victor, *Remaking the American Mainstream: Assimilation and Contemporary Immigration* (Cambridge: Harvard University Press, 2005).

Alwin, Converse, Martin, "Living Arrangerments and Social Intergration,"

Journal of Marriage and the Family, Vol. 47 (2), 1985, pp. 319 – 344.

Angell, Robert C. , "The Social Integration of America Cities of More Than 100000 Population," *America Sociological Review*, Vol. 12 (3), 1947, pp. 335 – 342.

Bernard, Paul, Social Cohesion: A Critique, Canadian Policy Research Networks, 1999 .

Bian, Yanjie, "Bring Strong Ties Back in: Indirect Ties, Network Bridge, and Job Searches in China," *American Sociological Review*, Vol. 62 (3), 1997, pp. 366 – 385.

Blau, Peter M. , Duncan, Otis Dudley, *The American Occupational Structure* (New York: Wiley, 1967).

Bogardus, Emory S. , "Measuring Social Distance," *Journal of Applied sociology*, Vol. 9 (2), 1925, pp. 299 – 308.

John, Goldlust, Anthony, Richmond, "A Multivarate Model of Immigrant Adaptation," *International Migration Review*, Vol 8 (2), 1974, pp. 193 – 215.

Bourdieu, Pierre, *Distinction: A Social Critique of the Judgment of Taste* (Cambridge : Harvard University Press, 1984) .

Bradshaw J. , Kewp P. , Baldwin S. , et al. , "The Drivers of Social Exclusion: a Review of the Literature for the Social Exclusion Unit in the Breaking the Cycle Series," *London Social Exclusion Unit*, 2015.

Burchardt, Tania, Le Grand, Julian, Piachaud, David, "Social Exclusion in Britain 1991 – 1995," *Social Policy & Administration*, Vol. 33 (3), 1999, pp. 227 – 244.

Burke, Peter J. , Stets, Jan E. , "Identity Theory and Social Identity Theory," *Social Psychology Quarterly*, 2000, pp. 224 – 237.

Burt, Ronald S. , "A Note on Strangers, Friends and Happiness," *Social*

Networks, Vol. 9 (4), 1987, pp. 311 – 331.

Burt, Ronald S. , *Structure Holes: The Social Structure of Competition* (Cambridge: Harvard University Press, 1992).

Campbell, Karen E. , Lee, Barrett A. , "Sources of Personal Neighbor Networks: Social Integration, Need, or Time?" *Social Forces*, Vol. 4 (70), 1992, pp. 1077 – 1100.

Cohen, Wills, "Stress, Social Support, and the Buffering Hypothesis," *Psycological Bulletin*, Vol. 98 (2), 1985, p. 310.

Crawford, Cameron, *Towardsa Common Approch to Thinking about and Measuring Social Inculsion* (Canada: Roeher Institute, 2003).

Crohan, Susan E. , Antonucci, Toni C. , "Friends as a Source of Social Support in Old Age," edited by Adams Rebecca G. , *Blieszner Rosemary*, *Older Adult Friendship* (Newbury Park: Sage Publications, Inc, 1989).

Dorvil, Henri, Morin, Paul, Beaulieu, Alain, Robert, Dominique, et al. , "Housing as a Social Integration Factor for People Classified as Mentally," *Housing Studies*, Vol. 20 (3), 2005, pp. 497 – 519.

Ducan, Otis Dudley, " A Socioeconomic Index for All Occupations," edited by Reiss A. J. , *Occupations and Social Status* (New York: Wiley, 1961).

Han E. , Biezeveld R. , " Benchmarking in Immigrant Incergration," *Department of Sociology*, 2003.

Fey, William F. , "Acceptance by Others and Itsrelation to Acceptance of Self and Others : A Revaluation," *Journal of Abnorm Psychol*, Vol. 50 (2), 1955, p. 274.

Gans, Herbert J. , "Comment: Ethnic Invention and Acculturation, A Bumpy-line Approach. ," *Journal of American Ethnic History*, Vol. 12 (1), 1992, pp. 42 – 52.

Giddens, Anthony, *The Class Structure of the Advanced Societies* (London:

Hutchinson, 1973).

Giddens, Anthony, *Sociology* (Cambridge: Polity Press & Blackwell Publishing Company, 2001).

Glazer, Nathan, Moynihan, Daniel P., *Beyond the Melting Pot* (Cambridge: Harvard University Press and MIT Press, 1963).

Gordon, Milton M., "Models of Pluralism: The New American Dilemma," *The Annals of the American Academy of Political and Social Science*, Vol. 454 (5), 1981, pp. 178 – 188.

Granovettor, Mark S., "The Strength of Weak Ties," *American Journal of Sociology*, Vol. 78 (6), 1973, pp. 1360 – 1380.

Hanifan, Lyda J., "The Rural School Community Centre," *The Annals of the American Academy of Political and Social Science*, Vol. 67, 1916, pp. 130 – 138.

Hatt, Paul K., "Occupation and Social Stratification," *American Journal of Sociology*, Vol. 55 (6), 1950, pp. 533 – 543.

Heckathorn D., "Respondent-Driven Sampling: A New Approach to the Study of Hidden Populations," *Social Problems*, Vol. 44 (2), 1997, pp. 174 – 199.

Hirsechman, Fclcon L., "The Educational Attainment of Religio-Ethnic Groups in the United States," *Research in Sociology of Education and Socialization*, Vol. 5, 1985, pp. 83 – 120.

Holtan, Amy, "Family Types and Social Integration in Kinship Foster Care," *Children and Youth Service Review*, Vol. 30 (9), 2008, pp. 1022 – 1036.

Hyman, Herbert Hiram, "The Psychology of Status," *Archives of Psychology*, Vol. 269 (1), 1942, p. 94.

Kao, Grace, Tidenda, Marta, "Optimism and Achievement: The Educational Performance of Immigrant Youth," *Social Science Quarterly*, Vol. 76

(1)，1995，pp. 331 – 343.

Laumann, Edward O. , "Subjective Social Distance and Urban Occupational Stratification," *American Journal of Sociology*, Vol. 71 (1), 1965, pp. 26 – 36.

Lee, Sharon M. , Fernandez, Marilyn, "Trends in Asian American Racial/Ethnic Intermarriage: A Comparison of 1980 and 1990 Census Data," *Sociological Perspectives*, Vol. 41 (2), 1998, pp. 323 – 342.

Lin, Nan, "Social Resources and Instrumental Action," edited by Marsden Peter V. , Lin Nan, *Social Structure and Network Analysis* (Washington, D. C. : Sage, 1982).

Lockwood, David, *The Black Coated* (London: Allen & Unwin, 1958).

Lockwood, David, "Social Integration and System Integration," edited by Zollschan G. K. , Hirsh W. , *Explorations in Social Change* (London: Routledge, 1964).

Loomis, Gullahorn, "A Comparison of Social Distance Attitudes in the United States and Mexico," *Studies in Comparative International Development*, Vol. 2 (6), 1966, pp. 89 – 103.

Niklas, Luhmann, "Die Gesellschaft der Gesellschaft," *German Quarterly*, 1997.

Marsden, Peter V. , "Homogeneity in Confiding Relations," *Social Networks*, Vol. 10 (1), 1988, pp. 57 – 76.

Mueller, Claus, "Integration Turkish Communities: A German Dilemma," *Population Research and Policy Review*, Vol. 25 (5 – 6), 2006, pp. 419 – 441.

Nakao, Keiko, Treas, Judith, "Updating Occupational Prestige and Socioeconomics: How the New Measures Measure UP," *Sociological Methodology*, Vol. 24 (1), 1994, pp. 1 – 27.

Paganini, Deamma L. , Morgan, Philip S. , "Intermarriage and Social Dictance among U. S. Immigrants at Turn of the Century," *American Journal of*

Sociology, Vol. 96 (2), 1990, pp. 405 – 432.

Pakulski, Jan, Vawer, Malcolm, *The Death of Class* (London: Sage Publications, 1996).

Park, Robert E., *Race and Culture* (New York: The Free Press, 1950).

Parkin, Frank, *Marxism and Class Theory: A Bourgeois Critique* (New York: Columbia University Press, 1979).

Parsons, Talcott, *Essays in Sociological Theory* (Glencoe, IL: Free Press, 1954).

Patricia, Harris, Williams, Vicki, "Social Inclusion, National Identity and the Moral Imagination," *The Drawing Board: An Australian Review of Public Affairs*, Vol. 3 (3), 2003, pp. 205 – 222.

Pescosolido, Bernice A., Sharon Georgianna, "Durkheim, Suicide and Religion: Toward a Network Theory of Suicide, " *American Sociological Review*, Vol. 54 (1), 1989, pp. 33 – 48.

Portes, Alejandro, Zhou, Min, "The New Second Generation: Segmented Assimilation and Its Variants," *The Annals of the American Academy of Political and Social Science*, Vol. 530 (1), 1993, pp. 74 – 96.

Qian, Zhenchao, Lichter, Daniel T., "Measuring Marital Assimilation: Intermarriage among Natives and Immigrants," *Social Science Research*, Vol. 30 (2), 2001, pp. 289 – 312.

Riley, D., Eckenrode, J., "Social Ties: Subgroup Differences in Costs and Benefits," *Journal of Personality and Social Psychology*, Vol. 51 (4), 1996, pp. 770.

Robert, Blauner, "Internal Colonialism and Ghetto Revolt, " *Social Problems*, Vol. 16 (4), 1969, pp. 393 – 408.

Sandberg, Neil C., *Ethnic Identity and Assimilation: The Polish-American Community. Case Study of Metropolitan Los Angeles* (New York: Praeger

Publishers, 1974).

Jackson A. , Scott K. , *Does Work Include Children? The Effects of the Labour Market on Family Income* (Toronto: Laidlaw Foundation, 2002).

Sen, Amartya, *Development as Freedom* (New York: Anchor Books, 2000).

Stokes, Joseph P. , "Predicting Satisfaction with Social Support from Social Network Structure," *American Journal of Community Psychology*, Vol. 11 (2), 1983, pp. 141 – 152.

Tajfel, Henri, "Social Psychology of Intergroup Relations," *Annual Review of Psychology*, Vol. 33 (1), 1982, pp. 1 – 39.

Treiman, Donald J. , *Occupational Prestige in Comparative Perspective* (New York: Academic press, 1977).

Van Marissing, Erik, Bolt, Gideon, Van Kempen, Ronald, "Urban Governance and Social Cohesion: Effects of Urban Restructuring Policies in Two Dutch Cities," *Cities*, Vol. 23 (4), 2006, pp. 279 – 290.

Warner, Lloyd W. , "American Caste and Class," *The American Journal of Sociology*, Vol. 42 (2), 1936, pp. 234 – 237.

Wellman, Barry, Carrington P. , Hall A. ,"Networks as Personal Communities," *Contemporary Studies in Sociology*, Vol. 15, 1997, pp. 130 – 184.

Wellman, Barry, Wortley, Scot, "Brothers' Keepers: Situating Kinship Relations in Broader Networks of Social Support," *Sociological Perspectives*, Vol. 32 (3), 1989, pp. 273 – 306.

Wellman, Barry, Wortley, Scot, "Different Strokes from Different Folks: Community Ties and Social Support," *American Journal of Sociology*, Vol. 96 (3), 1990, pp. 558 – 588.

Wirth, Louis, "Group Tensions and Mass Democracy," *The American Scholar*, Vol. 14 (2), 1945, pp. 231 – 235.

Yinger, Milton J. , "Intersecting Strands in the Theorisation of Race Ethnic Relations," edited by Rex John, Mason David, *Theories of Race and Ethnic Relations* (New York: Cambridge University Press, 1986).

Yinger, Milton J. , " Housing Discrimination is Still Worth Worrying about," *Housing Policy Debate*, Vol. 9 (4), 1998, pp. 823 – 927.

图书在版编目(CIP)数据

人口流动与社会融合：理论、指标与方法 / 肖子华
主编. -- 北京：社会科学文献出版社，2018.3
ISBN 978 - 7 - 5201 - 1789 - 0

Ⅰ.①人…　Ⅱ.①肖…　Ⅲ.①流动人口 - 社会管理 -
研究 - 世界　Ⅳ.①C921

中国版本图书馆 CIP 数据核字（2017）第 281019 号

人口流动与社会融合：理论、指标与方法

主　　编／肖子华
副 主 编／徐水源

出 版 人／谢寿光
项目统筹／邓泳红
责任编辑／陈　颖　杨　涵　张　娇

出　　版／社会科学文献出版社·皮书出版分社 （010）59367127
　　　　　　地址：北京市北三环中路甲 29 号院华龙大厦　邮编：100029
　　　　　　网址：www.ssap.com.cn
发　　行／市场营销中心 （010）59367081　59367018
印　　装／北京季蜂印刷有限公司

规　　格／开 本：787mm×1092mm　1/16
　　　　　　印 张：17.25　字 数：249 千字
版　　次／2018 年 3 月第 1 版　2018 年 3 月第 1 次印刷
书　　号／ISBN 978 - 7 - 5201 - 1789 - 0
定　　价／79.00 元